CONTABILIDADE DE GESTÃO

MÉTODOS DE CUSTEIO
E VALORIZAÇÃO DE INVENTÁRIOS

CONTABILIDADE DE GESTÃO

MÉTODOS DE CUSTEIO E VALORIZAÇÃO DE INVENTÁRIOS

ADÉLIO SARAIVA
ANA ISABEL RODRIGUES
CLÁUDIA COIMBRA
MANUELA FANTASIA
ROSA NUNES

ALMEDINA

CONTABILIDADE DE GESTÃO

AUTORES
Adélio Saraiva
Ana Isabel Rodrigues
Cláudia Coimbra
Manuela Fantasia
Rosa Nunes
EDITOR
EDIÇÕES ALMEDINA, S.A.
Rua Fernandes Tomás, nos 76, 78 e 79
3000-167 Coimbra
Tel.: 239 851 904 · Fax: 239 851 901
www.almedina.net · editora@almedina.net
PAGINAÇÃO
EDIÇÕES ALMEDINA, S.A.
DESIGN DE CAPA
FBA./Ana Simões
PRÉ-IMPRESSÃO, IMPRESSÃO E ACABAMENTO
Artipol, Artes Gráficas, Lda.
Setembro, 2018
DEPÓSITO LEGAL
446438/18

GRUPOALMEDINA

BIBLIOTECA NACIONAL DE PORTUGAL – CATALOGAÇÃO NA PUBLICAÇÃO
CONTABILIDADE DE GESTÃO/Adélio Saraiva... [et al.]. – v.
V. 1: Métodos de custeio e valorização de inventários.
p. – ISBN 978-972-40-7551-8
I – SARAIVA, Adélio
CDU 657

ÍNDICE

Capítulo I – A CONTABILIDADE DE GESTÃO

Capítulo II – Mensuração de Inventários e Custo de Produção

Capítulo III – Sistemas de Custeio

Capítulo IV – Custos de produção e regimes de fabrico

CAPÍTULO I

—

A CONTABILIDADE DE GESTÃO

Objetivos do Capítulo

1. Compreender o âmbito e objetivos da Contabilidade de Gestão;
2. Compreender as ligações entre a Contabilidade Financeira e a Contabilidade de Gestão;
3. Compreender a necessidade da Contabilidade de Gestão para a valorização de inventários.

1.1. Âmbito e Objetivos da Contabilidade de Gestão

A Contabilidade de Gestão é um dos ramos da Contabilidade e consiste num sistema de informação interno, utilizado pelas organizações para dar a conhecer a forma como são gerados os respetivos resultados, de modo a que esta informação possa ser utilizada pelos gestores para melhorar o desempenho da organização. O cálculo de gastos e rendimentos associados às principais funções da empresa, aos seus departamentos ou secções, aos serviços prestados, às encomendas e aos produtos e/ou a outros objetos de custo, permite aferir a rentabilidade de cada um e, por esta via, possibilita aos decisores internos proceder às melhorias necessárias para otimizar essa rentabilidade. Assim, a informação fornecida pela Contabilidade de Gestão pode e deve ser utilizada em cada uma das fases do ciclo de gestão (ver figura 1.1), desde a análise do cenário inicial até ao controlo do cenário alcançado, passando pela definição de objetivos, planeamento, implementação de medidas de melhoria, monitorização dessas medidas e eventuais correções.

A Contabilidade de Gestão visa o cálculo e análise dos gastos/custos[1], rendimentos e margens de cada um dos segmentos da organização, com os seguintes objetivos:

---

[1] Neste livro, a expressão gasto(s) refere-se a "...diminuições nos benefícios económicos durante o período contabilístico na forma de exfluxos ou deperecimentos de activos ou na incorrência de passivos que resultem em diminuições do capital próprio, que não sejam as relacionadas com distribuições aos participantes no capital próprio", de acordo com a alínea b) do parágrafo 69 da Estrutura Conceptual do Sistema de Normalização Contabilística, publicado no Diário da República, 2.ª série, N.º 173, de 7 de Setembro de 2009 (Aviso n.º 15652/2009, Despacho n.º 589/2009/MEF). A expressão "custo(s)" refere-se a gastos inventariáveis, ou seja, gastos que sejam passiveis de ser incluídos no valor dos inventários (mercadorias, matérias, materiais, produtos e serviços), adotando deste modo aquela que parece ser a conceção do legislador na acima referida Estrutura Conceptual, por exemplo nos seus parágrafos 52, 76, 84, entre outros, apesar deste critério não ser sempre respeitado como se comprova pela análise dos parágrafos 44 e 93.

- Valorimetria (mensuração ou valorização de inventários);
- Planeamento e controlo;
- Suporte à tomada de decisão.

O objetivo de valorimetria é assegurado por uma das componentes da Contabilidade de Gestão que é comumente designada Contabilidade de Custos (ver figura 1.2).

Figura 1.1 – A Contabilidade de Gestão e o ciclo da gestão

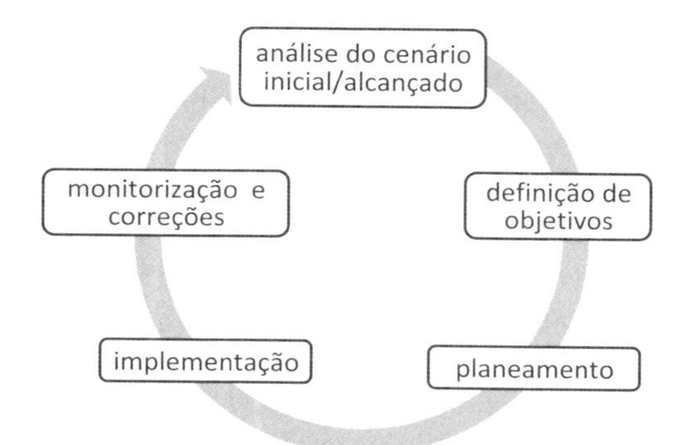

Figura 1.2 – Contabilidade de Gestão e Contabilidade de Custos

A complexidade deste sistema de informação deverá ser adaptada às características da organização e dos seus processos e ao grau de detalhe pretendido pelos gestores, sendo que o modelo de custeio bem como a sua implementação deverão ser tão simples quanto possível, de modo a que os custos gerados não superem os benefícios produzidos. As características deste modelo devem ser estabelecidas depois de auscultados os vários agentes envolvidos no processo de recolha, tratamento e produção de informação, mas também tendo em consideração os interesses de outras partes interessadas na informação produzida, bem como os imperativos legais.

1.2. Demonstração dos Resultados: por Natureza e por Funções

As demonstrações dos resultados são mapas contabilísticos nos quais são apresentados todos os rendimentos obtidos por uma entidade bem como os gastos incorridos, durante um dado período de tempo, permitindo assim o apuramento dos resultados obtidos por essa entidade, nesse período.

Segundo o Sistema de Normalização Contabilística (SNC), a Demonstração dos Resultados por Natureza (DRN) é de apresentação obrigatória, sendo a Demonstração dos Resultados por Funções (DRF) facultativa:

> *"Os itens a apresentar na demonstração dos resultados deverão basear-se numa classificação que atenda à sua natureza, podendo, adicionalmente, ser apresentada uma demonstração dos resultados em que a classificação dos itens se baseie na sua função dentro da entidade."*

Assim, se uma entidade optar por elaborar e divulgar a DRF, está obrigada a fazer também a divulgação de uma DRN. A obrigatoriedade de apresentação da DRF produziria um incentivo significativo à implementação e utilização da Contabilidade de Gestão, o que por sua vez constituiria um forte contributo para a cada vez mais necessária gestão rigorosa dos custos.

1.2.1. Demonstração dos Resultados por Naturezas

Quando os gastos e rendimentos são classificados atendendo à respetiva natureza (vendas e serviços prestados, subsídios à exploração, custos das mercadorias vendidas e das matérias consumidas, fornecimentos e serviços externos, gastos com o pessoal, juros e rendimentos similares obtidos, juros e gastos similares suportados, etc.) obtém-se a DRN (ver quadro 1.1):

Quadro 1.1 – Demonstração dos Resultados por Naturezas (DRN)

DEMONSTRAÇÃO DE RESULTADOS EM 31 DE DEZEMBRO DE N — UNIDADE MONETÁRIA

RENDIMENTOS E GASTOS	NOTAS	PERÍODOS	
		N	N-1
Vendas e serviços prestados		+	+
Subsídios à exploração		+	+
Ganhos/perdas imputados de subsidiárias, associadas e empreendimentos conjuntos		+/-	+/-
Variação nos inventários da produção		+/-	+/-
Trabalhos para a própria entidade		+	+
Custos das mercadorias vendidas e das matérias consumidas (CMVMC)		-	-
Fornecimentos e serviços externos		-	-
Gastos com o pessoal		-	-
Imparidade de inventários (perdas/reversões)		-/+	-/+
Imparidade de dívidas a receber (perdas/reversões)		-/+	-/+
Provisões (aumentos/reduções)		-/+	-/+
Imparidade de investimentos não depreciáveis/amortizáveis (perdas/reversões)		-/+	-/+
Aumentos/reduções de justo valor		+/-	+/-
Outros rendimentos e ganhos		+	+
Outros gastos e perdas		-	-
Resultado antes de depreciações, gastos de financiamentos e impostos (EBITDA)		=	=
Gastos/reversões de depreciação e de amortização		-/+	-/+
Imparidade de investimentos depreciáveis/amortizáveis (perdas/reversões)		-/+	-/+
Resultado operacional (antes de gastos de financiamento e impostos) (EBIT)		=	=
Juros e rendimentos similares obtidos		+	+
Juros e gastos similares suportados		-	-
Resultado antes de impostos		=	=
Imposto sobre o rendimento do período		-/+	-/+
Resultado líquido do período		=	=
Resultado das atividades descontinuadas (líquido de imposto) incluído no resultado líquido do período			
Resultado líquido do período atribuível a: (*) Detentores do capital da empresa mãe Interesses que não controlam			
Resultado por ação básico			

(*) Esta informação apenas será fornecida no caso de contas consolidadas.

A elaboração desta demonstração dos resultados implica a existência de um sistema de Contabilidade de Custos, de modo a apurar os valores de três das suas rúbricas: Variação nos Inventários da Produção, Trabalhos para a Própria Empresa e CMVMC.

A rubrica Variação nos Inventários da Produção corresponde à diferença entre as quantias correspondentes aos produtos detidos pela entidade, no final e no início do período de relato, cujo apuramento se faz em aplicação dos procedimentos de custeio definidos no âmbito do sistema de Contabilidade de Gestão.

A valorização dos Trabalhos para a Própria Entidade pressupõe também que a empresa disponha de um sistema de Contabilidade de Gestão, de modo a que possa mensurar com fiabilidade os gastos despendidos na prestação de serviços internos (por exemplo de um departamento para outro) ou na obtenção de bens destinados a utilização interna (tal como ativos fixos tangíveis ou intangíveis).

Variação da Produção = Inventários Finais – Inventários Iniciais +/- Regularizações

O CMVMC expressa, de acordo com os procedimentos de custeio usados, o custo das matérias-primas, subsidiárias e outras matérias consumidas na atividade produtiva de bens e serviços, bem como o custo das mercadorias saídas para venda, na atividade comercial da entidade.

1.2.2. Demonstração dos Resultados por Funções

Se, a agregação de gastos e rendimentos for efetuada, não de acordo com a respetiva natureza, mas sim atendendo à função da entidade no âmbito da qual foram suportados esses gastos e obtidos esses rendimentos (função produção, função distribuição, função administrativa, investigação e desenvolvimento, função financeira, etc.), obtemos a Demonstração dos Resultados por Funções (ver quadro 1.2), cujas principais rubricas se desenvolvem de seguida, explicitando-se também a necessidade de um sistema de Contabilidade de Gestão para o seu apuramento.

Quadro 1.2 – Demonstração dos Resultados por Funções

RUBRICAS	NOTAS	PERÍODOS N	PERÍODOS N-1
Rédito das vendas e dos serviços prestados (a)		+	+
Custo das vendas e dos serviços prestados (b)		-	-
Resultado bruto		=	=
Outros rendimentos operacionais (c)		+	+
Gastos de distribuição (d)		-	-
Gastos administrativos (e)		-	-
Gastos de investigação e desenvolvimento (f)		-	-
Outros gastos operacionais (g)		-	-
Resultado operacional		=	=
Gastos de financiamento (líquidos) (h)		-	-
Resultados imputados de subsidiárias, associadas e empreendimentos conjuntos (i)		+/-	+/-
Rendimentos de investimentos financeiros (j)		+	+
Perdas de imparidade e suas reversões (k)		-/+	-/+
Gastos de financiamento (líquidos) (h)		-	-
Ganhos (perdas) cambiais (l)		+/-	+/-
Resultado corrente antes de impostos		=	=
Imposto sobre o resultado corrente (m)		-/+	-/+
Resultado corrente após impostos		=	=
Resultado das atividades descontinuadas (líquidos de impostos) (n)		+/-	+/-
Resultado antes da consideração dos interesses minoritários		=	=
Resultado afecto aos Interesses minoritários (o)		-/+	-/+
Resultado líquido do período		=	=

O valor do "**Rédito das vendas e dos serviços prestados**" é igual ao apurado na DRN;

O valor do "**Custo das vendas e dos serviços prestados**" diz respeito aos custos da função produção, que incluem todos os gastos associados às tarefas que visam e são indispensáveis à obtenção dos produtos que a empresa fabrica e vende e/ou aos serviços que presta e, por essa razão, tenham sido atribuídos aos produtos vendidos ou serviços prestados.

Os "**Gastos de distribuição**" incluem todos os gastos associados às tarefas que se relacionam com a divulgação, comercialização e distribuição dos produtos e/ou serviços;

Os "**Gastos administrativos**" incluem todos os gastos associados às tarefas centralizadas que visam dar suporte à atividade da organização, como a Administração Geral, a Contabilidade, a Gestão de Recursos Humanos, entre outras;

Os "**Gastos de investigação e desenvolvimento**" incluem todos os gastos associados às tarefas que se relacionam com Investigação e Desenvolvimento (I&D), tais como investigação que visa a introdução/alteração de produtos/serviços ou a implementação de processos produtivos inovadores;

Os "**Gastos de financiamento**" incluem todos os gastos associados às tarefas que se relacionam com o financiamento da entidade;

Os "**Outros rendimentos operacionais**" e os "**Outros gastos operacionais**" incluem os restantes rendimentos e gastos de natureza operacional, não incluídos nas rubricas anteriores.

Para proceder à reclassificação dos gastos será necessário:

(i) Efetuar a reclassificação dos gastos por naturezas, pelas principais funções da empresa, nomeadamente a função de produção, função administrativa, função distribuição, função financeira e função I&D (ver figura 1.3);

Figura 1.3 – Reclassificação dos gastos, por funções

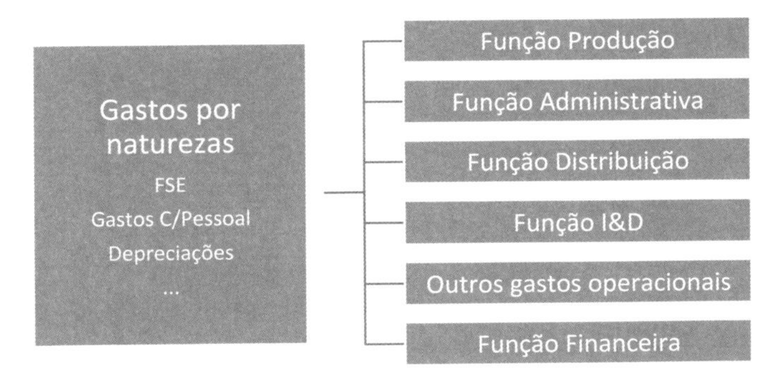

(ii) Recorrer a procedimentos de custeio (Contabilidade de Gestão) que permitam atribuir os gastos previamente classificados como gastos da função produção, aos diversos produtos obtidos e serviços prestados (ver figura 1.4).

Figura 1.4 – Distribuição dos custos da função produção, pelos produtos e serviços

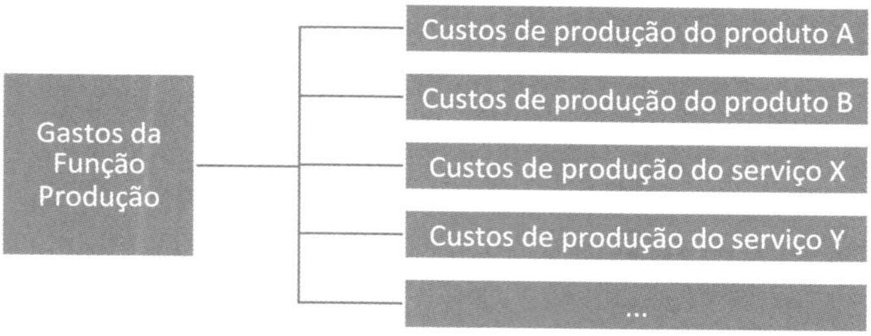

Gastos da Função Produção
Custos de produção do produto A
Custos de produção do produto B
Custos de produção do serviço X
Custos de produção do serviço Y
...

Tal como se constata pela análise das principais rubricas da DRF, a sua elaboração implica a existência de um sistema de Contabilidade de Custos de modo a apurar os valores de uma das rúbricas mais significativas desta demonstração financeira, nomeadamente o valor do custo das vendas e dos serviços prestados.

1.2.3. Interligação entre Demonstração dos Resultados por Naturezas e Demonstração dos Resultados por Funções

Apesar de rendimentos e gastos, principalmente estes últimos, estarem organizados de modo diferente nas duas demonstrações dos resultados, o resultado obtido pela entidade, em certo período, é um só pelo que deve ser igual nas duas demonstrações.

Na DRF, e no que respeita aos custos de produção, só encontramos os que foram incorridos na fabricação das unidades de produção que tiverem sido vendidas (custo das vendas e dos serviços prestados), o qual é confrontado com o rendimento associado às vendas, respeitando-se assim o principio contabilístico da equivalência entre rendimentos e gastos. Os custos de produção incorridos na fabricação das unidades de produção acabadas, mas não vendidas, correspondem ao valor da conta de Balanço "Inventários de produtos acabados", e os custos de produção incorridos na fabricação das unidades de produção não acabadas correspondem ao valor da conta de Balanço "Inventários de produção em curso de fabrico" (ver figura 1.5).

Na DRN encontramos todos os gastos incorridos no período a que esta demonstração respeita, isto é, todos os gastos extra produção e todos os custos de produção incorridos na fabricação, quer das unidades vendidas, quer das unidades não vendidas (inventários finais de produção em curso e de produção acabada). Por esta razão, para que se verifique o principio da equivalência entre rendimentos e gastos, é necessário proceder à correção desta não equivalência ente gastos e rendimentos. É com o objetivo de corrigir esta distorção que se inclui na DRN a rubrica "Variação nos Inventários de Produção".

Figura 1.5 – Gastos incluídos nas DRN e DRF

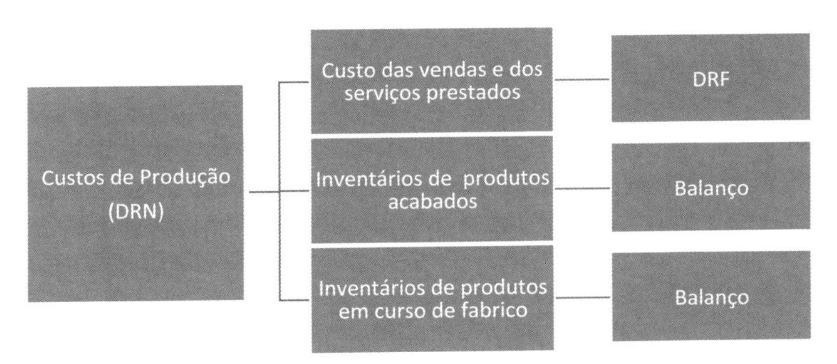

1.2.3.1. *Variação nos Inventários da Produção*

No âmbito da Contabilidade Financeira, o custo das vendas, ou Custo de Produção dos Produtos Vendidos (CPPV), não é registado em nenhuma conta, uma vez que os gastos necessários suportados na produção desses produtos já são registados nas respetivas contas de gastos por naturezas (classe 6), como as contas de Fornecimentos e Serviços Externos, Gastos com Pessoal, Depreciações, etc. Caso se voltasse a contabilizar o custo das vendas desses produtos, numa outra conta, estar-se-ia a incorrer numa duplicação dos gastos contabilizados.

Para apurar o resultado de um exercício económico, através da DRN, devemos confrontar a totalidade de gastos (registados nas contas da classe 6) desse exercício económico com a totalidade dos rendimentos obtidos através desses gastos incorridos. Acontece, no entanto, que parte destes gastos incorridos (e que por essa razão foram registados na classe 6 e irão ser considerados no apuramento dos resultados, na DRN) podem ter sido usados na produção de produtos que não foram vendidos (os inventários finais de produção acabada ou em curso de fabrico), o que geraria uma situação de não correspondência entre gastos e rendimentos do período.

Assim, se consideramos na DRN os gastos suportados na produção dos inventários finais de produção, deveremos também considerar o respetivo rendimento, rendimento que advém do facto de passarmos a deter esses mesmos inventários. Ou seja, se consideramos, no apuramento do resultado, os gastos dos produtos produzidos num exercício, mas que se encontram em armazém no final desse exercício, então deveremos também considerar o correspondente rendimento.

Por outro lado, nas vendas de um exercício podem estar incluídas unidades de produto que tenham sido produzidas em períodos anteriores, ou seja, unidades que foram obtidas através de custos incorridos em períodos anteriores, situação que, se não for corrigida, implica também que não exista correspondência entre rendimentos e gastos do período. Quanto a estes inventários iniciais de produtos, os seus custos foram contabilizados no período anterior (na classe 6) e a sua obtenção foi registada como um rendimento desse período. No período atual a venda destes produtos constitui um rendimento, uma vez que estes produtos foram vendidos neste período, contudo os seus custos não estão incluídos no saldo das contas da classe 6, pelo que esta distorção deverá ser eliminada, considerando o custo associado à diminuição dos inventários na posse da empresa. Para tal, o valor destes inventários deverá ser registado a débito na conta 73 – Variação nos Inventários da Produção, por contrapartida dos créditos na classe 3 (ver quadro 1.3).

Quadro 1.3 – Variação nos Inventários da Produção

<table>
<tr><th rowspan="2">Inventários da Produção</th><th rowspan="2">Período em que foram suportados os custos de produção</th><th colspan="3">DRN do período
(rendimentos associados à produção)</th></tr>
<tr><th>Vendas</th><th colspan="2">Variação da Produção</th></tr>
<tr><td>PVF Iniciais</td><td rowspan="2">Período anterior</td><td rowspan="3">Sim</td><td rowspan="2">(-)
Abate aos rendimentos</td><td rowspan="2">Vendidos no período, mas produzidos com gastos do período anterior.
Há que considerar o custo inerente à diminuição dos inventários</td></tr>
<tr><td>PA Iniciais</td></tr>
<tr><td>Produtos iniciados, acabados e vendidos no período</td><td rowspan="3">Período atual</td><td colspan="2">Correspondência entre
Vendas do período e
Custos de produção do período</td></tr>
<tr><td>PVF Finais</td><td rowspan="2">Não</td><td rowspan="2">(+)
Acresce aos rendimentos</td><td rowspan="2">Não é vendido no período, mas é produzido com custos do período
Há que considerar o rendimento inerente ao acréscimo dos inventários</td></tr>
<tr><td>PA Finais</td></tr>
</table>

Assim, para registar estes acertos nos rendimentos, existe uma conta específica, a conta 73 – Variações nos inventários da produção, cuja movimentação é da responsabilidade da Contabilidade Financeira, mas que pressupõe o conhecimento de rubricas cuja mensuração implica a necessidade de um sistema de Contabilidade de Custos. Uma abordagem mais detalhada e aprofundada desta temática é apresentada no apêndice 1.

1.2.3.2. *Custo das Vendas e dos Serviços Prestados*

Para elaborar a DRF é necessário obter o valor do "Custo das Vendas e dos Serviços Prestados" (daqui em diante designado por custo das vendas), bem como dos custos associados às outras funções da empresa, que não a função produção.
Para tal é necessário, em termos gerais, recorrer aos seguintes procedimentos:

1.ª Analisar todos os gastos registados na classe 6 (Contabilidade Financeira) e classifica-los por funções:

2.ª Analisar os custos do período (registados na classe 6) que foram atribuídos à função de produção, na fase anterior, e que incluem o custo das matérias-primas e materiais consumidos (CMPC), a mão-de-obra direta (MOD) e os Gastos Indiretos de Produção (GIP), e proceder à sua repartição pelos diversos tipos de produtos obtidos e de serviços prestados, obtendo-se o custo de cada um dos produtos fabricados (CPP – Custo de Produção do Período). No conjunto destes custos de produção registados no período (CPP) incluem-se custos que são facilmente atribuíveis aos diferentes tipos de produtos (custos diretos) e ainda custos para os quais não existe esta facilidade. Relativamente a estes últimos, será então necessário proceder ao seu rateio, de acordo com os critérios que forem consideramos os mais adequados.[2]

$$CPP = CMPC + MOD + GIP$$

3.º Calcular, para cada tipo de produto/serviço, o respetivo Custo de Produção da Produção Acabada (CPPA), que se obtém através do CPP, ao qual é adicionado o valor dos inventários iniciais de produção em vias de fabrico[3] (PVF_{in}), os quais foram

---

[2] Esta temática será aprofundada mais à frente, no capítulo 2.

[3] Ou produção em curso.

obtidos no período anterior e consumidos no período atual para obter a produção acabada, e subtraindo o valor dos inventários finais de produção em vias de fabrico (PVF_{fin}), os quais foram obtidos no período atual, com custos que fazem parte dos CPP, mas que não fazem parte da produção acabada e como tal devem ser registados na conta de inventários a figurar no balanço.

$$\mathbf{CPPA = CPP + PVF_{in} - PVF_{fin}}$$

4.º Calcular, para cada tipo de produto/serviço, o respetivo Custo de Produção da Produção Vendida (CPPV), que se obtém através do CPPA, ao qual é adicionado o valor dos inventários iniciais de produção acabada (PA_{in}), os quais foram acabados no período anterior e vendidos no período atual, e subtraindo o valor dos inventários finais de produção acabada (PA_{fin}), os quais foram acabados no período atual, mas que não foram vendidos e cujo valor permanece registado nas contas de inventários e apresentadas no balanço no final do período em causa.

$$\mathbf{CPPV = CPPA + PA_{in} - PA_{fin}}$$

Figura 1.6 – Dos Gastos do Período e Inventários Iniciais à DRF e Inventários Finais

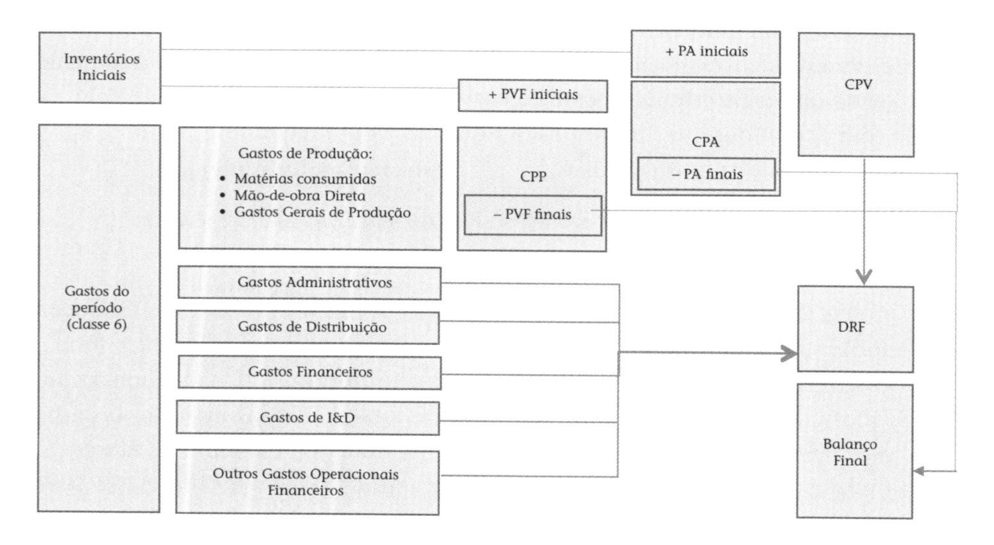

Assim, constatamos que para elaborar a DRF é necessário obter o valor do Custo das Vendas e dos Serviços Prestados, sendo que só através da Contabilidade de Custos é possível determinar este valor.

Apesar de não ser obrigatória a apresentação de uma DRF, vimos no ponto anterior que, para elaborar a DRN, esta de caráter obrigatório, é necessário determinar o valor da variação nos inventários da produção pelo que em qualquer dos casos será necessário que a entidade disponha de um sistema de Contabilidade de Gestão.

1.3. Sistemas de articulação entre a Contabilidade Financeira e a Contabilidade de Gestão

1.3.1. Sistemas Monistas e Sistemas Dualistas

Os dois ramos da Contabilidade, a Contabilidade Financeira e a Contabilidade de Gestão, necessitam da informação proveniente uma da outra. A Contabilidade de Gestão, necessita de informação recolhida e tratada pela Contabilidade Financeira, nomeadamente quanto aos rendimentos e gastos incorridos em determinado período, e a Contabilidade Financeira necessita de informação produzida pela Contabilidade de Gestão, para valorizar os inventários finais, o custo das vendas e o custo dos serviços prestados. Haverá então que estabelecer ligação entre os dois ramos da Contabilidade, de forma a que a informação possa fluir reciprocamente. A forma como essa articulação é obtida pode variar em função das opções da entidade, sendo que os principais sistemas de articulação são os seguintes:

Sistemas Monistas (únicos)	Sistemas Dualistas (duplos)
Sistema único indiviso ou Sistema monista radical	Sistema duplo contabilístico
Sistema único diviso ou Sistema monista moderado	Sistema duplo misto

Os sistemas monistas caracterizam-se pela integração das duas contabilidades, as quais formam um único sistema balanceante, que se desenvolve com base na digrafia, movimentando-se as contas da Contabilidade Financeira (das classes 3, 6, 7, 8), por contrapartida de contas da Contabilidade de Gestão (da classe 9), e vice-versa. Nestes sistemas, as contas das classes 6 e 7 funcionam como contas de passagem para a Contabilidade de Gestão, visto que são creditadas e debitadas, respetivamente, por contrapartida de contas da Contabilidade de Gestão.

Se a liberdade de movimentos entre contas do plano for total, ou seja, se existe apenas uma Contabilidade que abrange quer operações externas quer operações internas, o sistema diz-se monista indiviso ou monista radical. Neste caso, no razão geral aparecem não só as contas da Contabilidade Financeira, mas também as contas da Contabilidade de Gestão, tal como as contas de apuramento de custos das diversas funções, centros de responsabilidade, produtos e serviços, bem como as contas de apuramento de resultados analíticos e outras contas da Contabilidade de Gestão.

Pelo contrário, o sistema diz-se único diviso ou monista moderado, se os movimentos entre as duas contabilidades são possíveis apenas entre um número muito limitado de contas, sendo que para efeitos de registo das operações exclusivamente referentes a cada uma delas, as duas contabilidades funcionam separadamente.

Nos sistemas dualistas, as duas contabilidades encontram-se totalmente separadas, formando sistemas balanceantes paralelos e autónomos. Nestes sistemas à Contabilidade Financeira incumbe o registo das operações com o exterior, mediante a utilização do método digráfico, ou método das partidas dobradas, cabendo à Contabilidade de Gestão o registo das operações internas. Assim, nos sistemas dualistas não é possível movimentar contas da Contabilidade de Gestão por contrapartida de contas da Contabilidade Financeira, nem o inverso.

Um sistema dualista diz-se duplo-contabilístico se as duas contabilidades utilizarem a digrafia, ou seja, se existirem dois sistemas de contas distintos, um para a Contabilidade Financeira e outro para a Contabilidade de Gestão. Apesar de separada da Contabilidade Financeira, a Contabilidade de Gestão deve registar todos os gastos e rendimentos relevados na Contabilidade Financeira, pelo que é necessária a existência de contas que possibilitem a verificação desses valores. Estas contas são designadas contas refletidas, (contas 91), criadas especificamente para este efeito. Cada uma das contas refletidas espelha os valores inscritos nas contas correspondentes da Contabilidade Financeira, sendo que para cada conta existente na Contabilidade Financeira, cujo valor seja relevante para a Contabilidade de Gestão, existirá uma subconta refletida na conta 91. Os valores inscritos a débito nas contas da Contabilidade Financeira serão inscritos a crédito nas subcontas da conta 91, por contrapartida, a débito, de uma ou mais contas das restantes subcontas da conta 9. De modo similar, os valores inscritos a crédito nas contas da Contabilidade Financeira serão inscritos a débito nas subcontas da conta 91, por contrapartida, a crédito, de uma ou mais contas das restantes contas da classe 9. Assim, as contas refletidas são contas compensatórias ou contas de ligação, utilizadas sempre que existem movimentos entre contas das duas contabilidades, já que os lançamentos em contas da classe 9 apenas podem ter como contrapartida outras contas da mesma classe.

Nos casos em que a digrafia é apenas utilizada pela Contabilidade Financeira, o sistema dualista diz-se duplo-misto. Nestes casos, a Contabilidade de Gestão prescinde da digrafia, optando, em alternativa, pela utilização de um conjunto de mapas, quadros, tabelas de repartição e outros suportes para recolher e tratar a informação proveniente da Contabilidade Financeira.

Ambos os sistemas, monistas ou dualistas, possuem vantagens e desvantagens. Aos sistemas monistas são apontadas como principais vantagens a centralização do trabalho contabilístico e a possibilidade de um fluxo contabilístico contínuo, bem como a consequente redução de custos administrativos. Estes sistemas podem, no entanto, dificultar a divisão do trabalho contabilístico, principalmente em empresas de maior dimensão, nas quais essa divisão será necessária em virtude da maior quantidade de tarefas a realizar. De modo inverso, a descentralização dos sistemas de registo e a possibilidade de divisão do trabalho contabilístico, que é característica dos sistemas dualistas, poderá ser uma vantagem, nomeadamente nas empresas de maior dimensão, apesar dos acrescidos custos administrativos e da possibilidade de surgimento de discrepâncias e dificuldades de articulação entre as duas contabilidades.

O sistema duplo misto apresenta ainda a vantagem de a articulação entre as duas contabilidades se fazer de uma forma mais informal, podendo o rigor inerente ao método das partidas dobradas, ser preterido em favor da agilização dos processos de cálculo e da utilização de valores aproximados.

A escolha do sistema a adotar deverá ter em consideração a dimensão da empresa, a complexidade da organização e dos processos, os restantes sistemas de informação existentes e os objetivos inerentes ao sistema contabilístico a implementar. A evolução dos meios informáticos para proceder ao tratamento dos dados contabilísticos tem facilitado a implementação dos sistemas de interligação contabilística, embora tal evolução não dispense a necessidade de um conhecimento teórico aprofundado acerca do funcionamento de ambos os sistemas contabilísticos.

De modo a facilitar a compreensão acerca do funcionamento dos sistemas de articulação entre Contabilidade Financeira e Contabilidade de Gestão, vejamos o seguinte exemplo:

Considere que a empresa Gama, Lda. apresenta um saldo devedor de 10.000€, na conta 6241 – Gastos de Eletricidade, correspondente ao valor do consumo de eletricidade da empresa durante o período N.

6241 – Gastos de Eletricidade	
10.000 €	

Para efeitos de tratamento deste gasto, no âmbito da Contabilidade de Gestão, será necessário distribui-lo pelas funções empresariais no âmbito das quais ocorreu este consumo.

Admitindo que, de forma objetiva (com recurso a contadores de consumo elétrico instalados em cada uma destas funções) ou com recurso a uma chave de repartição previamente estabelecida, se conclui que os gastos totais de consumo de eletricidade se repartem da seguinte forma pelas várias funções:

Função	% de consumo de eletricidade	Reclassificação dos Gastos	Lançamentos contabilísticos
Função de Produção	85%	8.500€	(1)
Função Administrativa	5%	500€	(2)
Função Distribuição	10%	1.000€	(3)
Total	**100%**	**10.000€**	

Deveríamos então efetuar os seguintes registos, no âmbito da Contabilidade de Gestão:

A) No sistema monista:

6291 – FSE – Gasto de Eletricidade (transporte p/CG)	
10.000€	(1) 8.500€ (2) 500€ (3) 1.000€

921 Gastos Indiretos de Produção (GIP)	
(1) 8.500€	

924 Gastos administrativos	
(2) 500€	

925 Gastos de distribuição	
(3) 1.000€	

Como vemos, neste caso, a conta 62941 (da Contabilidade Financeira) foi movimentada a crédito como contrapartida dos débitos efetuados em contas da Contabilidade de Gestão. Esta conta, ficaria, neste caso, apenas saldada, ao nível da razão.

B) No sistema duplo contabilístico:

91.6241 – Gastos refletidos – FSE – Gastos de Eletricidade	
	(1) 8.500€ (2) 500€ (3) 1.000€

921 Gastos Indiretos de Produção (GIP)	
(1) 8.500€	

924 Gastos administrativos	
(2) 500€	

925 Gastos de distribuição	
(3) 1.000€	

Neste caso, ao contrário do que acontece nos sistemas monistas, a conta 6241 (da Contabilidade Financeira) não foi movimentada a crédito como contrapartida dos débitos efetuados em contas da Contabilidade de Gestão, tendo esses créditos sido efetuados numa conta (refletida) criada na Contabilidade de Gestão, a conta 91.6241, e que reflete os valores registados na correspondente conta da Contabilidade Financeira, a conta 62.41, a qual continua a apresentar um saldo devedor, até que seja efetuado o apuramento dos resultados.

1.3.2. Estrutura e Código das Contas da Classe 9

A Contabilidade de Gestão não é obrigatória nem é objeto de normalização no âmbito do SNC (Sistema de Normalização Contabilística), pelo que cada entidade pode livremente organizar a sua contabilidade e definir o seu plano de contas da classe 9, de acordo com as suas necessidades de informação, estrutura organizacional e caraterísticas dos processos produtivos. Assim, apresenta-se de seguida, uma sugestão de estrutura e códigos das contas da classe 9. Uma descrição mais detalhada da movimentação destas contas é apresentada no apêndice 2.

Quadro 1.4 – Sugestão de Plano de Contas da classe 9

91 CONTAS REFLETIDAS	92 RECLASSIFICAÇÃO DE GASTOS E RENDIMENTOS
913 Inventários iniciais refletidos	**921 Gastos Indiretos de Produção (GIP)**
9132 Matérias-primas, subsidiárias e de consumo	**922 Gastos diretos c/ pessoal de produção (MOD)**
9133 Mercadorias	**923 Custo dos materiais diretos consumidos**
9134 Produtos acabados e intermédios	**924 Gastos administrativos**
9135 Subprodutos, resíduos e refugos	**925 Gastos de distribuição**
9136 Produtos e trabalhos em Curso	**926 Gastos de aprovisionamento de materiais**
9137 Ativos biológicos	**927 ...**
914 Regularização de Inventários refletidos	**93 SECÇÕES (CENTROS DE CUSTOS)**
915 Compras refletidas	**931 Secções de aprovisionamento**
916 Gastos refletidos	**932 Secções de produção principais**
9162 Fornecimentos e serviços externos	**933 Secções de produção auxiliares**
9163 Gastos com pessoal	**934 Secções de distribuição**
9164 Gastos de depreciação e amortização	**935 Secções administrativas**
9165 Perdas por imparidade	**936 Secções financeiras**
9166 Perdas por redução do justo valor	**94 CÁLCULO DE CUSTOS/GASTOS**
9167 Provisões do período	**941 Custos/Gastos de aquisição**
9168 Outros Gastos e Perdas	9411 Mercadorias
9169 Gastos e perdas de financiamento	9412 Matérias-primas
917 Rendimentos refletidos	9413 Matérias subsidiárias e de consumo
9171 Vendas	**942 Custos/Gastos de produção**
9172 Prestações de serviços	**943 Gastos de trabalhos para a própria entidade**
9173 Variações nos Inventários da Produção	**944 Custo industrial dos produtos vendidos**
9174 Trabalhos para a Própria Entidade	**95 ARMAZÉNS (INVENTÁRIOS)**
9175 Subsídios à exploração	**952 Matérias-primas, subsidiárias e de consumo**
9176 Reversões	**953 Mercadorias**
9177 Ganhos por aumento de justo valor	**954 Produtos acabados e intermédios**
9178 Outros Rendimentos e Ganhos	**955 Subprodutos, resíduos e refugos**
9179 Juros, dividendos e rendimentos similares	**956 Produtos e trabalhos em curso**
	957 Ativos biológicos

Quadro 1.4 – Sugestão de Plano de Contas da classe 9 (cont.)

96 DESVIOS SOBRE GASTOS PRÉ-DETERMINADOS	**973 Diferenças de inventário**
961 Desvios em compras	------
962 Desvios em materiais consumidos	**974 Diferenças de nível de atividade**
963 Desvios em Gastos diretos c/pessoal da produção	------
964 Desvios em Gastos indiretos de produção	**975 Diferenças de imputação**
965 Desvios em Centros de Custos/Gastos	------
97 DIFERENÇAS DE TRATAMENTO CONTABILÍSTICO	**98 RESULTADOS**
971 Gastos a repartir	**981 Resultados Brutos**
9711 Gastos com pessoal	9811 Resultado Bruto Produto A
9712 Depreciações e amortizações	------
9713 Seguros	**982 Resultados Operacionais**
972 Diferenças de incorporação	**983 Resultados Correntes**
9721 Em depreciações e amortizações	
9722 Gastos supletivos	

Exercícios Resolvidos (ER)

ER 1.1. Variação de Inventários (DRN) e Custo das Vendas (DRF)

O responsável pela contabilidade da empresa A foi incumbido de elaborar a DRN e a DRF referentes ao ano N. Para elaborar a DRN, é necessário apurar o saldo da conta 73 – Variações nos inventários da produção, pelo que será necessário valorizar os inventários finais de produtos. Por outro lado, para elaborar a DRF será necessário reclassificar os gastos do período, por funções e apurar o custo das vendas (custo dos produtos vendidos). Para proceder à elaboração destas demonstrações financeiras, recolheu-se a seguinte informação:

A. Da produção do período (5.000 toneladas) apenas uma parte foi vendida nesse período (4.000 toneladas).
B. Outros gastos anuais (por naturezas e ainda não classificados por departamento):

Gastos por natureza	CMVMC	FSE	G Pessoal	Depreciações	Juros
Custo das matérias-primas consumidas	760.000€				
Combustíveis consumidos na fábrica		40.000€	---	---	---
Material de escritório		15.000€	---	---	---
Gastos de telefone e internet		8.000€	---	---	---
Publicidade		39.000€	---	---	---
Transporte dos produtos vendidos		148.000€	---	---	---
Participação em feiras internacionais		73.000€	---	---	---
Juros de empréstimos de longo prazo		---	---	---	56.000€
Encargos bancários com desconto de letras (juros)		---	---	---	20.000€
Juros de empréstimos de curto prazo		---	---	---	12.000€
Gastos associados a serviços bancários		8.000€	---	---	---
Trabalhos especializados (investigação novos produtos)		10.000€	---	---	---
Gastos com pessoal		---	---	---	---
Membros dos órgãos sociais		---	100.000€	---	---
Pessoal do Departamento de produção		---	840.000€	---	---
Pessoal do Departamento de I&D		---	50.000€	---	---
Pessoal do Departamento Administrativo		---	30.000,00 €	---	---
Água e Eletricidade		31.000€	---	---	---
Conservação e Reparação		27.000€	---	---	---
Rendas		42.000€	---	---	---
Seguros		54.000€	---	---	---
Depreciações do exercício		---	---	137.000€	---
Total	**760.000€**	**495.000,00 €**	**1.020.000,00 €**	**137.000€**	**88.000€**

C. Gastos diretos dos departamentos:

	Departamento de I&D	Departamento de Produção	Departamento Comercial	Departamento Administrativo	Total
Água e Eletricidade	5.000€	20.000€	4.000€	2.000€	31.000€
Conservação e Reparação	-----	24.000€	---	3.000€	27.000€
Rendas	------	20.000€	12.000€	10.000€	42.000€
Seguros	-------	30.000€	20.000€	4.000€	54.000€
Depreciações do exercício	20.000€	90.000€	15.000€	12.000€	137.000€

Pedidos, relativamente ao ano N:

1. Proceda à repartição dos (outros) gastos pelas Funções/Departamentos e calcule os gastos totais por Departamento/ Função.

Resolução:

1.1 Repartição dos (outros) gastos pelas Funções/Departamentos:

Gastos	**Valores**	Financeiros	I&D	Produção	Comercial	Administrativo
Custo das matérias-primas consumidas	760.000€			760.000€		
Combustíveis consumidos na fábrica	40.000€			40.000€		
Material de escritório	15.000€					15.000€
Gastos de telefone e internet	8.000€					8.000€
Publicidade	39.000€				39.000€	
Transporte dos produtos vendidos	148.000€				148.000€	
Participação em feiras internacionais	73.000€				73.000€	
Juros de empréstimos de longo prazo	56.000€	56.000€				

Gastos	Valores	Financeiros	I&D	Produção	Comercial	Administrativo
Encargos bancários com desconto de letras (juros)	20.000€	20.000€				
Juros de empréstimos de curto prazo	12.000€	12.000€				
Gastos associados a serviços bancários	8.000€					8.000€
Trabalhos especializados (investigação novos produtos)	10.000€		10.000€			
Gastos com pessoal						
Membros dos órgãos sociais	100.000€					100.000€
Pessoal do Departamento de produção	840.000€			840.000€		
Pessoal do Departamento de I&D	50.000€		50.000€			
Pessoal do Departamento Administrativo	30.000€					30.000€
Total	2.209.000€	88.000€	60.000€	1.640.000€	260.000€	161.000€

1.2 Gastos totais por Departamento/ Função:

	Funções					**Total**
Gastos	Financeira	I&D	Produção	Comercial	Administrativa	
Gastos diretos	---	25.000€	184.000€	51.000€	31.000€	**291.000€**
Outros gastos	88.000€	60.000€	1.640.000€	260.000€	161.000€	**2.209.000€**
Total	88.000€	85.000€	**1.824.000€**	**311.000€**	**192.000€**	**2.500.000€**

2. Determine o Custo de Produção dos Produtos Acabados, Global e Unitário.

Gastos de Produção	Valores
Total de Custos de Produção	**1.824.000€**
Quantidade de produção acabada	5.000 ton.
CPPA unitário	**364,80€/ton.**

3. Determine o Custo de Produção dos Produtos Vendidos (CPPV) e o valor dos inventários finais de produção acabada (PAfin).

CPPV = 364,80€/ton. * 4.000 ton. = 1.459.200€
Valor dos PAfin = 364,80€/ton. * 1.000 ton. = 364.800€

4. Calcule o valor das vendas, sabendo que o preço de venda é de 668€/ton.

Vendas	
Quantidade Vendida	4.000 ton.
Preço de Venda	668€/ton.
Valor das vendas	**2.672.000€**

5. Apresente a Demonstração dos Resultados por Funções, admitindo o resultado fiscal é igual ao contabilístico e uma taxa de IRC de 25%.

RUBRICAS	ano N
Vendas e serviços prestados	2.672.000,00 €
Custo das vendas e dos serviços prestados	1.459.200,00 €
Resultado bruto/Margem bruta	**1.212.800,00 €**
Outros rendimentos	- €
Gastos de distribuição	311.000,00 €
Gastos administrativos	192.000,00 €
Gastos de investigação e desenvolvimento	85.000,00 €
Outros gastos	- €
Resultado operacional	**624.800,00 €**
Gastos de financiamento (líquidos)	88.000,00 €
Resultados antes de impostos	**536.800,00 €**
Imposto sobre o rendimento do período	134.200,00 €
Resultado líquido do período	**402.600,00 €**

6. Apresente a Demonstração dos Resultados por Naturezas.

RENDIMENTOS E GASTOS	ano N
Vendas e serviços prestados	2.672.000,00 €
Subsídios à exploração	- €
Variação nos inventários da produção (1)	364.800,00 €
Trabalhos para a própria entidade	- €
Custos das mercadorias vendidas e das matérias consumidas	760.000,00 €
Fornecimentos e serviços externos	495.000,00 €
Gastos com o pessoal	1.020.000,00 €
Imparidade de inventários (perdas/reversões)	- €
Imparidade de dívidas a receber (perdas/reversões)	- €
Provisões (aumentos/reduções)	- €
Outras imparidades (perdas/reversões)	- €
Aumentos/reduções de justo valor	- €
Outros rendimentos e ganhos	- €
Outros gastos e perdas	- €
Resultado antes de depreciações, gastos de financiamentos e impostos	**761.800,00 €**
Gastos/reversões de depreciação e de amortização	137.000,00 €
Resultado operacional (antes de gastos de financiamento e impostos)	**624.800,00 €**
Juros e rendimentos similares obtidos	- €
Juros e gastos similares suportados	88.000,00 €
Resultado antes de impostos	**536.800,00 €**
Imposto sobre o rendimento do período	134.200,00 €
Resultado líquido do período	**402.600,00 €**

(1) Variação de produção: (PAfin – PAin) = 364.800€ (questão 3) – 0€ = 364.800€

ER 1.2. Custo dos produtos Vendidos e DRF

Os valores registados nas contas de resultados Operacionais e Financeiros, em 31/12/N da empresa RG, Lda., que fabrica um tipo de rações para gado foram os seguintes:

RENDIMENTOS E GASTOS	NOTAS	Ano N
Vendas e serviços prestados		94.500,00
Variação nos inventários da produção		33.090,00
Custos das mercadorias vendidas e das matérias consumidas		12.990,00
Fornecimentos e serviços externos		15.000,00
Gastos com o pessoal		69.850,00
Resultado antes de depreciações, gastos de financiamentos e impostos		**29.750,00**
Gastos/reversões de depreciação e de amortização		10.000,00
Resultado operacional (antes de gastos de financiamento e impostos)		**19.750,00**
Juros e rendimentos similares obtidos		0,00
Juros e gastos similares suportados		0,00
Resultado antes de impostos		**19.750,00**

Discriminação dos valores correspondentes à rubrica "Variação nos inventários da produção", os valores dos inventários finais foram obtidos através de informação da Contabilidade de Gestão:

Inventários iniciais		Inventários Finais	
Produtos em curso	10.000 €	Produtos em curso	10.000 €
Produtos Acabados (80.000 kg)	60.000 €	Produtos acabados (120.000 kg)	93.090 €

Extra contabilisticamente obtiveram-se os seguintes elementos, quanto à repartição funcional de alguns gastos:

	Produção	Comercial	Administrativa
Gastos com o pessoal	49.850 €	10.000 €	10.000 €
Fornecimentos e Serviços Externos	10.000 €	2.500 €	2.500 €
Depreciações e Amortizações do Exercício	7 500 €	1 000 €	1 500 €
Total	67.350 €	13.500 €	14.000 €

Vendas anuais de produtos acabados: 63.000 kg

Pedidos, relativamente ao ano N:

1. Determine a quantidade produzida

+ Quantidade vendida........................	63.000 Kg
+ Inventário final...........................	120.000 Kg
- Inventário inicial..........................	80.000 Kg
= Quantidade produzida	103.000 Kg

2. Determine o custo de produção dos produtos fabricados (CPPF) que corresponde aos custos de produção do período que é o ano N:

+ Custo das matérias consumidas...............	12.990 €
+ Custos da função produção	67.350 €
= Custo de produção dos produtos fabricados	80.340 €

3. Determine o custo de produção dos produtos acabados (CPPA) e o custo de produção dos produtos vendidos (CPPV).

+ Custo de produção dos produtos fabricados	80.340 €
+ Inventário inicial de produtos em curso	10.000 €
- Inventário final de produtos em curso	10.000 €
= Custo de produção dos produtos acabados	80.340 €
+ Inventário inicial de produtos acabados	60.000 €
- Inventário final de produtos acabados..........	93.090 €
= Custo de produção do produtos vendidos	47 250 €

4. Apresente a Demonstração dos Resultados por Funções

RUBRICAS	ano N
Vendas e serviços prestados	94.500,00 €
Custo das vendas e dos serviços prestados	47.250,00 €
Resultado bruto/Margem bruta	**47.250,00 €**
Gastos de distribuição	13.500,00 €
Gastos administrativos	14.000,00 €
Resultado operacional	**19.750,00 €**
Gastos de financiamento (líquidos)	
Resultados antes de impostos	**19.750,00 €**

ER 1.3. Sistema monista radical e Sistema duplo contabilístico

Considere que, para uma entidade X que fabrica o produto A e que no período N, incorreu em Gastos com Pessoal no montante total de 10.000€, dos quais 70% dizem respeito aos operários, cuja função consiste em produzir o produto A, no qual foram gastos 20% dos gastos com pessoal da produção, e o Produto B, no qual foram gastos 80% dos gastos com pessoal da produção, sendo que os restantes 30% dos gastos com pessoal dizem respeito a trabalhadores do departamento administrativo.

Para calcular o montante de Gastos com Pessoal a incluir no custo de produção de cada produto, no período N, o contabilista de gestão da empresa deverá começar por identificar a parte que diz respeito ao Pessoal que opera no âmbito da fabricação, ou seja, 7.000€ (70% de 10.000€), sendo os restantes 3.000€ classificados como Custos Administrativos (não inventariáveis). Seguidamente, será necessário repartir os 7.000€ de Gastos com Pessoal da Produção, pelos dois produtos, sendo que se ao Produto A cabem 1.400€ (20% de 7.000€) e ao Produto B, 5.600€ (80% de 7.000€).

✓ Se a empresa utilizasse o sistema **Monista Radical**, os lançamentos a efetuar de modo a que a informação da Contabilidade Financeira (Gastos com Pessoal) fluísse para a Contabilidade de Gestão, seriam os seguintes:

Classe 6

639 Gastos c/ pessoal	
	1) 10.000

92 Reclassificação de gastos/rendimentos

922 – Gastos diretos com pessoal de produção	
1) 7.000	2) 7.000

924 – Gastos administrativos	
1) 3.000	

94 Cálculo de custos

942 – Custos de produção 9421 – Custos de produção Produto A	
2) 1.400	

942 – Custos de produção 9422 – Custos de produção Produto B	
2) 5.600	

1) Reclassificação dos Gastos com Pessoal em Gastos com Pessoal da Produção e em Gastos Administrativos.
2) Afetação dos Gastos com Pessoal da Produção ao Custo de Produção do Produto A e do produto B.

✓ Se, pelo contrário, a empresa utilizasse o sistema **Duplo Contabilístico**, os lançamentos a efetuar, seriam os seguintes:

91 – Contas Refletidas

916 – Gastos Refletidos
9163 Gastos c/ pessoal refletidos

Débito	Crédito
	1) 10.000

92 Reclassificação de gastos/rendimentos

922 – Gastos diretos com pessoal de produção

Débito	Crédito
1) 7.000	2) 7.000

924 – Gastos administrativos

Débito	Crédito
1) 3.000	

94 Cálculo de custos

942 – Custos de produção
9421 – Custos de produção Produto A

Débito	Crédito
2) 1.400	

942 – Custos de produção
9422 – Custos de produção Produto B

Débito	Crédito
2) 5.600	

1) Reclassificação dos Gastos com Pessoal em Gastos com Pessoal da Produção e em Gastos Administrativos. A conta 9163 reflete (a crédito) os valores que foram registados (a débito) pela Contabilidade Financeira, na conta 93
2) Afetação dos Gastos com Pessoal da Produção ao Custo de Produção do Produto A e do produto B.

CAPÍTULO II
–
MENSURAÇÃO DE INVENTÁRIOS E CUSTO DE PRODUÇÃO

Objetivos do Capítulo

1. Compreender os componentes do custo de produção e a respetiva mensuração.
2. Compreender os princípios e normas contabilísticas relevantes para o cálculo do custo de produção de produtos e serviços.
3. Compreender os processos de cálculo do custo de produção dos produtos e serviços e de cada uma das suas componentes.

2.1. Mensuração de Inventários e Legislação

2.1.1. Decreto-lei n.º 98/2015 – Inventário Permanente

O artigo 12.º do Decreto-Lei n.º 158/2009, que aprovou o Sistema de Normalização Contabilística, alterado pelo Decreto-Lei n.º 98/2015, estabelece a obrigação de adoção do sistema de inventário permanente (SIP) na contabilização dos inventários para as entidades a que seja aplicável o Sistema de Normalização Contabilística (SNC) ou as Normas Internacionais de Contabilidade (NIC) adotadas pela União Europeia, nos seguintes termos (alíneas a) e b) do n.º 1):

«a) Proceder às contagens físicas dos inventários com referência ao final do período, ou, ao longo do período, de forma rotativa, de modo a que cada bem seja contado, pelo menos, uma vez em cada período;

b) Identificar os bens quanto à sua natureza, quantidade e custos unitários e globais, de forma a permitir a verificação, a todo o momento, da correspondência entre as contagens físicas e os respetivos registos contabilísticos.»

Assim, a adoção do SIP implica necessariamente que as entidades procedam ao registo contabilístico das entradas e das saídas de inventários ao longo do período contabilístico, de forma que seja possível:

(i) *conhecer, a todo o momento, o valor dos inventários e*
(ii) *apurar o custo dos inventários vendidos e dos inventários consumidos.*

Apesar de, segundo esclarecimento da Comissão de Normalização Contabilística (CNC), o facto de uma entidade não adotar o SIP, estando a tal obrigada, não ser suficiente para se concluir que não adota o SNC e que a contabilidade não se encontra regularmente organizada, a não adoção do SIP pode implicar a inexistência ou insuficiência de elementos de contabilidade que possibilitem o controlo dos inventários e consequentemente confirmar que as demonstrações financeiras apresentam de forma apropriada a posição financeira, o desempenho financeiro e as alterações na posição financeira, pelo que será necessário aplicar métodos indiretos de determinação da matéria coletável[4]. Nestes casos em que há impossibilidade de comprovação e quantificação direta e exata dos elementos indispensáveis à correta determinação do lucro tributável não se deve considerar que a contabilidade está regularmente organizada, de onde, segundo a Autoridade Tributária[5], resulta a impossibilidade dos sujeitos passivos usufruírem de benefícios fiscais, quando dos respetivos diplomas conste, como condição de acesso, que a contabilidade deve estar regularmente organizada de acordo com a normalização contabilística ou que não sejam aplicáveis métodos indiretos. Daqui resulta que as entidades abrangidas pelo SNC ou NIC deverão adotar o SIP, sob pena de não poderem usufruir de benefícios fiscais.

A periodicidade do registo contabilístico em SIP não está legalmente estabelecida, devendo a mesma atender à especificidade das atividades desenvolvidas pela entidade e à relação entre os custos e benefícios associados à obtenção de tal informação, pelo que, ainda segundo a Autoridade Tributária, é aceitável, para efeitos fiscais, que o registo contabilístico em SIP seja efetuado, pelo menos, no final de cada mês.

Quanto à forma de registo, a Autoridade Tributária esclarece, seguindo o parecer da CNC, que a aplicação do SIP na escrituração comercial digráfica, pode basear-se em registos extra contabilísticos, os quais deverão identificar os bens quanto à natureza, quantidade e custos unitários e globais, que permitam o controlo da correspondência entre os valores constantes dos registos contabilísticos e os valores apurados com base nas contagens físicas dos inventários, devendo estes registos extra contabilísticos ser disponibilizados pela entidade, à Inspeção Tributária e Aduaneira[6], uma vez que constituem o suporte dos registos contabilísticos do SIP.

---

[4] Nos termos do artigo 57.º do Código do IRC e dos artigos 87.º e 88.º da Lei Geral Tributária (LGT).

[5] Através do Ofício Circulado n.º 20193 de 23/06/2016.

[6] Nos termos do artigo 29.º do Regime Complementar do Procedimento de Inspeção Tributária e Aduaneira (RCPITA).

2.1.2. A NCRF 18 – Inventários e o cálculo de custo de produção

A NCRF 18 - Inventários visa prescrever o tratamento contabilístico a dar aos inventários[7], nomeadamente no que se refere ao estabelecimento da quantia do respetivo custo a ser reconhecida como um ativo e a ser escriturada até que sejam reconhecidos os réditos relacionados com esses inventários. Esta norma proporciona orientação prática na determinação do custo e no seu subsequente reconhecimento como gasto e fornece orientação nas fórmulas de custeio a usar para atribuir custos aos inventários.

2.1.2.1. *Definição de Inventários*

No âmbito da NCRF 18, Inventários são os ativos detidos para venda no decurso ordinário da atividade empresarial (tal como mercadorias, terrenos e outras propriedades detidas para revenda, bens acabados produzidos), os que se encontram ainda em processo de produção para tal venda (trabalhos em curso), ou na forma de materiais ou consumíveis a serem aplicados no processo de produção ou na prestação de serviços. No caso de um prestador de serviços, os inventários (trabalhos em curso) incluem os custos do serviço relativamente ao qual a entidade ainda não tenha reconhecido o referido rédito (serviços ainda não concluídos e faturados). Assim, as classificações comuns de inventários são: mercadorias, matérias-primas, consumíveis de produção, materiais, trabalhos em curso e bens acabados.

2.1.2.2. *Mensuração dos Inventários*

Segundo a NCRF 18, os inventários devem ser mensurados pelo **custo** ou **valor realizável líquido** (VRL), dos dois o mais baixo (ver figura 2.1), ou seja:

- Sempre que o custo (de aquisição ou de produção) de um inventário seja inferior ao respetivo valor realizável líquido, esse inventário deve ser mensurado pela quantia correspondente a esse custo de aquisição ou de produção;

[7] Que não sejam produção em curso proveniente de contratos de construção, instrumentos financeiros e ativos biológicos.

- Ao contrário, se o custo de aquisição ou de produção de um inventário for superior ao seu valor realizável líquido, esse inventário deve ser mensurado pela quantia correspondente a esse valor realizável líquido.

Figura 2.1 – Mensuração de Inventários: Custo ou VRL

Valor a atribuir ao inventário (Balanço)

se: **Custo < VRL** — Inventário mensurado ao **Custo**

se: **Custo > VRL** — Inventário mensurado ao **VRL**

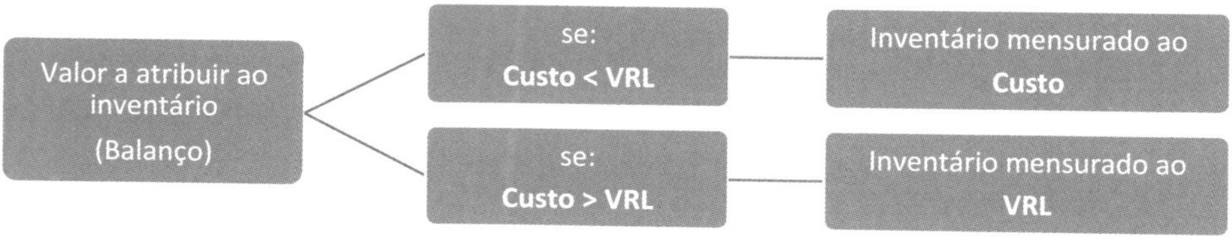

2.1.2.3. *Valor Realizável Líquido*

O Valor Realizável Líquido (VRL) corresponde à quantia líquida que se espera realizar com a venda do inventário, ou seja, corresponde ao preço de venda estimado menos os custos estimados de acabamento e os custos que se estima serem necessários para efetuar a venda. Se os inventários estiverem danificados, se estiverem total ou parcialmente obsoletos, se os seus preços de venda tiverem diminuído ou se os seus custos estimados de acabamento ou os seus custos estimados de venda tiverem aumentado, este valor realizável líquido poderá ser inferior ao custo de produção desses inventários. Neste caso o custo de produção não seria inteiramente recuperável através da venda, pelo que se deverá reduzir o custo/valor dos inventários para o valor realizável líquido, de modo a que os ativos não sejam escriturados por quantias superiores àquelas que previsivelmente resultariam da sua venda ou uso.

Exercícios Resolvidos (ER)

ER 2.1. Mensuração de inventários: Custo ou VRL

Admita que a empresa A produziu, no período N, um lote de produtos cuja produção custou 2.500€ (considere que a totalidade destes gastos correspondeu a pagamentos a pronto) e que a empresa espera vender, no período N+1, e em condições normais de mercado, pela quantia de 2.000€ (valor sem IVA). Neste caso, o referido lote de produtos não poderia ser mensurado (classe 3 e Balanço Final de N) por mais do que 2.000€, valor que corresponde à quantia líquida que a empresa poderá vir a obter através da sua venda. Assim, apesar de o referido lote ter custado 2.500€, ele apenas vale 2.000€, pelo que será contabilizado por 2.000€.

A diferença de 500€, entre o custo de produção e o VRL, deve ser tratada como um custo do período em que estes gastos foram ocorridos, não sendo inventariável, ao contrário dos 2.000€ que são custos inventariáveis, ou seja, atribuídos aos inventários, na respetiva mensuração. Assim, supondo que não existem outras operações neste período, o resultado da empresa seria de 500€ negativos, pois teria registado 2.500€ de gastos (classe 6) e apenas 2.000€ de rendimentos (Variação da Produção).

Os registos contabilisticos seriam:

CONTAS DE GASTOS

6... GASTOS	
(1) 2.500	

CONTAS DE RENDIMENTOS

73	
	(2) 2.000

CONTAS DO ATIVO

12 DEP. ORDEM[8]	
	(1) 2.500

34	
(2) 2.000	

(1) Registo dos gastos incorridos com a produção do lote;
(2) Registo da entrada em armazém de produtos acabados e variação da produção (SIP).

ER 2.2. Mensuração de inventários: Custo ou VRL

Considerando as informações fornecidas no ER 2.1, mas admitindo que o referido lote de produtos tivesse sido vendido (a pronto) no ano N (ano em que foi produzido), o resultado seria igualmente de 500€ negativos, pois teríamos registado 2.500€ de gastos e 2.000€ de rendimentos (Vendas).

Os registos contabilisticos seriam:

CONTAS DE GASTOS

6... GASTOS	
(1) 2.500	

CONTAS DE RENDIMENTOS

73	
(3.1) 2.000	(2) 2.000

71	
	(3.2) 2.000

CONTAS DO ATIVO

12 DEP. ORDEM[9]	
(3.2) 2.000	(1) 2.500

34	
(2) 2.000	(3.1) 2.000

(1) Registo dos gastos incorridos com a produção do lote;
(2) Registo da entrada em armazém de produtos acabados e variação da produção (SIP);
(3.1) Registo da saída em armazém de produtos acabados e variação da produção (SIP);
(3.2) Registo da venda e do recebimento.

2.1.2.4. *Conceito de Custo*

O **custo** dos inventários deve incluir todos os custos de compra, custos de conversão e outros custos incorridos para colocar os inventários no seu local e na sua condição atuais.

Os **custos de compra** de inventários incluem o preço de compra, os direitos de importação e outros impostos não recuperáveis e ainda os custos de transporte, manuseamento e outros custos diretamente atribuíveis à aquisição de bens, materiais e serviços. Os descontos comerciais, abatimentos e outros itens semelhantes devem ser deduzidos na determinação dos custos de compra.

Os **custos de conversão** ou **de transformação** incluem os custos diretamente relacionados com as unidades de produção, tais como mão-de-obra direta, e ainda uma imputação sistemática de Gastos Indiretos de Produção (variáveis e fixos) que sejam incorridos ao converter matérias em bens acabados.

- Os gastos com **Mão-de-obra Direta** (MOD) correspondem aos gastos incorridos com a obtenção do trabalho executado pelos trabalhadores que estão diretamente envolvidos na produção dos produtos, ou seja, os trabalhadores da linha de produção.

- Os **Gastos Indiretos de Produção variáveis** são os custos indiretos de produção que variam com o volume de produção, tais como materiais indiretos.

- Os **Gastos Indiretos de Produção fixos** são os custos indiretos de produção que permaneçam relativamente constantes independentemente do volume de produção, tais como a depreciação e manutenção de edifícios e de equipamento de fábricas e os custos de gestão e administração da fábrica.

  A parcela de Gastos Indiretos de Produção fixos que deve ser imputada aos custos de conversão dos produtos corresponde, segundo as normas e os princípios contabilísticos, apenas ao grau efetivo de utilização da capacidade normal das instalações de produção, a qual corresponde à quantidade de produto que se espera obter, em circunstâncias normais de funcionamento. Assim, se a quantidade real produzida se aproximar da capacidade normal, então devem ser imputados aos gastos de conversão dos produtos a totalidade dos Gastos Gerais de Produção fixos, contudo, se a quantidade real produzida corresponder a x% da capacidade normal, então devem ser imputados aos gastos de conversão dos produtos apenas x% da totalidade dos Gastos Gerais de Produção fixos.

De acordo com este procedimento, a quantia de Gastos Gerais de Produção fixos imputada a cada unidade de produção não é aumentada em consequência da existência de capacidade ociosa, devendo a quantia não imputada dos Gastos Gerais de Produção fixos (100% - x%) ser reconhecida como um gasto do período em que sejam incorridos. Em períodos de produção anormalmente alta, a quantia de Gastos Gerais de Produção fixos imputados a cada unidade de produção é diminuída a fim de que os inventários não sejam mensurados acima do custo.

- Outros custos somente devem ser incluídos no custo dos produtos, de acordo com a NCRF 18, se tiverem sido incorridos para os colocar no seu local e na sua condição atuais, como poderá acontecer no caso de alguns gastos gerais não industriais ou de custos de conceção de produtos para clientes específicos.

Os gastos não inventariáveis correspondem à maioria dos custos que não sejam custos de compra ou custos de conversão, devendo por isso ser excluídos do custo dos inventários. Estes gastos não inventariáveis devem ser reconhecidos como gastos do período em que sejam incorridos. Exemplos destes custos são:

✓ Quantias anormais de materiais desperdiçados, de mão-de-obra ou de outros custos de produção, ou seja, uma vez que se trata de custos não necessários à obtenção da produção efetiva (custos de ineficiência ou de capacidade ociosa);

✓ Custos de armazenamento, a menos que esses custos sejam necessários ao processo de produção antes de uma nova fase de produção;

✓ Gastos gerais administrativos que não contribuam para colocar os inventários no seu local e na sua condição atuais;

✓ Custos de vender, como gastos de acondicionamento para transporte, gastos de transporte e outros gastos de distribuição;

✓ Custos de empréstimos obtidos (com exceção dos definidos no âmbito da NCRF 10 - Custos de Empréstimos Obtidos).

No caso de um processo de produção, ou parte desse processo, resultar na produção simultânea de mais de um produto (produção conjunta), não sendo separadamente identificáveis os custos de matérias consumidas e de conversão de cada produto, tais custos devem ser rateados entre os diversos produtos através de um critério racional e consistente, através das metodologias que serão apresentadas no ponto 4.4.

2.1.2.5. *Técnicas para a mensuração do custo*

As técnicas para a mensuração do custo de inventários, tais como o método do custo padrão ou o método de retalho, podem ser usadas por conveniência se os resultados se aproximarem do custo. Os custos padrão tomam em consideração os níveis normais dos materiais e consumíveis, da mão-de-obra, da eficiência e da utilização da capacidade produtiva. O método de retalho é usado no sector de retalho, nos casos em que os inventários são compostos por uma grande diversidade de itens, cuja composição se altera com elevada frequência, que têm margens semelhantes e para os quais não é exequível recorrer a outros métodos de custeio. No método de retalho, o custo de cada inventário é, assim, determinado através da dedução, ao valor de venda do inventário, da margem bruta normal.

2.1.2.6. *Critérios de Valorização de Saída de Inventários (ou Fórmulas de Custeio)*

Sempre que possível, o custo dos inventários deve ser atribuído mediante a identificação dos respetivos custos individuais, ou seja, mediante a utilização do critério do Custo Específico. Efetivamente, se um inventário se distingue de todos os outros inventários detidos pela empresa, o custo que lhe deverá ser atribuído resulta da identificação específica dos seus custos individuais.

Quando, pelo contrário, a empresa detenha grandes quantidades de um mesmo inventário (ou inventários com características e utilização análogas), a identificação específica de custos não é apropriada, pelo que os inventários devem ser mensurados pelo uso da fórmula "primeira entrada, primeira saída" (FIFO) ou da fórmula do Custeio Médio Ponderado.

A utilização do critério **FIFO** pressupõe que são vendidos ou consumidos, em primeiro lugar, os inventários detidos (comprados ou produzidos) há mais tempo, sendo que os inventários que permanecem em armazém no final do período (Balanço Final) são os que tenham sido comprados ou produzidos há menos tempo.

A utilização do critério **Custeio Médio Ponderado** assenta na determinação do custo médio de cada inventário, o qual consiste na média ponderada entre o custo dos inventários detidos no início de um período e o custo dos inventários comprados ou produzidos durante esse período. Esta média, que pode ser determinada numa base periódica ou à medida que cada lote entre em armazém, é utilizada para valorizar tanto os inventários consumidos ou vendidos, como os inventários finais.

O critério a usar por cada entidade deverá ser o mesmo para todos os seus inventários de natureza e uso semelhantes, sendo que, para inventários que tenham natureza ou uso diversos, poderão usar-se critérios de custeio diferentes.

2.1.2.7. *Reconhecimento do custo dos inventários como gasto do período*

Tal como se refere no ponto 1.2, só no período em que os inventários forem vendidos, é que a quantia escriturada desses inventários (custo) deve ser reconhecida como um gasto desse período (Custo das Vendas na DRF, ou correção efetuada através da Variação nos Inventários da Produção, na DRN). Se alguns inventários tiverem sido imputados a outras contas do ativo, como por exemplo, os usados como componente de ativos fixos tangíveis, estes inventários devem ser reconhecidos, proporcionalmente, como gasto dos períodos de vida útil desse ativo. A quantia de inventários reconhecida como um gasto do período (custo das vendas) resulta da soma de:

- ✓ Custos previamente incluídos na mensuração do inventário vendido;
- ✓ Diferenças de imputação de GIP (fixos ou variáveis) e MOD;
- ✓ Quantias anormais de custos de produção de inventários, tais como custos da capacidade ociosa, desperdícios, quebras, produção defeituosa anormal, etc.
- ✓ Outras quantias, tais como custos de distribuição, se tal inclusão se justificar dadas as circunstâncias da entidade.

O quadro 2.1. resume os principais aspetos a ter em conta na mensuração dos inventários.

Quadro 2.1 – NCRF 18 – Inventários e o cálculo de custo de produção

<table>
<tr><th colspan="2">Critérios de Mensuração</th><th>Tipo de Inventários</th><th>Elementos da Quantia Mensurada</th><th>Outras técnicas para a mensuração do custo</th><th>Fórmulas de Custeio</th></tr>
<tr><td rowspan="3">Pelo custo
(se inferior ao valor realizável líquido)</td><td>de Compra</td><td>Mercadorias
Matérias-primas
Materiais Consumíveis de produção</td><td>• preço de compra
• direitos de importação
• outros impostos não recuperáveis
• custos de transporte
• custos de manuseamento
• outros custos diretos de aquisição
• deduzido de descontos comerciais/abatimentos</td><td>Método de retalho</td><td rowspan="3">• Custo específico
• FIFO
• Custeio Médio Ponderado</td></tr>
<tr><td rowspan="2">de Produção</td><td>Trabalhos em curso (bens ou serviços)</td><td rowspan="2">• custo dos inventários consumidos
• mão-de-obra direta
• Gastos Indiretos de Produção variáveis
• Gastos Indiretos de Produção fixos (no todo ou em parte)</td><td rowspan="2">Método do custo padrão</td></tr>
<tr><td>Bens acabados</td></tr>
<tr><td colspan="3">Pelo valor realizável líquido
(se inferior ao custo)</td><td>• preço de venda estimado
• menos os custos estimados de acabamento
• menos os custos estimados de vender</td><td></td><td></td></tr>
</table>

Tendo em conta os aspetos desenvolvidos anteriormente, serão desenvolvidos e especificados os procedimentos de cálculo de cada uma das componentes do custo dos inventários, com especial ênfase para os inventários mais relevantes no âmbito da atividade de uma empresa industrial, nomeadamente matérias-primas (ponto 2.2), produtos em curso e produtos acabados (ponto 2.3).

2.2. Mensuração de matérias-primas e outros consumíveis de produção

As matérias-primas, os materiais e os consumíveis de produção (daqui em diante designados apenas por matérias ou matérias-primas) devem, tal como já foi referido, ser mensurados pelo respetivo preço de compra, líquido de descontos e de impostos recuperáveis e acrescido de eventuais gastos de compra (transportes, seguros, custos alfandegários, comissões, etc.) e gastos internos de aprovisionamento[8] relacionados com a receção, manuseamento e armazenagem desses inventários.

2.2.1. Gastos de compra e outros gastos externos de aprovisionamento

No que se refere aos gastos de compra dos inventários, estes são, por norma, facilmente e frequentemente atribuídos aos inventários comprados, uma vez que no momento da sua ocorrência se sabe exatamente a que lote/encomenda correspondem.

No caso de a entidade não discriminar os gastos de compra, por tipo de inventário, no momento da sua ocorrência e/ou registo contabilístico, estes gastos deverão ser posteriormente distribuídos, de acordo com um critério considerado adequado.

Os critérios mais utilizados para repartir os gastos de compra pelos inventários são a quantidade comprada ou o valor das compras, consoante aqueles gastos sejam proporcionais à quantidade ou ao valor, respetivamente.

2.2.2. Gastos internos de aprovisionamento

Ao contrário dos gastos externos de compra, os gastos internos de aprovisionamento respeitam frequentemente à totalidade ou a grande parte dos inventários, como é o caso dos gastos do armazém (depreciações, pessoal, energia, etc.), pelo que não se conhece a parte que deve ser atribuída a cada um dos inventários armazenados.

Estes poderão ser repartidos à entrada dos inventários em armazém (de acordo com as quantidades compradas, o valor das compras, o espaço ocupado, o tempo de armazenagem, ou outros critérios considerados apropriados) ou podem ser repartidos à saída dos inventários de armazém (de acordo com as quantidades consumidas,

---

[8] A respeito dos custos internos de aprovisionamento os autores consideram que estes devem ser incluídos na mensuração dos inventários por tais custos serem necessários, em condições normais de funcionamento e eficiência, ao eficaz abastecimento do processo produtivo e atendendo a que a NCRF 18 (§10), refere que devem ser considerados, na mensuração dos inventários, "Outros custos incorridos para colocar os inventários no seu local e na sua condição atuais". Apesar de, mais à frente, na mesma norma (§16), se afirmar que deverão ser excluídos da mensuração dos inventários, e reconhecidos como gastos do período em que sejam incorridos, entre outros, os custos de armazenamento, também se afirma que tal exclusão não deverá ser efetuada quando "... esses custos sejam necessários ao processo de produção antes de uma nova fase de produção".

o valor desses consumos, o espaço ocupado, o tempo de armazenagem, ou outros critério considerado apropriado). Acresce ainda que os gastos internos de aprovisionamento atribuídos aos inventários de materiais, durante um determinado período, poderão ser os gastos reais desse período ou, em alternativa, poderá ser utilizada uma taxa ou coeficiente predeterminado, devendo neste caso ser efetuadas as respetivas correções no final do período, tal como acontece com outros tipos de gastos que não são afetados numa base real e como será explicado no ponto 3.2.

Os gastos internos de aprovisionamento poderão, alternativamente, ser incluídos nos Custos Indiretos de Produção, sendo imputados aos inventários de produtos fabricados e não aos inventários de materiais.

ER 2.3. Custo das Matérias Compradas

Considere a empresa ALFA, Lda. que se dedica ao fabrico dos produtos X e Y, consumindo, no fabrico de ambos os produtos, as matérias A, B e C. Conhecem-se, para um determinado período os seguintes elementos referentes às compras efetuadas:

<table>
<tr><th>Matérias</th><th>Quantidades compradas</th><th>Preço de compra</th><th>Taxa de IVA(*)</th><th>Desconto comercial</th><th>Despesas alfandegárias</th></tr>
<tr><td>A</td><td>1.000 Toneladas</td><td>20€/tonelada</td><td rowspan="3">23%</td><td>10%</td><td>2.000€</td></tr>
<tr><td>B</td><td>4.000 Toneladas</td><td>35€/tonelada</td><td>10%</td><td>500€</td></tr>
<tr><td>C</td><td>5.000 Toneladas</td><td>40€/tonelada</td><td>12%</td><td>0€</td></tr>
</table>

(*) IVA dedutível.

Sabe-se ainda que, no período em análise, os gastos de transporte de matérias compradas foram de 7.500€, não se conhecendo os valores, destes gastos, incorridos com cada uma das matérias.

Questão 1:

Admitindo que a empresa opta por repartir os gastos de transporte das matérias, de acordo com as quantidades compradas, calcule o valor a atribuir aos inventários de cada uma das matérias, no período em análise.

Resolução:

1.º Determinar o valor das compras

Matérias	Quantidades compradas	Preço de compra	Desconto comercial	Valor líquido das compras
A	1.000 Toneladas	20€/tonelada	10%	1.000 toneladas*20€/ tonelada*90%= 18.000 €
B	4.000 Toneladas	35€/tonelada	10%	4.000 toneladas*35€/ tonelada*90%= 126.000 €
C	5.000 Toneladas	40€/tonelada	12%	5.000 toneladas*40€/ tonelada*88%= 176.000 €

O valor do IVA não foi considerado no valor da compra uma vez que este imposto é recuperável pela empresa, logo não constitui um gasto.

2.º Falta agora acrescentar aos valores das compras líquidas, os gastos de compra: despesas alfandegárias e gastos de transporte.
Quanto às despesas alfandegárias, a sua repartição por matérias é conhecida, assumindo-se que a empresa efetuou os respetivos registos nas contas 312X – Compras de Matérias – Matéria X. Assim, falta ainda repartir os gastos de transporte (7.500€ durante o período) pelas matérias de acordo com o critério indicado, que é o das quantidades compradas, repartição essa que se apresenta de seguida:

Matérias	Valor líquido das compras	Quantidades Compradas (toneladas)	Quantidades Compradas (%)	Gastos de transporte	Despesas alfandegárias	Mensuração dos inventários
A	18.000 €	1.000	10%	(10%) 750 €	2.000€	20.750 €
B	126.000 €	4.000	40%	(40%) 3.000 €	500€	129.500 €
C	176.000 €	5.000	50%	(50%) 3.750 €	0€	179.750 €
Total	**320.000€**	**10.000**	**100%**	(100%) **7.500** €	**2.500€**	**330.000** €

Questão 2:

Admitindo que a empresa opta por repartir os gastos de transporte das matérias, de acordo com o valor das compras, calcule o valor a atribuir aos inventários de cada uma das matérias, no período em análise.

Resolução:

1.º Determinar o valor das compras (igual ao valor apurado na questão 1)

2.º Falta agora acrescentar aos valores das compras líquidas, os gastos de compra, ou seja as despesas alfandegárias e gastos de transporte. Estes últimos

(7.500€ durante o período) serão repartidos pelas matérias de acordo com o critério indicado, que é o do valor das compras de matérias, repartição apresentada de seguida:

Matérias	Valor líquido das compras	Valor das compras (%)	Gastos de transporte	Despesas alfandegárias	Mensuração dos inventários
A	18.000 €	5,625%	(5,625%) 421,875 €	2.000 €	20.421,875 €
B	126.000 €	39,375%	(39,375%) 2.953,125 €	500 €	129.453,125 €
C	176.000 €	55,000%	(55,00%) 4.125,000 €	0 €	180.125,000 €
Total	**320.000 €**	100%	(100%) **7.500 €**	**2.500 €**	**330.000 €**

Questão 3:

Admitindo que a empresa opta por imputar os gastos de transporte das matérias, de acordo com um coeficiente estimado (ou histórico), que relaciona os gastos de transporte e as quantidades a comprar, calcule o valor a atribuir aos inventários de cada uma das matérias, no período em análise, assumindo que:

Gastos de transporte previstos para o ano	84.000 €
Compras previstas para o ano, em toneladas	120.000

Destas previsões, ou dados históricos, resulta o seguinte coeficiente:

$$\text{Gastos de transporte por tonelada de matérias compradas} = \frac{84.000\text{ €}}{120.000\text{ ton.}} = 0{,}70\text{€} \quad \text{(por tonelada comprada)}$$

Resolução:

1.º Determinar o valor das compras (igual ao valor apurado nas questões 1 e 2)

2.º Falta agora acrescentar aos valores das compras líquidas, os gastos de compra: despesas alfandegárias e gastos de transporte. Estes últimos (independentemente dos 7.500€ de gastos reais do período) serão imputados às matérias, com base no coeficiente calculado acima:

Matérias	Valor líquido das compras	Quantidades Compradas (toneladas)	Gastos de transporte	Despesas alfandegárias	Mensuração dos inventários
A	18.000 €	1.000	1.000 * 0,70€ = 700 €	2.000 €	20.700,00 €
B	126.000 €	4.000	4.000 * 0,70€ = 2.800 €	500 €	129.300,00 €
C	176.000 €	5.000	5.000 * 0,70€ = 3.500 €	0 €	179.500,00 €
Total	**320.000 €**	**10.000**	**7.000 €**	**2.500 €**	**329.500 €**

Como se constata, o montante de gastos de transporte imputados aos inventários (7.000€) foi, no período, inferior em 500€, relativamente aos gastos efetivamente incorridos (7.500€) nesse período, o que implica a necessidade de, posteriormente, corrigir o valor destes inventários (para 330.000€, em vez de 329.500€), se eles ainda estiverem em armazém, ou corrigir o custo atribuído aos produtos em cuja fabricação tais materiais tiverem sido consumidos, que ficariam, de outra forma subvalorizados em 500€.

Questão 4:

Admitindo que a empresa opta por imputar os gastos de transporte das matérias, de acordo com um coeficiente estimado (ou histórico), que relaciona os gastos de transporte e o valor das compras, calcule o valor a atribuir aos inventários de cada uma das matérias, no período em análise, assumindo que:

Gastos de transporte previstos para o ano	84.000 €
Compras previstas para o ano, em valor	2.800.000 €

Destas previsões, ou dados históricos, resulta o seguinte coeficiente:

$$\text{Gastos de transporte por tonelada de matérias compradas} = \frac{84.000\ €}{2.800.000\ €} = 0{,}03€ \quad \text{(por € de compras)}$$

Resolução:

1.º Determinar o valor das compras (igual ao valor apurado nas questões 1, 2 e 3)

2.º Falta agora acrescentar aos valores das compras líquidas, os gastos de compra: despesas alfandegárias e gastos de transporte. Estes últimos (independentemente dos 7.500€ de gastos reais do período) serão imputados às matérias, com base no coeficiente calculado acima:

Matérias	Valor líquido das compras	Gastos de transporte	Despesas alfandegárias	Mensuração dos inventários
A	18.000 €	18.000€ * 0,03€ = 540 €	2.000 €	20.540 €
B	126.000 €	126.000€ * 0,03€ = 3.780 €	500 €	130.280 €
C	176.000 €	176.000€ * 0,03€ = 5.280 €	0 €	181.280 €
Total	**320.000 €**	**9.600 €**	**2.500 €**	**332.100 €**

Como se constata, o montante de gastos de transporte imputados aos inventários (9.600€) foi, no período, superior em 2.100€, relativamente aos gastos efetivamente incorridos (7.500€) nesse período, o que implica a necessidade de, posteriormente, corrigir o valor destes inventários (para 330.000€, em vez de 332.100€), se eles ainda estiverem em armazém, ou corrigir o custo atribuído aos produtos em cuja fabricação tais materiais tiverem sido consumidos, que ficariam, de outra forma, sobrevalorizados em 2.100€.

2.3. Mensuração de produtos ou serviços, em curso ou acabados

De acordo com os princípios contabilísticos (refletidos na NCRF 18), a mensuração dos inventários de produção (produtos/serviços, em curso/acabados) deve ser efetuada pela soma de:

1. Custo dos inventários consumidos (matérias-primas, materiais, consumíveis de produção);
2. Custos de conversão ou de transformação, os quais incluem:
   2.1. Mão-de-obra direta (MOD);
   2.2. Gastos Gerais de Produção, variáveis e fixos (estes últimos, no todo ou em parte).

Nos pontos seguintes (2.3.1, 2.3.2 e 2.3.3) são apresentadas as metodologias de cálculo de cada uma das três componentes do custo dos produtos/serviços, em curso ou acabados.

2.3.1. Custo dos inventários consumidos

2.3.1.1. *Elementos de cálculo do custo dos inventários consumidos*

Depois de conhecido o valor pelo qual estão mensurados os inventários que se destinam a ser consumidos no âmbito de determinado processo produtivo (matérias-primas, materiais e consumíveis), é necessário calcular a parcela que será atribuída ao custo dos produtos fabricados. A não ser que a entidade adote um sistema de custos padrão (a desenvolver no ponto 3.2), ou seja, se adotar um sistema de custos reais, esta parcela depende de dois elementos:

- Quantidade consumida de cada uma das matérias;
- Valor unitário dessas matérias, que depende do critério adotado para a valorização de saída de inventários, bem como dos montantes e critérios de repartição das despesas externas de compra e gastos de aprovisionamento.

ER 2.4. Custo das Matérias Consumidas (gastos internos imputados à saída)
Considere os dados do ER 2.3., em que a empresa ALFA, Lda., que se dedica ao fabrico dos produtos X e Y, consumindo, no fabrico de ambos os produtos, as matérias A, B e C. São conhecidos, para um determinado período os seguintes elementos:

Matérias	Quantidades compradas	Preço de compra	Taxa de IVA(*)	Desconto comercial	Despesas alfandegárias	Quantidades consumidas
A	1.000 ton.	20€/ton.	23%	10%	2.000€	1.000 ton.
B	4.000 ton.	35€/ton.		10%	500€	3.000 ton.
C	5.000 ton.	40€/ton.		12%	0€	4.000 ton.

(*) IVA dedutível.

Sabe-se ainda que, no período em análise, os gastos de transporte de matérias compradas foram de 7.500€, não se conhecendo os valores, destes gastos, incorridos com cada uma das matérias. No período em análise, os gastos internos de aprovisionamento de matérias foram de 15.000€, não se conhecendo os valores, destes gastos, incorridos com cada uma das matérias. A empresa opta por imputar os gastos de transporte de matérias, às matérias compradas, de acordo com as respetivas quantidades, sendo os gastos internos de aprovisionamento imputados às matérias consumidas, de acordo com as respetivas quantidades.

Questão 1: Calcule o custo de cada uma das matérias consumidas, no período em análise, em termos totais e unitários e apure o valor dos inventários finais.

1.º Determinar o valor das compras líquidas, total e unitário, e acrescentar as despesas alfandegárias e gastos de transporte (igual aos valores apurados na questão ER.2.3);

Matérias	Consumo (Quant.)	Compras líquidas	Despesas alfandegárias	% Quant. compradas	Gastos de transporte	Mensuração das compras	Custo unitário Mat. compradas
A	1.000	18.000 €	2.000 €	10%	750 €	20.750 €	20,750 €
B	4.000	126.000 €	500 €	40%	3 000 €	129.500 €	32,375 €
C	5.000	176.000 €	- €	50%	3 750 €	179.750 €	35,950 €
Total	10.000	320.000 €	2.500 €	100%	7.500 €	330.000 €	-

2.º Para determinar o custo das matérias consumidas temos agora que apurar os respetivos custos à saída do armazém e acrescentar-lhes as respetivas quotas-partes das despesas internas de aprovisionamento.

Matérias	Consumo (Quant.)	Compras (Custo unit.)	CMPC s/gastos internos	Quant. Consum. (%)	Gastos internos (*)	CMPC c/gastos internos	CMPC unit. c/gastos internos
A	1.000	20,750 €	20.750 €	12,50%	1.875 €	**22.625 €**	22,625 €
B	3.000	32,375 €	97.125 €	37,50%	5.625 €	**102.750 €**	34,250 €
C	4.000	35,950 €	143.800 €	50,00%	7.500 €	**151.300 €**	37,825 €
Total	8.000	-	261.675 €	100%	15.000 €	276.675 €	-

(*) Gastos internos de aprovisionamento repartidos proporcionalmente às quantidades consumidas.

3.º Cálculo do valor dos inventários finais de cada uma das matérias:

Matérias	Inventários iniciais	Quantidades compradas	Quantidades consumidas	Inventários Finais		
				Qt.	V. Unit.	V. Total
A	0	1.000	1.000	0	20,750 €	0,00 €
B	0	4.000	3.000	1.000	32,375 €	32.375 €
C	0	5.000	4.000	1.000	35,950 €	35.950 €
Total	0	10.000	8.000	2.000	-	68.325 €

Questão 2: Proceda aos registos (classe 9), relativamente ao apuramento do custo das matérias consumidas em sistema duplo contabilístico.

91 – Contas refletidas

9151 Compras reflet. – A

Débito	Crédito
	1a) 18.000
	1a) 2.000
	1a) 750
	20.750

9152 Compras reflet. – B

Débito	Crédito
	1b) 126.000
	1b) 500
	1b) 3.000
	129.500

9153 Compras reflet. – C

Débito	Crédito
	1c) 176.000
	1c) 0
	1c) 3.750
	179.750

916..Gastos refletidos

Débito	Crédito
	4) 15.000

92 Reclassificação de gastos/rendimentos

926 Gastos de aprovisionamento

Débito	Crédito
4) 15.000	5) 15.000

Saldo final = 0

93 Secções (centros de custos)

931 – Secção de aprovisionamento

Débito	Crédito
5) 15.000	6a) 1.875
	6b) 5.625
	6c) 7.500

Saldo final = 0

94 Cálculo de custos

9412 C. Aquisição – MP A

Débito	Crédito
1a) 20.750	2.a) 20.750

Saldo final = 0

9412 C. Aquisição – MP B

Débito	Crédito
1b) 129.500	2.b) 129.500

Saldo final = 0

9412 C. Aquisição – MP C

Débito	Crédito
1c) 179.750	2.c) 179.750

Saldo final = 0

942 – Custos de produção

Débito	Crédito
3a) 20.750	
6a) 1.875	
22.625	
3b) 97.125	
6b) 5.625	
102.750	
3c) 143.800	
6c) 7.500	
151.300	
276.675	

95 Armazéns (inventários)

952 Armazéns – MP A

Débito	Crédito
2a) 20.750	3a) 20.750

Saldo final = **0**

952 Armazéns – MP B

Débito	Crédito
2b) 129.500	3b) 97.125

Saldo final = **32.375**

952 Armazéns – MP C

Débito	Crédito
2c) 179.750	3c) 143.800

Saldo final = **35.950**

ER 2.5. Custo das Matérias Consumidas (gastos internos imputados à entrada)

Considere os dados do ER 2.3., em que a empresa ALFA, Lda. que se dedica ao fabrico dos produtos X e Y, consumindo, no fabrico de ambos os produtos, as matérias A, B e C. São conhecidas, para um determinado período os seguintes elementos:

Matérias	Quantidades compradas	Preço de compra	Taxa de IVA(*)	Desconto comercial	Despesas alfandegárias	Quantidades consumidas
A	1.000 ton.	20€/ton.	23%	10%	2.000€	1.000 ton.
B	4.000 ton.	35€/ton.		10%	500€	3.000 ton.
C	5.000 ton.	40€/ton.		12%	0€	4.000 ton.

(*) IVA dedutível.

Sabe-se ainda que, no período em análise, os gastos de transporte de matérias compradas foram de 7.500€, não se conhecendo os valores, destes gastos, incorridos com cada uma das matérias. No período em análise, os gastos internos de aprovisionamento de matérias foram de 15.000€, não se conhecendo os valores, destes gastos, incorridos com cada uma das matérias. A empresa opta por imputar os gastos de transporte das matérias, às matérias compradas, de acordo com as respetivas quantidades, sendo os gastos internos de aprovisionamento também imputados às matéria compradas, de acordo com as respetivas quantidades.

Questão 1:

Calcule o custo de cada uma das matérias consumidas, no período em análise, em termos totais e unitários e apure o valor dos inventários finais de matérias.

Resolução:

1.º Determinar o valor das compras líquidas, total e unitário, e acrescentar as despesas alfandegárias e gastos de transporte igual aos valores apurados na questão 1 (1.º) do exemplo ER 2.4;

Maté-rias	Compras (Quant.)	Compras líquidas	Despesas alfande-gárias	% Compras (Quant.)	Gastos trans-porte	Mensura-ção das compras	Custo unitário Mat. com-pradas
A	1.000	18.000 €	2.000 €	10%	750 €	20.750 €	20,750 €
B	4.000	126.000 €	500 €	40%	3 000 €	129.500 €	32,375 €
C	5.000	176.000 €	- €	50%	3 750 €	179.750 €	35,950 €
Total	10.000	320.000 €	2.500 €	100%	7.500 €	330.000 €	-

2.º Para determinar o custo das matérias consumidas temos agora que apurar o custo de cada uma das matérias consumidas à saída do armazém, que já devem incluir as respetivas quotas-partes das despesas internas de aprovisionamento.

Mat.	Compras		Gastos int. Aprovision. (*)	CMP entrada s/ gastos int.	CMP entrada c/ gastos int.		Quant. Con-sum.	CMPC
	Quant.	%			Total	Unitário		
A	1.000	10%	1.500 €	20.750 €	22.250 €	22,250 €	1.000	**22.250 €**
B	4.000	40%	6.000 €	129.500 €	135.500 €	33,875 €	3.000	**101.625 €**
C	5.000	50%	7.500 €	179.750 €	187.250 €	37,450 €	4.000	**149.800 €**
Total	10.000	100%	15.000 €	330.000 €	345.000 €	---	8.000	**273.675 €**

(*) Gastos internos de aprovisionamento repartidos proporcionalmente às quantidades compradas.

3.º Cálculo do valor dos inventários finais de cada uma das matérias:

Matérias	Inventários iniciais	Quantidades compradas	Quantidades consumidas	Inventários Finais		
				Qt.	V. Unit.	V. Total
A	0	1.000	1.000	0	22,250 €	0,00 €
B	0	4.000	3.000	1.000	33,875 €	33.875 €
C	0	5.000	4.000	1.000	37,450 €	37.450 €
Total	0	10.000	8.000	2.000	-	71.325 €

Questão 2:

Proceda aos registos contabilísticos (classe 9), relativamente ao apuramento do custo das matérias consumidas, em sistema duplo contabilístico.

Resolução:

91 – Contas refletidas

9151 Compras reflet. – A

Débito	Crédito
	1a) 18.000
	1a) 2.000
	1a) 750
	20.750

9152 Compras reflet. – B

Débito	Crédito
	1b) 126.000
	1b) 500
	1b) 3.000
	129.500

9153 Compras reflet. – C

Débito	Crédito
	1c) 176.000
	1c) 0
	1c) 3.750
	179.750

916..Gastos refletidos

Débito	Crédito
	4) 15.000

92 Reclassificação de gastos/rendimentos

926 Gastos de aprovisionamento

Débito	Crédito
4) 15.000	5) 15.000

Saldo final = 0

93 Secções (centros de custos)

931 – Secção de aprovisionamento

Débito	Crédito
5) 15.000	6a) 1.500
	6b) 6.000
	6c) 7.500

Saldo final = 0

94 Cálculo de custos

9412 C. Aquisição – MP A

Débito	Crédito
1a) 20.750	2.a) 20.750

Saldo final = 0

9412 C. Aquisição – MP B

Débito	Crédito
1b) 129.500	2.b) 129.500

Saldo final = 0

9412 C. Aquisição – MP C

Débito	Crédito
1c) 179.750	2.c) 179.750

Saldo final = 0

942 – Custos de produção

Débito	Crédito
3a) 22.250	
3b) 101.625	
3c) 149.800	
273.675	

95 Armazéns (inventários)

952 Armazéns – MP A

Débito	Crédito
2a) 20.750	3a) 22.250
6a) 1.500	
222,250	

Saldo final = **0**

952 Armazéns – MP B

Débito	Crédito
2b) 129.500	3b) 101.625
6b) 6.000	
135.500	

Saldo final = **33.875**

952 Armazéns – MP C

Débito	Crédito
2c) 179.750	3c) 149.800
6c) 7.500	
187.250	

Saldo final = **37.450**

ER 2.6. Custo das matérias consumidas (Custeio Médio Ponderado)

Considere os dados dos exemplos anteriores, em que a empresa ALFA, Lda. que se dedica ao fabrico dos produtos X e Y, consumindo, no fabrico de ambos os produtos, as matérias A, B e C. São conhecidos, para um determinado período os seguintes elementos referentes às compras efetuadas e aos inventários iniciais:

Matérias	Quantidades compradas	Preço de compra	Taxa de IVA(*)	Desconto comercial	Despesas alfandegárias	Quantidades consumidas
A	1.000 ton.	20€/ton.	23%	10%	2.000€	500 ton.
B	4.000 ton.	35€/ton.		10%	500€	3.500 ton.
C	5.000 ton.	40€/ton.		12%	0€	2.500 ton.

(*) IVA dedutível.

Matérias	Inventários iniciais	Valor unitário
A	200 ton.	24€/ton.
B	400 ton.	38€/ton.
C	500 ton.	42€/ton.

Sabe-se ainda que, no período em análise, os gastos de transporte de matérias compradas foram de 7.500€, não se conhecendo, para cada uma das matérias, os respetivos valores e que os gastos internos de aprovisionamento de matérias foram de 15.000€, não se conhecendo também, para cada uma das matérias, os respetivos valores. A empresa reparte os gastos de transporte das matérias, de acordo com as quantidades compradas e os gastos internos de aprovisionamento, de acordo com as quantidades consumidas.

Questão 1:

Calcule o custo de cada uma das matérias consumidas, no período em análise, em termos totais e unitários e apure o valor dos inventários finais de matérias.

Resolução:

1.º Determinar o valor das compras líquidas, total e unitário, e acrescentar as despesas alfandegárias e gastos de transporte (igual aos valores apurados nos exemplos anteriores);

Maté-rias	Quanti-dades compra-das	Compras líquidas	Despesas alfande-gárias	% Quant. compra-das	Gastos de trans-porte	Mensura-ção das compras	Custo uni-tário Mat. com-pradas
A	1.000	18.000 €	2.000 €	10%	750 €	20.750 €	20,750 €
B	4.000	126.000 €	500 €	40%	3.000 €	129.500 €	32,375 €
C	5.000	176.000 €	- €	50%	3.750 €	179.750 €	35,950 €
Total	10.000	320.000 €	2.500 €	100%	7.500 €	330.000 €	-

2.º Para determinar o custo das matérias consumidas temos agora que apurar o custo de cada uma das matérias consumidas à saída do armazém e acrescentar a estes valores as respetivas quotas-partes das despesas internas de aprovisionamento. Há que ter em conta os inventários iniciais e que a empresa adota o Custeio Médio Ponderado.

Mat.	Invent. Inic.	Valor Unit.	Custo das Matérias Disponíveis s/ gastos int				Quant. Con-sum.	CMPC s/ Gastos internos	Gastos (*) internos Aprovis.	CMPC c/ Gastos internos	
			Inv. In.	Compras	Total	Unit.				Total	**Unit.**
A	250	24 €	6.000 €	20.750 €	26.750 €	21,40 €	500	10.700 €	1.153,5 €	11.853,5 €	23,71 €
B	500	38 €	19.000 €	129.500 €	148.500 €	33,00 €	3.500	115.500 €	8.077,5 €	123.577,5 €	35,31 €
C	500	42 €	21.000 €	179.750 €	200.750 €	36,50 €	2.500	91.250 €	5.769,0 €	97.019,0 €	38,81 €
Total			46.000 €	330.000 €	376.000 €	-		217.450 €	15.000 €	232.450,0 €	

(*) Gastos internos de aprovisionamento repartidos proporcionalmente às quantidades consumidas.

Matérias	Inventários Iniciais	Compras	Quantidades Consumidas	Inventários finais		
				Qt.	V. Unit.	V. Total
A	250	1.000	500	750	21,40 €	16.050 €
B	500	4.000	3.500	1.000	33,00 €	33.000 €
C	500	5.000	2.500	3.000	36,50 €	109.500 €
Total	1.250	10.000	6.500	4.750	---	158.550 €

Questão 2:

Proceda aos registos contabilísticos (classe 9), relativamente ao apuramento do custo das matérias consumidas, em sistema duplo contabilístico.

Resolução:

91 – Contas refletidas

9151 Compras reflet. – A

	1a) 18.000
	1a) 2.000
	1a) 750
	20.750

9152 Compras reflet. – B

	1b) 126.000
	1b) 500
	1b) 3.000
	129.500

9153 Compras reflet. – C

	1c) 176.000
	1c) 0
	1c) 3.750
	179.750

916..Gastos refletidos

	4) 15.000

91321 Inv. In. Refl. – A

	0a) 6.000

91322 Inv. In. Refl. – B

	0b) 19.000

91323 Inv. In. Refl. – C

	0c) 21.000

92 Reclassificação de gastos/rendimentos

926 Gastos de aprovisionamento

4) 15.000	5) 15.000

Saldo final = 0

93 Secções (centros de custos)

931 – Secção de aprovisionamento

5) 15.000	6a) 1.153,5
	6b) 8.077,5
	6c) 5.769,0

Saldo final = 0

94 Cálculo de custos

9412 C. Aquisição – MP A

1a) 20.750	2.a) 20.750

Saldo final = 0

9412 C. Aquisição – MP B

1b) 129.500	2.b) 129.500

Saldo final = 0

9412 C. Aquisição – MP C

1c) 179.750	2.c) 179.750

Saldo final = 0

942 – Custos de produção

3a) 10.700	
6a) 1.153,5	
11.853,50	
3b) 115.500	
6b) 8.077,5	
123.577,5	
3c) 91.250	
6c) 5.769	
97.019	
232.450	

95 Armazéns (inventários)

952 Armazéns – MP A

0a) 6.000	3a) 10.700
2b) 20.750	
26.750	

Saldo final = **16,050**

952 Armazéns – MP B

0b) 19.000	3b) 115.500
2b) 129.500	
148.500	

Saldo final = **33.000**

952 Armazéns – MP C

0c) 21.000	3c) 91.250
2c) 179.750	
200.750	

Saldo final = **109.500**

ER 2.7. Custo das matérias consumidas (Custeio Médio Ponderado)

A Doces Comemorações é uma pastelaria com fabrico próprio de bolos de aniversário, casamento e de batizado. Durante o dia 5 de fevereiro aceitou, produziu e entregou três encomendas: um bolo de noiva de massa de amêndoa, com 25 kg de peso (Encomenda N97), dois bolos de batizado de massa de noz, com 10 kg de peso cada um (Encomenda B99) e quatro bolos de aniversário de massa simples, com 2 kg de peso cada um (Encomenda A9245).

- Inventários no início do dia 5:

Matérias-primas	Quantidade	Valor total
Açúcar	120 Kg	144,00€
Farinha	200 Kg	62,00€
Amêndoa	25 Kg	125,00€
Noz	25 Kg	25,00€

- Composição percentual no peso do produto final dos vários tipos de massa:

Ingredientes principais	Massa de Amêndoa	Massa de noz	Massa simples
Açúcar	44,80%	45,00%	60,00%
Farinha	20,00%	20,00%	37,50%
Amêndoa	24,00%	---	---
Noz	---	25,00%	---

- Recebeu-se, na madrugada do dia 5, as encomendas de açúcar e farinha, efetuadas na semana anterior de 200 kg a 1€/kg e 250 kg a 0,35€/kg, respetivamente.
- Os custos de transporte das matérias primas foram de 100€, em fevereiro, e são imputadas às matérias compradas, de acordo com os respetivos valores comprados. O valor total das compras de fevereiro foi de 2.500€.
- Os custos de armazenagem das matérias primas (200€ por mês) são repartidos de acordo com as quantidades consumidas, sendo que em fevereiro foram consumidos 2.000kg de matérias primas.
- A empresa usa o custo médio ponderado para valorizar as saídas de inventários.

Pede-se que, relativamente no dia 5 de fevereiro:

1.º Determine a quantidade de cada matéria prima consumida;

2.º Determine o custo unitário de cada matéria prima consumida;

3.º Determine o custo de cada uma das encomendas produzidas, no que se refere às matérias-primas consumidas.

Resolução:

1.º Cálculo das quantidades consumidas de matérias-primas

Encomendas	Nº de Bolos	Peso unit.	Kg	AÇUCAR		FARINHA		AMENDOA		NOZ	
				%	Kg	%	Kg	%	Kg	%	Kg
ENC N97	1	25	25	44,80%	11,20	20,00%	5,00	24,00%	6,00	0%	0,00
ENC B99	2	10	20	45,00%	9,00	20,00%	4,00	0%	0,00	25,00%	5,00
ENC A9245	4	2	8	60,00%	4,80	37,50%	3,00	0%	0,00	0%	0,00
Total					25,00		12,00		6,00		5,0000

2.º Cálculo do custo da matéria-prima consumida

	AÇUCAR			FARINHA			AMENDOA			NOZ			Total
	Qt.	C.unit.	Valor	Qt.	C.unit.	Valor	Qt.	C.unit.	Valor	Qt.	C.unit.	Valor	
Inv. Iniciais	120	1,20 €	144,00 €	200	0,31 €	62,00 €	25	5,00 €	125,00 €	25	1,00 €	25,00 €	356,00 €
Compras	200	1,00 €	200,00 €	250	0,35 €	87,50 €							287,50 €
G. transporte	200 €	0,04 €	8,00 €	87,5 €	0,04 €	3,50 €							11,50 €
Custo total das Compras	200	1,04 €	208,00 €	250	0,364 €	91,00 €							299,00 €
Disponivel	320	1,10 €	352,00 €	450	0,34 €	153,00 €	25	5,00 €	125,00 €	25	1,00 €	25,00 €	655,00 €
Consumo	25	1,10 €	27,50 €	12	0,34 €	4,08 €	6	5,00 €	30,00 €	5	1,00 €	5,00 €	66,58 €
Gastos Armaz.	25	0,10 €	2,50 €	12	0,10 €	1,20 €	6	0,10 €	0,60 €	5	0,10 €	0,50 €	4,80 €
Custo MP Cons.	25	1,20 €	30,00 €	12	0,44 €	5,28 €	6	5,10 €	30,60 €	5	1,10 €	5,50 €	71,38 €
Inv. Finais	295	1,10 €	324,50 €	438	0,34 €	148,92 €	19	5,00 €	95,00 €	20	1,00 €	20,00 €	588,42 €

3.º Cálculo do custo de produção das encomendas

	ENC N97			ENC B99			ENC A9245			Total
	Qt.	C.unit.	Valor	Qt.	C.unit.	Valor	Qt.	C.unit.	Valor	
AÇUCAR	11,20	1,20 €	13,44 €	9,00	1,20 €	10,80 €	4,80	1,20 €	5,76 €	30,00 €
FARINHA	5,00	0,44 €	2,20 €	4,00	0,44 €	1,76 €	3,00	0,44 €	1,32 €	5,28 €
AMENDOA	6,00	5,10 €	30,60 €		5,10 €	- €		5,10 €	- €	30,60 €
NOZ	0,00		- €	5,00	1,10 €	5,50 €	0,00	1,10 €	- €	5,50 €
Total CMPC			46,24 €			18,06 €			7,08 €	71,38 €

ER 2.8. Custo das matérias consumidas (FIFO)

Considere os dados dos exemplos anteriores em que a empresa ALFA, Lda. que se dedica ao fabrico dos produtos X e Y, consumindo, no fabrico de ambos os produtos, as matérias A, B e C. São conhecidos, para um determinado período os seguintes elementos referentes às compras efetuadas e aos inventários iniciais:

Matérias	Quantidades compradas	Preço de compra	Taxa de IVA(*)	Desconto comercial	Despesas alfandegárias	Quantidades consumidas
A	1.000 ton.	20€/ton.	23%	10%	2.000€	500 ton.
B	4.000 ton.	35€/ton.		10%	500€	3.500 ton.
C	5.000 ton.	40€/ton.		12%	0€	2.500 ton.

(*) IVA dedutível.

Matérias	Inventários iniciais	Valor unitário
A	250 ton.	24€/ton.
B	500 ton.	38€/ton.
C	500 ton.	42€/ton.

Sabe-se ainda que no período em análise, os gastos de transporte de matérias compradas foram de 7.500€, não se conhecendo, para cada uma das matérias, os respetivos valores e que os gastos internos de aprovisionamento de matérias foram de 15.000€, não se conhecendo também, para cada uma das matérias, os respetivos valores. A empresa reparte os gastos de transporte das matérias, de acordo com as quantidades compradas e os gastos internos de aprovisionamento, de acordo com as quantidades consumidas.

Questão 1:

Calcule o custo de cada uma das matérias consumidas, no período em análise, em termos totais e unitários e apure o valor dos inventário finais de matérias.

Resolução:

1.º Determinar o valor das compras líquidas, total e unitário, e acrescentar as despesas alfandegárias e gastos de transporte (igual aos valores apurados nos exemplos anteriores);

Matérias	Quantidades compradas	Compras líquidas	Despesas alfandegárias	% Quant. compradas	Gastos de transporte	Mensuração das compras	Custo unitário Mat. compradas
A	1 000	18 000 €	2 000 €	10%	750 €	20 750 €	20,750 €
B	4 000	126 000 €	500 €	40%	3 000 €	129 500 €	32,375 €
C	5 000	176 000 €	- €	50%	3 750 €	179 750 €	35,950 €

2.º Para determinar o custo das matérias consumidas temos agora que apurar o custo de cada uma das matérias consumidas à saída do armazém e acrescentar a estes valores as respetivas quotas-partes das despesas internas de aprovisionamento. Temos que ter em conta também os inventários iniciais e vamos supor que a empresa adota o FIFO como critério de valorização de saída de inventários.

Matérias	Inventários Iniciais		Compras	
	Quantidade	V. Unit.	Quantidade	V. Unit.
A	250	24 €	1.000	20,750 €
B	500	38 €	4.000	32,375 €
C	500	42 €	5.000	35,950 €
Total	46.000 €		330.000 €	

Mat.	Quantidade consumida, custo unitário e valor s/ gastos internos				
	Qt. total	dos Inv. In.	das compras	Valor total	Valor Unit.
A	500	250 * 24€ = 6.000 €	250 * 20,750 € = 5.187,50 €	11.187,50 €	22,375 €
B	3.500	500 * 38 € = 19.000 €	3.000 * 32,375 € = 97.125,00 €	116.125,00 €	33,179 €
C	2.500	500 * 42 € = 21.000 €	2.000 * 35,950 € = 71.900,00 €	92.900,00 €	37,160 €
Total		46.000 €	174.212,50€	220.212,50 €	

Matérias	CMPC s/ gastos internos	Gastos (*) internos	CMPC c/ gastos internos	
			Total	V. Unit.
A	11.187,50 €	1.153,50 €	12.341,00 €	24,6820 €
B	116.125,00 €	8.077,50 €	124.202,50 €	35,4864 €
C	92.900,00 €	5.769,00 €	98.669,00 €	39,4676 €
Total	220.212,50 €	15.000 €	235.212,50 €	-

(*) Gastos internos de aprovisionamento repartidos proporcionalmente às quantidades consumidas

Matérias	Invent. Inic.	Compras	Quant. Consum.	Inventários finais		
				Qt.	V. Unit.	V. Total
A	250	1.000	500	750	20,750 €	15.562,50 €
B	500	4.000	3.500	1.000	32,375 €	32.375,00 €
C	500	5.000	2.500	3.000	35,950 €	107.850,00 €
Total	1.250	10.000	6.500	4.750	---	155.787,50 €

Questão 2:

Proceda aos registos contabilísticos (classe 9), relativamente ao apuramento do custo das matérias consumidas.

Resolução:

91 – Contas refletidas

9151 Compras reflet. – A

Débito	Crédito
	1a) 18.000
	1a) 2.000
	1a) 750
	20.750

9152 Compras reflet. – B

Débito	Crédito
	1b) 126.000
	1b) 500
	1b) 3.000
	129.500

9153 Compras reflet. – C

Débito	Crédito
	1c) 176.000
	1c) 0
	1c) 3.750
	179.750

916..Gastos refletidos

Débito	Crédito
	4) 15.000

91321 Inv. In. Refl. – A

Débito	Crédito
	0a) 6.000

91322 Inv. In. Refl. – B

Débito	Crédito
	0b) 19.000

91323 Inv. In. Refl. – C

Débito	Crédito
	0c) 21.000

92 Reclassificação de gastos/rendimentos

926 Gastos de aprovisionamento

Débito	Crédito
4) 15.000	5) 15.000

Saldo final = 0

93 Secções (centros de custos)

931 – Secção de aprovisionamento

Débito	Crédito
5) 15.000	6a) 1.153,5
	6b) 8.077,5
	6c) 5.769,0

Saldo final = 0

94 Cálculo de custos

9412 C. Aquisição – MP A

Débito	Crédito
1a) 20.750	2.a) 20.750

Saldo final = 0

9412 C. Aquisição – MP B

Débito	Crédito
1b) 129.500	2.b) 129.500

Saldo final = 0

9412 C. Aquisição – MP C

Débito	Crédito
1c) 179.750	2.c) 179.750

Saldo final = 0

942 – Custos de produção

Débito	Crédito
3a) 11.875,5	
6a) 1.153,5	
12.341	
3b) 116.125	
6b) 8.077,5	
124.202,5	
3c) 92.900	
6c) 5.769,0	
98.669	
235.212,5	

95 Armazéns (inventários)

952 Armazéns – MP A

Débito	Crédito
0a) 6.000	3a) 111.187,5
2b) 20.750	
26.750	

Saldo final = **15.562,50**

952 Armazéns – MP B

Débito	Crédito
0b) 19.000	3b) 116.125
2b) 129.500	
148.500	

Saldo final = **32.375**

952 Armazéns – MP C

Débito	Crédito
0c) 21.000	3c) 92.900
2c) 179.750	
200.750	

Saldo final = **107.850**

2.3.2. Mão de obra direta

De modo a obter o custo de produção dos produtos acabados e em curso, é necessário considerar ainda, para além das matérias-primas e outros materiais consumidos no decorrer de um processo produtivo, outros recursos, indispensáveis à transformação desses materiais em produtos ou serviços. O total dos custos associados a este conjunto de recursos é denominado "**custo de conversão**" ou "**custo de transformação**", sendo que esta rubrica é ainda desagregada em Mão de Obra Direta (MOD) e Gastos Indiretos de Produção (GIP). Nos pontos seguintes iremos abordar estas duas rúbricas dos custos de transformação.

2.3.2.1. *Mão de obra direta versus mão de obra indireta*

A expressão "**mão de obra**" refere-se, comumente, ao conjunto do trabalho humano desempenhado no âmbito de um processo produtivo, sendo o termo "**mão de obra direta**" (MOD) respeitante ao trabalho executado pelos trabalhadores que estão envolvidos fisicamente e diretamente na produção dos produtos fabricados ou dos serviços prestados, ou seja, os trabalhadores da linha de produção. Por outro lado, o trabalho de supervisão e/ou apoio à produção, tais como o que tem que ver com a direção de produção, a limpeza, a manutenção de máquinas, a vigilância, etc., é denominado "**mão de obra indireta**" (MOI).

A mão de obra, tanto direta como indireta, tem um custo para a entidade que a contrata e usa, custo que é uma das parcelas correspondentes ao custo total de produção dos produtos fabricados e dos serviços prestados.

No que se refere à forma como os custos com mão de obra, incorridos em certo período, são repartidos pelas várias unidades de produção obtidas nesse período, mão de obra direta e indireta são alvo de tratamentos diferentes, dada a sua diferente relação com essas unidades de produção.

No caso da mão de obra direta, dada a natureza das tarefas desenvolvidas, ela pode ser identificada com o produto fabricado, com o lote de produtos ou com o serviço prestado.

Pelo contrário, a mão de obra indireta está associada aos trabalhadores da produção cujas funções não estão diretamente relacionadas com nenhum produto, lote de produtos ou serviço, apesar de serem necessários ao desenvolvimento da atividade produtiva.

Desta distinção, entre MOD e MOI, resulta que os gastos com a primeira são facilmente atribuíveis aos produtos ou serviços produzidos, uma vez que é possível quantificar o montante de trabalho aplicado em cada um dos produtos ou serviços. Já quanto à MOI, tal quantificação não é possível, pelo que os respetivos gastos terão que ser repartidos pelos vários produtos/lotes/serviços/processos/departamentos, de acordo com o critério de repartição escolhido, tal como será abordado mais à frente. Por outro lado, a maioria dos gastos com pessoal relativos à produção (MOD + MOI) são de natureza fixa, ou seja não variam como resultado de variações da atividade, pois a empresa suporta, em determinado período, o mesmo valor de gastos anuais (salários, contribuições e outros gastos relacionados com a mão de obra), independente de, nesse período, a entidade e os trabalhadores produzirem quantidades maiores ou menores. Esta realidade contribui para a relevância da distinção entre MOD e MOI, uma vez que, no caso da MOD, apesar de o total de gastos do período ser fixo, o custo de MOD a ser atribuído aos produtos/serviços é apenas a parcela correspondente ao tempo efetivamente utilizado na obtenção dos produtos/serviços.

2.3.2.2. Tratamento dos custos com MOD

Pelo exposto no parágrafo anterior, os custos correspondentes aos períodos de ociosidade da MOD deverão ter o seguinte tratamento:

- Se a ociosidade for normal e/ou programada (tal como a respeitante a paragens para limpeza ou manutenção, por exemplo), os custos correspondentes deverão ser acrescentados aos restantes Gastos Indiretos de Produção e, posteriormente, rateados pelos produtos (como se apresenta no ponto 2.3.3);
- Se a ociosidade não for normal e/ou programada (tal como a respeitante a paragens resultantes de avarias, acidentes ou catástrofes, por exemplo), os custos correspondentes deverão ser considerados como gastos do período, ou seja, como gastos não inventariáveis.

Assim, a metodologia a adotar para obter o custo da Mão-de-obra Direta (MOD) a atribuir a cada produto ou serviço é a seguinte:

1.º Quantificar o tempo despendido por cada trabalhador na produção do produto/serviço (a), através do registo, manual ou automático, de tempos de trabalho (a unidade de tempo mais utilizada é a hora, mas poderá ser outra);

2.º Calcular o custo desse trabalhador por unidade de tempo de trabalho efetivo (b), dividindo o total de encargos, obrigatórios e facultativos, que a empresa suporta, em determinado período, com esse trabalhador (ou conjunto de trabalhadores com funções análogas), pelo total de horas de trabalho efetivo normal, desse trabalhador (ou conjunto de trabalhadores com funções análogas), nesse período;

$$\text{Taxa horária da MOD} = \frac{\text{Total de encargos com MOD}}{\text{Total de horas de trabalho efetivo normal}}$$

3.º Multiplicar o tempo despendido por cada trabalhador na produção do produto/serviço pelo custo desse trabalhador por unidade de tempo trabalhado (a*b).

Tal como referido acima, para calcular o custo da MOD por unidade de tempo trabalhado, é necessário dividir o total de gastos com MOD pelo tempo de trabalho efetivo, sendo que o tempo de trabalho efetivo consiste no tempo em que o trabalhador está efetivamente a produzir um produto/serviço ou a desenvolver alguma outra atividade necessária para a empresa (como manutenção de equipamentos, limpeza, etc.) e é calculado subtraindo os tempos mortos ao tempo de presença.

Os tempos mortos, ou tempo ocioso, são aqueles em que o trabalhador não está a produzir um produto/serviço ou a desenvolver alguma outra atividade, e que resultam das paragens normais (para descanso, alimentação ou outras) ou anormais (paragem da produção por causas que podem ser ou não imputáveis ao trabalhador).

Figura 2.2 - Repartição dos tempos e dos custos com MOD

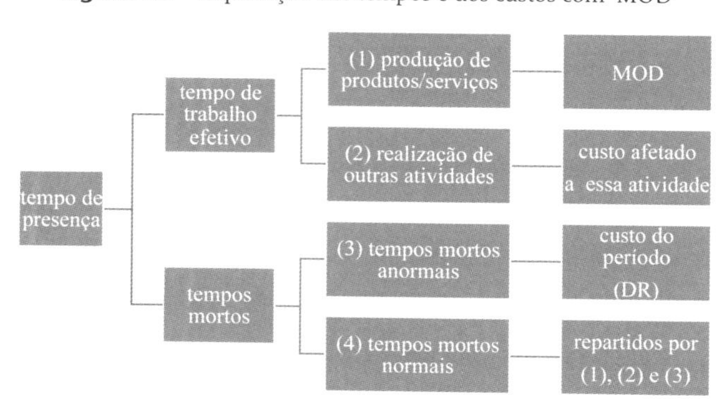

(1) Tempo despendido na produção de produtos/serviços

Em situações normais, a maior parte do tempo em que os operários permanecem na empresa (tempo de presença) é despendida na produção dos produtos ou serviços, devendo o custo associado a este tempo ser atribuído ao custo destes produtos/serviços.

(2) Tempo despendido na realização de outras atividades necessárias

Se o trabalhador estiver, durante um determinado período de tempo, a ser utilizado numa função que não seja a produção do produto/serviço, tal como manutenção, o custo associado a esse período deve ser atribuído ao setor ou atividade para o qual foi efetuado esse trabalho, não devendo ser incluído nos custos com MOD que irão posteriormente ser afetados aos produtos/serviços. Por exemplo, se for solicitado a um operário da unidade industrial que, excecionalmente, proceda a uma entrega a um cliente, neste caso, deve ser calculado o custo que a empresa suporta com este operário durante o tempo despendido na entrega e deve classificar-se este custo como gasto de distribuição e não como custo de produção (MOD).

(3) Tempo ocioso anormal ou tempos mortos anormais

Quando, por motivos acidentais, o tempo ocioso for superior ao que é considerado normal, esta diferença deve ser considerada como tempo ocioso anormal. Neste caso, os custos que a empresa suporta com os operários durante o tempo em que estes estão inativos (por motivos excecionais), deve ser considerado como um gasto acidental, devendo, por isso, ser registado como um gasto do período e não como um gasto associado à produção ou a qualquer outro setor ou função da empresa.

(4) Tempo ocioso normal ou tempos mortos normais

Se a ociosidade for considerada normal, porque o operário está parado devido a condicionalismos normais e inevitáveis relacionados com a organização do processo produtivo, o procedimento mais correto será repartir o custo deste tempo improdutivo pelas restantes horas de presença. Para tal, deverá calcular-se o custo horário do tempo[9] produtivo normal, ou seja, do tempo de trabalho efetivo normal, que é a diferença entre o tempo de presença e os tempos mortos normais.

[9] Poderão ocorrer situações específicas de tempo não produtivo (tempo ocioso ou tempos mortos), as quais deverão ser tratadas de forma adequada, por exemplo, se uma paragem na produção for obrigatória (e por isso tiver sido programada antecipadamente) devido à mudança do tipo de produto que se vai produzir, como é o caso das paragens para a preparação de máquinas, o custo associado a esse tempo deve ser atribuído diretamente ao produto cuja produção se vai iniciar, em vez de repartir o custo destes tempos mortos por todos os tipos de produtos fabricados no período.

ER 2.9. Custo horário da MOD e repartição dos gastos com MOD

Considere os seguintes valores médios respeitantes ao conjunto dos operários (MOD) de uma empresa, para o ano N:

Descrição		
Salário mensal ilíquido por trabalhador		1.000€
Outros encargos (anuais) por trabalhador		
Contribuições da entidade patronal para a Segurança Social	3.500€	
Gastos de Formação Profissional	1.500€	
Gastos com Medicina do Trabalho e Seguros	1.000€	6.000€
Número de dias úteis/ano		235 dias
Dias de férias por trabalhador/ano		29 dias
Faltas por trabalhador/ano (sem perda de remuneração)		6 dias
Horas de trabalho por dia		8 horas
Taxa normal de tempos mortos		21,875%
Taxa efetiva de tempos mortos		23%
Tempo de trabalho efetivo –		
Produção de produtos/serviços	85%	
Realização de entregas a clientes	10%	
Manutenção de equipamentos	5%	100%
Número de operários		25

Questão 1: Calcule o total de gastos suportados com os operários, em N.

Resolução:

Salários anuais totais	1.000€/mês * 14 meses * 25 operários	350.000,00 €
Segurança Social	3.500€/ano * 25 operários	87.500,00 €
Formação Profissional	1.500€/ano * 25 operários	37.500,00 €
Medicina do Trabalho	1.000€/ano * 25 operários	25.000,00 €
Total de Gastos		**500.000,00 €**

Questão 2:

Calcule o total de tempo de presença dos operários, no ano N.

Resolução:

Tempo de presença		
Em dias, por trabalhador	235 (dias úteis) - 29 (férias) - 6 (faltas)	200
Em horas, por trabalhador	200 dias por trabalhador * 8 horas/dia	1.600
Em horas, para o total de trabalhadores	1 600 horas/trabalhador/ano * 25 trabalhadores	40.000

Questão 3:

Apresente a repartição do tempo de presença dos operários, em N, por:

a. Tempos mortos (ou tempo ocioso) totais, normais e anormais;
b. Tempo de trabalho efetivo (tempo produtivo), repartido por tipo de ocupação dos operários.

Resolução:

Tempo de presença (horas totais)		40.000
Tempos mortos efetivos totais	23% * 40.000 horas	9.200
Tempos mortos normais	21,875% * 40.000 horas	8.750
Tempos mortos anormais	9 200 horas - 8.750 horas, ou (23% - 21,875%) * 40.000 horas	450
Tempo produtivo total	40.000 horas - 9.200 horas, ou (100% - 23%) * 40.000 horas	30.800
Despendido na produção de produtos/serviços	85% * 30.800 horas	26.180
Despendido na realização de entregas a clientes	10% * 30.800 horas	3.080
Despendido na manutenção de equipamentos	5% * 30.800 horas	1.540

Questão 4:

Calcule o custo de MOD por hora de trabalho efetivo normal, em N.

Resolução:

Total de gastos anuais com a MOD		500.000 €
Tempo de trabalho produtivo normal	30.800 horas + 450 horas, ou (100% - 21,875%) * 40.000 horas	31.250

$$\text{Taxa horária normal da MOD} = \frac{500.000\ €}{31.250\ h} = 16€ \quad \text{(por hora)}$$

Questão 5:

Apresente, para o ano N, a classificação dos gastos suportados pela empresa com os operários (500.000€, determinados na Questão 10.1), por:

a. Custos de MOD;
b. Gastos Gerais de Produção:
c. Custos a afetar aos produtos/serviços;
d. Custos a afetar a outras funções (que não a produção);
e. Custos acidentais, considerados gastos do período.

Resolução:

Tempo produtivo normal		**Valores**		**Classificação dos custos**
Tempos mortos anormais	450	450 horas * 16€	7.200€	Custos acidentais
Produção de produtos/serviços	26.180	26.180 horas * 16€	418.880€	MOD (Custos dos produtos/serviços
Realização de entregas a clientes	3.080	3.080 horas * 16€	49.280€	Gastos de Distribuição
Manutenção de equipamentos	1.540	1.540 horas * 16€	24.640€	Gastos Gerais de Produção (Custos dos produtos/serviços)
Total	**31.250**	**31.250 horas * 16€**	**500.000€**	

Resposta:

a. Custos de MOD = 418.880€
b. Gastos Gerais de produção = 24.640€
c. Custos a afetar aos produtos/serviços = 418.880€ (MOD) e 24 640€ (GIP)
d. Custos a afetar a funções extra produção = 49.280€ (Gastos de Distribuição)
e. Custos acidentais, considerados gastos do período = 7.200€

2.3.3. Gastos Indiretos de Produção

2.3.3.1. *Definição de Gastos Indiretos de Produção*

A expressão "Gastos Gerais de Produção", ou "Gastos Indiretos de Produção" (GIP), é utilizada para identificar, de forma residual, o conjunto dos custos necessários à produção, que, ao contrário do custo das matérias consumidas e da MOD, não têm uma relação direta com cada um dos produtos fabricados ou serviços prestados, não sendo, por essa razão, possível quantificar a quantia gasta em cada um desses produtos ou serviços. Exemplos de gastos incluídos nesta rúbrica são os materiais indiretos consumidos na produção, a mão de obra indireta, a energia elétrica consumida na produção, as depreciações, a renda e os seguros das instalações e equipamentos produtivos.

Materiais indiretos (tais como vernizes, tintas e parafusos) são os materiais que, fazendo parte da composição física dos produtos, não são facilmente identificáveis com cada um desses produtos, a partir das requisições ao armazém, uma vez que uma mesma requisição visa diversos produtos. Também são considerados indiretos os materiais, que não integrando a composição física dos produtos, são usados na sua produção, ou na produção dos serviços prestados, tais como combustíveis, lubrificantes, lixas, material de limpeza. Apesar de, em determinadas circunstâncias ser possível tratar estes materiais como custos diretos, através de mecanismos que possibilitassem a quantificação da sua utilização nos diversos produtos/serviços, tal quantificação implicaria, na maioria dos casos, um custo superior ao benefício obtido pelo que, na maioria das situações se opta por tratar estes materiais como indiretos, ou seja, como Gastos Indiretos de Produção.

Mão de obra indireta é a mão de obra referente aos trabalhadores que, desenvolvendo as suas tarefas no âmbito da produção, não têm nenhuma interferência física na obtenção dos produtos/serviços. São exemplos os responsáveis pela supervisão de departamentos de produção e os trabalhadores afetos a departamentos que prestam serviços aos departamentos de produção (Manutenção, Planeamento da Produção, Laboratório, Controle de Qualidade, etc.).

Outros Gastos Gerais de Produção são todos os restantes gastos de produção relativamente aos quais não é fisicamente possível ou economicamente viável proceder à quantificação do seu consumo, individualmente para cada um dos produtos/serviços, e podem incluir, entre outros, água, energia elétrica consumida por equipamentos de iluminação e/ou de produção, telefone, rendas e alugueres, seguros, impostos e depreciações.

2.3.3.2. *Repartição dos Gastos Indiretos de Produção*

Para repartir o total dos GIP pelos vários objetos de custo a que estes respeitam (produtos, serviços, processos, lotes, ordens de produção, departamentos ou outros), deve recorrer-se a uma metodologia de imputação sistemática, isto é, que esteja de acordo com a realidade da entidade, com os princípios contabilísticos e que seja coerente ao longo do tempo. De entre estas metodologias, podemos distinguir (1) o método de imputação de base única ou coeficiente único, (2) o método dos coeficientes diferenciados, (3) o método dos centros de custo ou das secções e ainda (4) o método baseado nas atividades ou método ABC – *Activity Based Costing*.

Neste ponto, iremos desenvolver os dois primeiros métodos, sendo o método dos centros de custos desenvolvido no ponto 3.3.1 e o método ABC desenvolvido no ponto 3.3.2.

O método de **imputação de base única ou de coeficiente único** caracteriza-se pela seleção e aplicação de um único critério para proceder à repartição da totalidade dos GIP, pelos diversos objetos de custo. Os critérios de imputação (também designados por bases de imputação ou unidades de imputação) mais usados são o número de horas de mão-de-obra direta, o valor da mão-de-obra direta, as quantidades ou o valor das matérias-primas consumidas, entre outros. O critério a usar nesta repartição deverá ser passível de ser medido em unidades, no seu total e na parte que couber a cada objeto de custo, e deve verificar uma relação de proporcionalidade ou correlação significativa com os gastos que se pretende repartir. Por exemplo, as horas de mão-de-obra direta poderão ser usadas como base de imputação dos GIP, a imputar aos produtos A e B, se a entidade tiver forma de quantificar o total de horas de MOD consumidas, bem como o número de horas consumidas na produção de cada um dos produtos, e se, paralelamente, se considerar que a quantia despendida em GIP é proporcional às horas de MOD consumidas.

O método **dos coeficientes diferenciados** caracteriza-se pela seleção e aplicação de critérios diversificados para proceder à repartição, pelos diversos objetos de custo, de cada uma das rubricas, ou subconjuntos de rubricas, de GIP. A utilização de critérios distintos justifica-se quando nem todas as rubricas de GIP são proporcionais ou correlacionados, em termos de quantias despendidas, com a mesma unidade de imputação. Por exemplo, poderá acontecer que a quantia despendida em MOI seja proporcional às horas de MOD, mas a quantia despendida em materiais indiretos seja proporcional à quantidade de matérias-primas consumidas.

Para proceder à imputação dos GIP aos diversos objetos de custo, deverá então proceder-se da seguinte forma:

1. Escolher o(s) critério(s) ou base(s) de imputação;
2. Calcular o(s) coeficiente(s) de imputação[10];

$$\text{Coeficiente de Imputação de GIP (base única)} = \frac{\text{Total de GIP do período}}{\text{Total da base de imputação do período}}$$

$$\text{Coeficiente de Imputação da rubrica A dos GIP (base múltipla)} = \frac{\text{Total da rubrica A de GIP do período}}{\text{Total da base de imputação do período}}$$

3. Multiplicar o(s) coeficiente(s) de imputação pelas unidades de imputação respeitantes a cada um dos objetos de custo, obtendo-se assim a quota-parte dos GIP totais que deve ser imputada a esses objetos de custo.

ER 2.10. Imputação de GIP (coeficiente de imputação de base única)

Considere a seguinte informação, respeitante ao período N e à entidade E, que selecionou o número de horas de MOD, como base de imputação dos GIP:

	Encomenda X	**Encomenda Y**	**Total**
Custos diretos			
Custo das MP consumidas	10.000 €	15.000 €	25.000 €
Custo de MOD	12.000 €	24.000 €	36.000 €
Horas de MOD	2.650 Hh	4.850 Hh	7.500
GIP	?	?	22.500 €

Questão 1: Determine o valor do coeficiente de imputação a usar no período N.

$$\text{Coeficiente de Imputação de GIP} = \frac{\text{Total de GIP de N}}{\text{Total da base de imputação de N}} = \frac{22.500\ €}{7.500\ \text{Hh}} = 3{,}00\ € \quad \text{(por hora de MOD)}$$

[10] Estes coeficientes poderão ser calculados com base em dados reais ou previsionais, consoante a entidade adote o custeio real ou não. O cálculo e utilização de coeficientes de imputação de GIP serão abordados no ponto 3.2.

Questão 2:

Determine o valor de GIP que deverão ser imputados a cada uma das encomendas produzidas no período N, pela entidade E.

	Encomenda X	Encomenda Y	Total
Horas de MOD	2.650 Hh	4.850 Hh	7.500
GIP imputados	2.650 * 3,00 € = 7.950 €	4.850 * 3,00 € = 14.550 €	22.500 €

Questão 3:

Determine o custo global de produção de cada uma das encomendas produzidas no período N, pela entidade E.

	Encomenda X	Encomenda Y	Total
Custos diretos			
Custo das MP consumidas	10.000 €	15.000 €	25.000 €
Custo de MOD	12.000 €	24.000 €	36.000 €
Total de Custos Diretos	22.000 €	39.000 €	61.000
GIP	**7.950 €**	**14.550 €**	**22.500 €**
Custo de Produção	**29.950 €**	**53.550 €**	**83.500 €**

ER 2.11. Imputação de GIP (coeficiente diferenciados)

Considere a seguinte informação, respeitante ao período N e à entidade A, que selecionou o número de horas de MOD como base de imputação dos gastos com mão-de-obra indireta (MOI) e o valor das matérias-primas consumidas como base de imputação dos restantes GIP:

	Encomenda X	Encomenda Y	Total
Custos diretos			
Custo das MP consumidas	10.000 €	15.000 €	25.000 €
Custo de MOD	12.000 €	24.000 €	36.000 €
Horas de MOD	2.650 Hh	4.850 Hh	7.500 Hh
GIP	?	?	22.500 €
MOI	?	?	15.000 €
Outros GIP	?	?	7.500 €

Questão 1:

Determine o valor dos coeficientes de imputação a usar no período N, pela entidade E, para a MOI e para os restantes GIP.

$$\frac{\text{Coeficiente de}}{\text{Imputação de MOI}} = \frac{\text{Total de gastos com MOI de N}}{\text{Total da base de imputação de N}} = \frac{15.000\ €}{7.500\ \text{Hh}} = 2{,}00\ € \ \text{(por hora de MOD)}$$

$$\frac{\text{Coeficiente de}}{\text{Imputação de Out. GIP}} = \frac{\text{Total de Outros GIP de N}}{\text{Total da base de imputação de N}} = \frac{7.500\ €}{25.000\ €} = 0{,}30\ € \ \text{(por € de MP)}$$

Questão 2:

Determine o valor de GIP que deverão ser imputados a cada uma das encomendas produzidas no período N, pela entidade E.

		Encomenda X	Encomenda Y	Total
MOI	Horas de MOD	2.650 Hh	4.850 Hh	7.500
	MOI imputados	2.650 * 2,00 € = 5.300 €	4.850 * 2,00 € = 9.700 €	15.000 €
Outros GIP	C MP Consumida	10.000 €	15.000 €	25.000 €
	Out. GIP imputados	10.000 € * 0,30 € = 3.000 €	15.000 € * 0,30 € = 4.500 €	7.500 €

Questão 3:

Determine o custo global de produção de cada uma das encomendas produzidas no período N, pela entidade E.

	Encomenda X	Encomenda Y	Total
Custos diretos			
Custo das MP consumidas	10.000 €	15.000 €	25.000 €
Custo de MOD	12.000 €	24.000 €	36.000 €
Total de Custos Diretos	**22.000 €**	**39.000 €**	**61.000**
GIP			
MOI	5.300 €	9.700 €	15.000 €
Outros GIP	3.000 €	4.500 €	7.500 €
Total de GIP	**8.300 €**	**14.200 €**	**22.500 €**
Custo de Produção	**30.300 €**	**53.200 €**	**83.500 €**

ER 2.12. Proceda à comparação entre os resultados obtidos nos exercícios ER 2.10. (imputação de base única) e ER 2.11. (imputação de base múltipla)

Como podemos constatar pela análise dos resultados obtidos, embora os custos totais sejam os mesmos, diferindo apenas a metodologia de imputação dos GIP, a quantia destes GIP atribuída a cada encomenda difere nos dois exemplos:

	Encomenda X	Encomenda Y	Total
Custo de Produção (Base Única)	29.950 €	53.550 €	83.500 €
Custo de Produção (Bases Múltiplas)	30.300 €	53.200 €	83.500 €
Diferença no Custo das encomendas = Diferença nos GIP imputados	+ 350 €	- 350 €	0 €

As diferenças que podem ser geradas em termos do cálculo dos custos dos produtos justificam que se preste atenção suficiente à escolha das metodologias de imputação dos GIP.

2.4. Custo dos Produtos Fabricados, Acabados e Vendidos

O cálculo do custo de produção dos produtos fabricados (CPPF), acabados (CPPA) e vendidos (CPPV) deve ser efetuado seguindo o processo descrito na figura seguinte (figura 2.3).

Figura 2.3 – Fluxo de custos

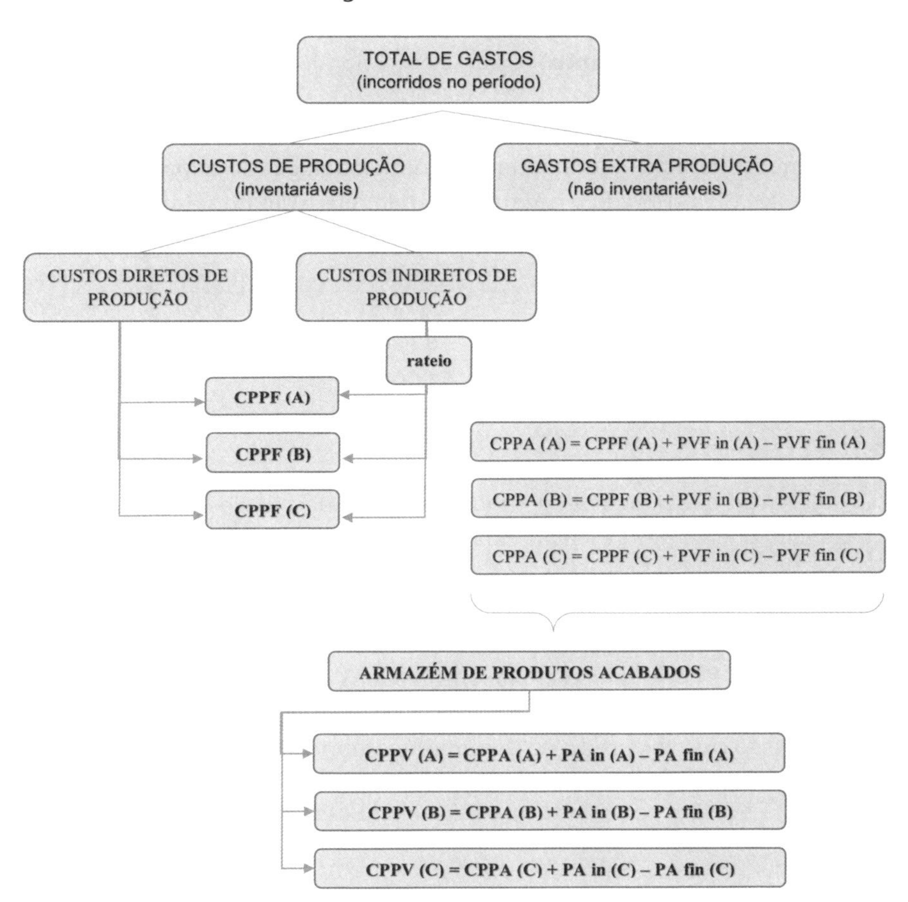

O processo descrito na figura anterior permite:

1) Separar gastos de produção (gastos inventariáveis ou custos) e gastos extra produção (gastos administrativos, gastos de distribuição ou comerciais, gastos de investigação e desenvolvimento, outros gastos operacionais e gastos financeiros);
2) Determinar o CPPF, afetando aos produtos fabricados os respetivos custos de produção diretos (materiais diretos, mão de obra direta e outros gastos diretos) e imputando-lhe a respetiva quota-parte dos custos de produção indiretos

(mão de obra indireta, materiais indiretos e outros custos indiretos de produção), de acordo com o(s) critério(s) selecionado(s).

3) Apurar o CPPA, acrescentando ao CPPF o valor dos inventários iniciais de produção em vias de Fabrico (PVF in) e subtraindo o valor dos inventários finais de produção em vias de Fabrico (PVF fin);
4) Apurar o CPPV, acrescentando ao CPPA o valor dos inventários iniciais de produção acabados (PA in) e subtraindo o valor dos inventários finais de produtos acabados (PA fin).

ER 2.13. CPPF, CPPA e CPPV

A sociedade H, que fabrica e vende o produto X, incorreu nos seguintes gastos, durante o exercício económico N:

Gastos	Valores
Custo das matérias-primas consumidas	600.000€
Custos com Mão de obra direta	300.000€
Gastos indiretos de produção (GIP)	200.000€
Gastos administrativos	75.000€
Gastos de distribuição	50.000€

Ainda relativamente ao exercício económico N, sabe-se que a Sociedade H vendeu o produto X a 55€ por unidade e conhecem-se os seguintes valores:

	Quantidade	Valor unitário	Valor Total
Inventários iniciais de produção em curso	n.d.	n.d.	50.000 €
Inventários finais de produção em curso	n.d.	n.d.	100.000 €
Inventários iniciais de produção acabada	10.000	40 €	400.000 €
Inventários finais de produção acabada	5.000	n.d.	n.d.
Vendas	35.000	n.d.	n.d.
Produção acabada	30.000	n.d.	n.d.

Questão 1:

Apure o Custo de produção dos Produtos Fabricados (CPPF), o Custo de produção dos Produtos Acabados (CPPA) e o Custo de produção dos Produtos Vendidos (CPPV) e o Resultado Operacional do período, utilizando o Custo Médio Ponderado para valorizar as saídas de inventários.

- CPPF:

Custo das matérias-primas consumidas	600.000 €
+ Custos com Mão-de-obra direta	300.000 €
+ Gastos indiretos de produção (GIP)	200.000 €
CPPF	1.100.000 €

- CPPA:

CPPF	1.100.000 €
+ Inventários iniciais de produção em curso	50.000 €
- Inventários finais de produção em curso	– 100.000 €
CPPA	1.050.000 €

- CPPV:

O Custo das Vendas (ou dos produtos vendidos) poderá ser determinado de duas formas:

(i) Somando, ao CPPA, o valor dos inventários iniciais de produção acabada e subtraindo o custo atribuído aos inventários finais de produção acabada:

CPPA	1 050 000 €
Inventários iniciais de produção acabada	400 000 €
Inventários finais de produção acabada	?
CPPV	?

(ii) ou Multiplicando a quantidade de unidades vendidas pelo respetivo custo unitário.

Uma vez que a empresa utiliza o Custeio Médio Ponderado, tanto para determinar o custo atribuído aos inventários finais de produção acabada, como o custo atribuído às unidades vendidas, é necessário calcular o custo médio dos vários lotes disponíveis para venda, ou seja os lotes em inventário inicial e os lotes acabados durante o período:

	Quantidade	Valor Unitário	Valor Total
Inventários iniciais de produção acabada	10 000	40,00 €	400 000 €
Produção acabada (unidades)	30 000	35,00 €	1 050 000 €
Stock disponível para Venda e Custo Médio	40 000	**36,25 €**	1 450 000 €

O custo médio apurado, será agora utilizado para valorizar, tanto a produção vendida como os inventários finais de produção acabada, multiplicando as respetivas quantidades por este custo unitário:

	Quantidade	Valor Unitário	Valor Total
CPPV	35 000	36,25 €	1 268 750 €
Inventários finais de produção acabada	5 000	36,25 €	181 250 €
Total	40 000	36,25 €	1 450 000 €

Está assim calculado o CPPV (i), que poderia também ser obtido da seguinte forma (ii):

CPPA	1 050 000 €
+ Inventários iniciais de produção acabada	400 000 €
- Inventários finais de produção acabada	181 250 €
CPPV	1 268 750 €

- Resultado Operacional:

Vendas	1 925 000 €
CPPV	- 1 268 750 €
Resultado Bruto	656 250 €
Gastos administrativos	- 75 000 €
Gastos de distribuição	- 50 000 €
Resultado Operacional	531 250 €

Questão 2:

Apure o Custo de produção dos Produtos Fabricados (CPPF), o Custo de produção dos Produtos Acabados (CPPA) e o Custo de produção dos Produtos Vendidos (CPPV) e o Resultado Operacional do período, utilizando o FIFO para valorizar as saídas de inventários.

- CPPF (igual ao apurado na Questão 1):

Custo das matérias-primas consumidas	600.000 €
+ Custos com Mão-de-obra direta	300.000 €
+ Gastos indiretos de produção (GIP)	200.000 €
CPPF	1.100.000 €

- CPPA (igual ao apurado na Questão 1):

CPPF	1.100.000 €
+ Inventários iniciais de produção em curso	50.000 €
- Inventários finais de produção em curso	– 100.000 €
CPPA	1.050.000 €

- CPPV:

O Custo das Vendas (ou dos produtos vendidos) poderá ser determinado de duas formas:

(iii) Somando, ao CPPA, o valor dos inventários iniciais de produção acabada e subtraindo o custo atribuído aos inventários finais de produção acabada:

CPPA	1 050 000 €
Inventários iniciais de produção acabada	400 000 €
Inventários finais de produção acabada	?
CPPV	?

(iv) ou Multiplicando a quantidade de unidades vendidas pelo respetivo custo unitário.

Uma vez que a empresa utiliza o FIFO para valorizar as saídas de inventários, os primeiros lotes a sair de armazém de produtos acabados (os primeiros a serem vendidos) serão valorizados ao custo unitário dos Inventários iniciais de produtos acabados. Quando se esgotarem os inventários iniciais de produtos acabados, os lotes vendidos passarão a ser valorizados ao custo unitário dos primeiros lotes a serem acabados. Os inventários finais de produtos acabados serão valorizados ao custo unitário do lote mais recente existente em armazém no final do período. Assim, neste caso teremos:

	Quantidade	Valor Unitário	Valor Total
CPPV	35 000		
do stock inicial	10 000	40,00 €	400 000 €
da produção acabada no período	25 000	35,00 €	875 000 €
total de CPPV	35 000		1 275 000 €
Inventários finais de produção acabada	5 000	35,00 €	175 000 €

Está assim calculado o CPPV (i), que poderia também ser obtido da seguinte forma (ii):

CPPA	1 050 000 €
+ Inventários iniciais de produção acabada	400 000 €
- Inventários finais de produção acabada	175 000 €
CPPV	1 275 000 €

- Resultado Operacional:

Vendas	1 925 000 €
CPPV	– 1 275 000 €
Resultado Bruto	650 000 €
Gastos administrativos	– 75 000 €
Gastos de distribuição	– 50 000 €
Resultado Operacional	525 000 €

CAPÍTULO III
–
SISTEMAS
DE
CUSTEIO

Objetivos do Capítulo

1. Compreender o tratamento dos custos fixos de produção em custeio total e em custeio parcial;
2. Compreender as diferenças entre custeio real e custeio baseado em custos pré-determinados;
3. Compreender os diferentes métodos de imputação dos custos indiretos de produção.

Um custo de determinado objeto exprime o modo como esse objeto (produto, serviço, encomenda, atividade, centro de custos, secção, etc.) utiliza os recursos da organização e pode ser obtido utilizando diversos sistemas de custeio, ou seja, diversos métodos e critérios, cuja escolha afeta também o resultado obtido num determinado período de tempo. Considerando que os custos podem ter diferentes classificações, consoante os objetivos pretendidos, para construir um modelo de custeio é necessário definir cinco aspetos:

1. **Critérios de valorização de saída de inventários**
   - Custo específico
   - Custo médio ponderado
   - FIFO
2. **Métodos de tratamento dos custos fixos de produção**
   - Custeio total completo
   - Custeio racional
   - Custeio variável
3. **Métodos de mensuração dos custos quanto ao momento do cálculo**
   - Custos reais
   - Custos pré-determinados
4. **Métodos de imputação de custos indiretos de produção**
   - Imputação de base única
   - Imputação de base múltipla (coeficientes diferenciados, centros de custos/secções, atividades)
5. **Método de acumulação de custos**
   - Método direto (custeio por tarefas, por encomenda ou por ordem de produção)
   - Método indireto (custeio por processo)

Tendo em conta os objetivos estabelecidos para o modelo de custeio a implementar, bem como as características do processo produtivo da empresa em causa, este modelo deverá ser desenhado de acordo com as opções da organização, quanto aos aspetos referidos acima e evidenciados na figura 3.1.

Figura 3.1 – Opções a efetuar quanto ao modelo de custeio a implementar numa entidade

3.1. Métodos de tratamento dos custos fixos de produção: custos totais e custos Parciais

Neste ponto são apresentadas as diversas opções do modelo de custeio, quanto ao tratamento dos custos fixos de produção[11], bem como os respetivos efeitos em termos da valorização de inventários e dos resultados obtidos[12].

---

[11] Os gastos extra produção são sempre registados como gastos do período em que ocorrem, por não serem custos inventariáveis.

[12] Os principais conceitos relacionados com o comportamento dos gastos, face a variações do volume de atividade, serão desenvolvidos em apêndice.

Da escolha de um determinado sistema de custeio resulta a seleção dos custos de produção que vão ser considerados na valorização de inventários e de serviços (os custos variáveis e os custos fixos, os custos variáveis e uma parte dos custos fixos ou apenas os custos variáveis). Assim, conforme a classificação dos sistemas de custeio quanto ao englobamento de custos de produção, temos sistemas de custeio total, também designados por sistemas de custeio por absorção (sistema de custeio total completo e sistema de custeio racional) e sistemas de custeio variável[13].

Tal como abordado no Capítulo II, o custo de produção de um produto ou serviço inclui três componentes: consumo de matérias diretas, custo com mão-de-obra direta e gastos indiretos de produção (GIP)[14]. Estes custos, independentemente de serem diretos ou indiretos, relativamente a determinado objeto de custo, podem ser classificados em variáveis e fixos, consoante o seu comportamento face a variações do nível de atividade. Em qualquer sistema de custeio, os custos variáveis de produção, ou seja, os custos de produção que variam de forma proporcional, progressiva ou degressiva, face a variações do nível de atividade, são sempre atribuídos ao custo dos produtos fabricados ou do serviço prestado. Já os custos fixos de produção, que não se alteram em função de variações do nível de atividade, mas apenas em função de alterações da capacidade instalada, podem ou não ser incluídos na determinação do custo dos produtos ou dos serviços. Tal como o nome indica, num sistema de custeio total, todos os custos de produção, independentemente do seu comportamento perante alterações do grau de utilização da capacidade instalada, são incluídos no custo dos produtos, enquanto num sistema de custeio variável só se incluem no custo dos produtos/serviços os custos de produção variáveis.

Cada um dos sistemas de custeio pode originar resultados diferentes para um determinado período de tempo, no caso de as quantidades vendidas serem diferentes das quantidades produzidas. A diferença entre os resultados do período, obtidos em cada um dos sistemas de custeio, corresponde à diferença que se verifica no valor atribuído aos inventários finais de produção.

Nos pontos seguintes, são apresentados os três sistemas de custeio mais usuais, o sistema de custeio total completo e o sistema de custeio racional, ambos no âmbito do custeio total, e o sistema de custeio variável, no âmbito do custeio parcial.

---

[13] Existem outros sistemas de custeio como o sistema de custeio variável melhorado ou custeio super variável, cuja utilização se pode justificar para regimes de produção específicos.

[14] Em determinadas situações o custo de produção dos produtos ou serviços pode incluir outros gastos, como gastos de financiamento, de acordo com o parágrado 17 da NCRF 18.

3.1.1. Sistema de Custeio Total Completo

No sistema de custeio total completo, ou custeio por absorção[15], são incluídos no custo de produção de um produto/serviço, todos os custos de produção necessários para a sua obtenção, independentemente do seu carácter fixo ou variável. Assim, neste sistema de custeio, todos os custos de produção, fixos ou variáveis, são custos inventariáveis. Daqui resulta que apenas irão afetar os resultados do período os custos fixos de produção correspondentes às unidades vendidas nesse período. Os custos fixos de produção incluídos no valor das unidades não vendidas afetam o valor do Ativo e apenas irão afetar os resultados do período em que estas unidades vierem a ser vendidas, como se apresenta na figura 3.2.

Figura 3.2 - Custeio Total

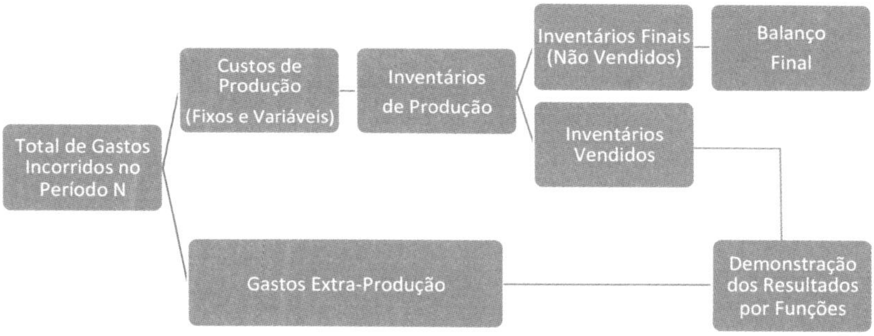

Assim, para um determinado período de tempo, temos:

$$\textbf{CPPA} = \textbf{Q} \times \textbf{cpv} + \textbf{CPF}$$

[15] O custo do produto absorve todos os custos de produção, sejam eles variáveis ou fixos.

Em que:

CPPA = Custo de produção dos produtos acabados (total)
Q = Quantidade produzida
cpv = Custo de produção variável (unitário)
CPF = Custos de produção fixos (totais)

De modo a facilitar a compreensão do funcionamento dos diversos sistemas de custeio, apresenta-se o seguinte exemplo, respeitante a uma determinada empresa industrial, que fabrica apenas um produto, o qual vende a 30 € por unidade e relativamente à qual são conhecidos os seguintes elementos:

Quadro 3.1 - Estrutura de custos

Custos Variáveis unitários (cv):	
Matérias Diretas, MOD e GIP	10,00 €
Gastos de venda e administrativos	3,00 €
Custos Fixos Totais (CF):	
GIP	150.000,00 €
Gastos de venda e administrativos	100.000,00 €

Quadro 3.2 - Unidades acabadas e vendidas (5 períodos consecutivos)

Períodos	**1**	**2**	**3**	**4**	**5**
Inventário Inicial	0	5.000	0	0	7.000
Unidades Acabadas	25.000	25.000	25.000	30.000	24.000
Disponível para venda	**25.000**	**30.000**	**25.000**	**30.000**	**31.000**
Unidades Vendidas	20.000	30.000	25.000	23.000	28.000
Inventário Final	5.000	0	0	7.000	3.000

No quadro seguinte é apresentado o cálculo do custo de produção em sistema de custeio total completo.

Quadro 3.3 – Custo dos produtos em sistema de custeio total completo

Períodos	**1**	**2**	**3**	**4**	**5**
Custos de Produção Inventariáveis					
Custos de produção variáveis (CPV = Q*cpv)	250.000€	250.000€	250.000€	300.000€	240.000€
Custos de produção fixos (CPF)	150.000€	150.000€	150.000€	150.000€	150.000€
Custos de produção totais (CPT)	400.000€	400.000€	400.000€	450.000€	390.000€
Quantidade produzida (Q)	25.000	25.000	25.000	30.000	24.000
Custo de produção unitário (cp)	**16,00€**	**16,00€**	**16,00€**	**15,00€**	**16,25€**
Ou:					
Custos de produção variáveis unitários (cpv)	10,00 €	10,00 €	10,00 €	10,00 €	10,00 €
Custos de produção fixos unit. (cpf = CPF/Q)	6,00 €	6,00 €	6,00 €	5,00 €	6,25 €
Custo de produção unitário (cp)	16,00 €	16,00 €	16,00 €	15,00 €	16,25 €

Tendo em consideração o custo unitário de produção das unidades acabadas no período, passa-se de seguida ao cálculo do custo das vendas (CPPV) e à valorização dos inventários finais de produção acabada (PA fin), assumindo a utilização do FIFO.

Quadro 3.4 – Custo de Produção dos Produtos Vendidos (CPPV)

Períodos	**1**	**2**	**3**	**4**	**5**
PA in (= PA fin do periodo anterior)	0 €	80.000 €	0 €	0 €	105.000 €
CPPA (= CPT)	400.000 €	400.000 €	400.000 €	450.000 €	390.000 €
Disponível para venda (a)	400.000 €	480.000 €	400.000 €	450.000 €	495.000 €
PA fin (b)	5.000 un * 16 € = 80.000 €	0 €	0 €	7.000 un * 15€ = 105.000 €	3.000 un * 16,25 € = 48.750 €
CPPV (= a – b)	320.000 €	480.000 €	400.000 €	345.000 €	446.250 €

Ou:

Unidades Vendidas	20.000 un	30.000 un	25.000 un	23.000 un	28.000 un
Vendas do Inv. Inicial	0 €	5.000 un * 16 € = 80.000€	0 €	0 €	7.000 un * 15 € = 105.000 €
Vendas da PA do período	20.000 un * 16 € = 320.000 €	25.000 un * 16 € = 400.000€	25.000 un * 16 € = 400.000€	23.000 un * 15 € = 400.000€	21.000 un * 16,25 € = 341.250€
CPPV	320.000 €	480.000 €	400.000 €	345.000 €	446.250 €
PA fin (= CPT – CPPV)	80.000 €	0 €	0 €	105.000 €	48.750 €

De seguida apresenta-se a Demonstração dos Resultados, em sistema de custeio total completo.

Quadro 3.5 – Demonstração dos Resultados

Períodos	1	2	3	4	5
Valor das Vendas	600.000 €	900.000 €	750.000 €	690.000 €	840.000 €
CPPV	320.000 €	480.000 €	400.000 €	345.000 €	446.250 €
Resultado Bruto (ou Margem Bruta)	**280.000 €**	**420.000 €**	**350.000 €**	**345.000 €**	**393.750 €**
Custos Comerciais e Administrativos Variáveis (1)	60.000 €	90.000 €	75.000 €	69.000 €	84.000 €
Custos Comerciais e Administrativos Fixos	100.000 €	100.000 €	100.000 €	100.000 €	100.000 €
Resultado Operacional	**120.000 €**	**230.000 €**	**175.000 €**	**176.000 €**	**209.750 €**

(1) Quantidade Vendida * custos comerciais e administrativos unitários

Tal como se constata pela análise do exemplo anterior, um dos principais inconvenientes do sistema de custeio total completo consiste no facto de, em caso de flutuações da produção, como se observa nos períodos 4 e 5, este sistema de custeio conduzir a alterações no custo de produção unitário, uma vez que a totalidade dos custos fixos de produção (que se admite constante) é repartida por uma quantidade maior ou menor de produtos fabricados (ver Quadro 3.3).

Assim, os custos dos produtos bem como o resultado operacional não refletem exclusivamente a eficiência da gestão. Para além deste inconveniente, a literatura em contabilidade de gestão aponta outras desvantagens ao sistema de custeio total completo, das quais se destacam as seguintes:

- O custo unitário de produção oscila com o nível de atividade, pelo que a utilização deste método não permite tomá-lo como referência para determinar a rentabilidade dos produtos;
- A repartição dos custos fixos, que normalmente são custos comuns, levanta problemas e pode originar custos arbitrários e instáveis, uma vez que a imputação destes custos aos produtos passa sempre pela utilização de critérios (bases de imputação) mais ou menos subjetivos;

- Em contabilidade previsional o uso de custos totais completos para estabelecer normas pode não ser correto e pode originar desmotivação dos serviços clientes;

Apesar das críticas a este sistema de custeio, em parte superadas pelos restantes sistemas, são também várias as vantagens que lhe são apontadas:

- Os custos fixos de produção são essenciais à produção e como tal devem ser incorporados no custo de produção dos produtos e serviços;
- Permite determinar os custos dos inventários nas diferentes fases de processamento incluindo todos os custos de produção, mesmo que em determinada fase de fabrico só existam custos fixos de produção;
- Permite comparar custos totais de entidades com atividades semelhantes;
- Facilita a justificação de preços/tarifas quando estes não são totalmente definidos pelo mercado.

3.1.2. Sistema de Custeio Racional

A utilização do sistema de custeio racional, obrigatória segundo a NCRF 18, implica que sejam incluídos, no custo de produção dos produtos/serviços, todos os custos de produção variáveis e uma parte dos custos de produção fixos. O principal objetivo deste sistema de custeio é tornar a evolução dos custos unitários independente da variação do nível de atividade, quer no que se refere a centros de custo quer no que se refere a produtos ou serviços. A sua finalidade é estabilizar os custos unitários para iguais condições de exploração, de tal forma que possam constituir indicadores de gestão válidos, refletindo a sua variação uma deterioração ou melhoria das condições de exploração.

O método da imputação racional consiste em só imputar os custos fixos de produção na medida em que os meios disponíveis são realmente utilizados, ou seja, o custo de produção incorpora os custos de produção variáveis e a parte dos custos fixos de produção correspondente à atividade real, ou seja, à utilização efetiva da capacidade produtiva instalada.

Figura 3.3 – Sistema de Custeio Racional

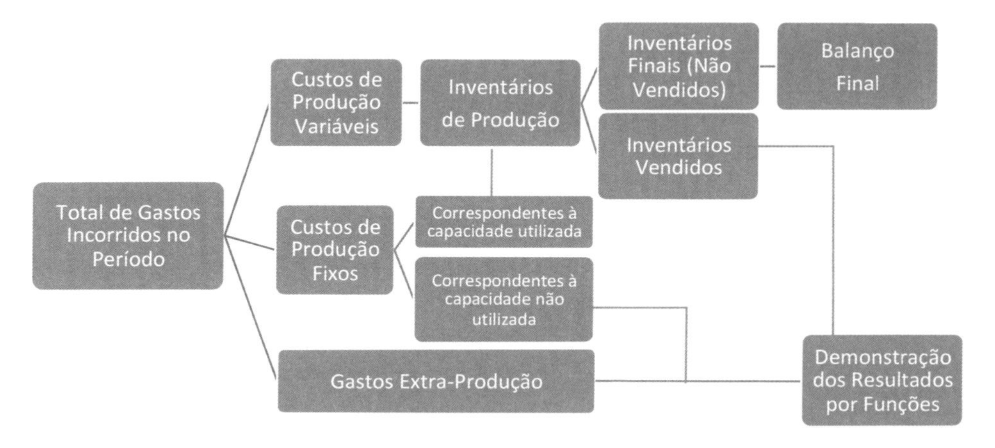

A relação entre a atividade real (Ar) e a capacidade ou atividade normal de produção (An) traduz o grau de utilização efetiva da capacidade, também designado coeficiente de imputação racional dos custos fixos de produção (Ar/An). A parte dos custos de produção fixos (CPF) a incorporar no custo de produção dos produtos (CPF*) é dada por:

$$CPF^* = CPF \times (Ar/An)$$

Sendo o custo de produção dos produtos acabados dado pela seguinte expressão:

$$CPPA = Q \times cpv + CPF^*$$

O montante de custos de produção não incorporados (CPNI) no custo dos produtos, que corresponde à diferença entre a totalidade dos custos fixos de produção incorridos num determinado período e os custos fixos de produção incorporados no custo dos produtos (CPF – CPF*), é registado numa rubrica de resultados, na conta 974 – Diferenças de nível de atividade, de acordo com o plano de contas da classe 9 apresentado no capítulo II. Este montante é assim considerado um custo de período e como tal é incluído na Demonstração dos Resultados desse período. Este valor só é positivo se a atividade real for inferior à atividade normal, isto é, se houver subutilização da capacidade instalada, ficando perfeitamente visíveis, na Demonstração dos Resultados, os gastos de subactividade enquanto gastos do período em que esta subactividade ocorreu. Se a empresa estiver a utilizar a 100% a sua capacidade normal, todos os custos fixos de produção são incorporados no custo dos produtos, não existindo, neste caso, qualquer diferença entre o sistema de custeio racional e o sistema de custeio total completo.

De seguida é apresentada a resolução do exemplo em análise, que será adaptado à utilização do sistema de custeio racional, tendo sido considerada uma atividade normal (An), medida, neste caso, pela quantidade de unidades produzidas, de 31.250 unidades em cada um dos períodos.

Quadro 3.6 – Cálculo do coeficiente de utilização da capacidade

Períodos	**1**	**2**	**3**	**4**	**5**
Atividade Normal (An)	31.250	31.250	31.250	31.250	31.250
Atividade real (Ar)	25.000	25.000	25.000	30.000	24.000
Coef. Imput. Racional (Ar/An)	80%	80%	80%	96%	76,8%

Quadro 3.7 – Custo dos produtos em 5 períodos consecutivos

Períodos	**1**	**2**	**3**	**4**	**5**
Custos fixos de produção incorporáveis (CPF*)	80% * 150.000 € = 120.000 €	80% * 150.000 € = 120.000 €	80% * 150.000 € = 120.000 €	96% * 150.000 € = 144.000 €	76,8% * 150.000 € = 115.200 €
Custos fixos de produção não incorporados (CPNI)	20% * 150.000 € = 30.000 €	20% * 150.000 € = 30.000 €	20% * 150.000 € = 30.000 €	4% * 150.000 € = 6.000 €	23,2% * 150.000 € = 34.800 €
Custo de produção unitário:					
cpv	10,00 €	10,00 €	10,00 €	10,00 €	10,00 €
cpf* (CPF*/Q)	4,80 €	4,80 €	4,80 €	4,80 €	4,80 €
Custo de produção unitário	**14,80 €**	**14,80 €**	**14,80 €**	**14,80 €**	**14,80 €**

Quadro 3.8 - Custo de Produção dos Produtos Vendidos (CPPV)

Períodos	**1**	**2**	**3**	**4**	**5**
PA in	0 €	74.000 €	0	0	103.600 €
CPPA	370.000 €	370.000 €	370.000 €	444.000 €	355.200 €
PA fin	74.000 €	0	0	103.600 €	44.400 €
CPPV	**296.000 €**	**444.000 €**	**370.000 €**	**340.400 €**	**414.400 €**

Quadro 3.9 - Demonstração dos Resultados

Períodos	**1**	**2**	**3**	**4**	**5**
Vendas	600.000 €	900.000 €	750.000 €	690.000 €	840.000 €
CPPV	296.000 €	444.000 €	370.000 €	340.400 €	414.400 €
Resultado bruto (ou Margem Bruta)	**304.000 €**	**456.000 €**	**380.000 €**	**349.600 €**	**425.600 €**
Gastos distribuição e administrativos variáveis	60.000 €	90.000 €	75.000 €	69.000 €	84.000 €
Gastos distribuição e administrativos fixos	100.000 €	100.000 €	100.000 €	100.000 €	100.000 €
CPNI	30.000 €	30.000 €	30.000 €	6.000 €	34.800 €
Resultado Operacional	**114.000 €**	**236.000 €**	**175.000 €**	**174.600 €**	**206.800 €**

Verifica-se que o sistema de custeio racional permite colmatar grande parte dos inconvenientes do sistema de custeio total completo, uma vez que, independentemente das flutuações da produção e apesar da inclusão no custo dos produtos de custos fixos e variáveis, o custo de produção unitário permanece constante.

A simples visualização da Demonstração dos Resultados revela os gastos de subactividade (CPNI), podendo desde logo concluir-se que, no exemplo apresentado, o período 4 foi o melhor em termos de utilização dos recursos disponíveis, contrariamente ao período 5 que foi o pior.

O método deve ser aplicado ao conjunto da organização, quer no caso de o coeficiente de imputação racional ser relativamente uniforme para os diferentes centros, quer no caso de não se verificar tal uniformidade. Neste último caso, haverá coeficientes de imputação diferenciados.

Uma das principais vantagens do sistema de custeio racional prende-se com o facto de os custos se tornarem significativos indicadores de gestão do desempenho. Este aspeto revela-se ainda mais importante ao nível dos custos das unidades de obra dos centros de análise na medida em que o seu responsável não tem influência sobre o seu volume de atividade, dependendo este da atividade geral da organização ou da atividade dos centros situados a montante. Com a utilização deste sistema de custeio, o gestor dispõe de informação sobre o impacto negativo que a subactividade tem no resultado da organização ou de um determinado centro de custos.

De realçar que, de acordo com o Sistema de Normalização Contabilística, não devem ser imputados aos produtos custos fixos superiores aos incorridos no período, ou seja, não devem ser considerados proveitos de sobre atividade. Na eventualidade de a produção efetiva ser superior à capacidade normal de produção, os custos de produção fixos do período são repartidos pela quantidade de produção efetiva, que por ser superior à produção normal, origina um custo de produção unitário inferior.

3.1.3. Sistema de Custeio Variável

A valorização de inventários de acordo com o sistema de custeio variável é efetuada incluindo no cálculo do custo dos produtos apenas os custos de produção variáveis. Assim, a totalidade dos custos de produção fixos é considerada não incorporável (CPNI), sendo estes custos tratados como gastos do período em que ocorrem e registados numa rubrica de resultados, na conta 974 – Diferenças de nível de atividade, de acordo com o plano de contas da classe 9 apresentado no capítulo II.

De acordo com a legislação em vigor e com os princípios contabilísticos geralmente aceites, o custeio variável não deve ser utilizado para efeitos de relato externo. Contudo, este sistema de custeio poderá ser útil ao planeamento e controlo de gestão. A figura 3.4 ilustra o tratamento contabilístico dos custos de produção, em sistema de custeio variável.

Figura 3.4 – Custeio Variável

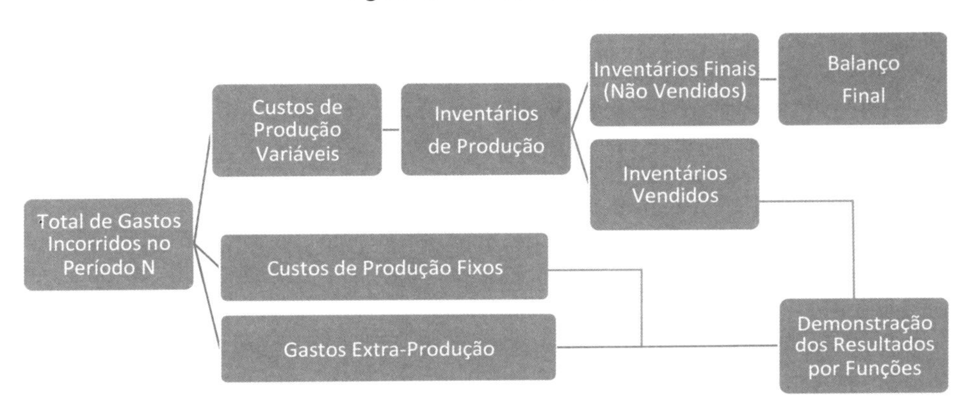

Neste sistema de custeio, independentemente das flutuações do grau de utilização da capacidade instalada e/ou das quantidades produzidas, o custo de produção unitário permanece constante, uma vez que corresponde apenas aos custos variáveis de produção, que se pressupõem tendencialmente constantes em termos unitários.

Regressando ao exemplo em análise, o custo de produção unitário e os resultados do período são obtidos, de acordo com o sistema de custeio variável, do seguinte modo:

CPPA = Q x cpv

Quadro 3.10 – Custo dos produtos

Períodos	**1**	**2**	**3**	**4**	**5**
cpv	10 €	10 €	10 €	10 €	10 €

Quadro 3.11 – Custo de Produção dos Produtos Vendidos (CPPV)

Períodos	**1**	**2**	**3**	**4**	**5**
PA in	0 €	50.000 €	0 €	0 €	70.000 €
CPPA	250.000 €	250.000 €	250.000 €	300.000 €	240.000 €
PA fin *	50.000 €	0 €	0 €	70.000 €	30.000 €
CPPV	**200.000 €**	**300.000 €**	**250.000 €**	**230.000 €**	**280.000 €**

* Independentemente do critério utilizado para valorizar a saída dos inventários, mantendo-se inalterada a estrutura de custos, o custo de produção unitário é igual em todos os períodos.

Quadro 3.12 – Demonstração dos Resultados em sistema de custeio variável

Períodos	**1**	**2**	**3**	**4**	**5**
Valor das Vendas	600.000 €	900.000 €	750.000 €	690.000 €	840.000 €
CPPV	200.000 €	300.000 €	250.000 €	230.000 €	280.000 €
Resultado Bruto (ou Margem Bruta)	**400.000 €**	**600.000 €**	**500.000 €**	**460.000 €**	**560.000 €**
Gastos distribuição e administrativos variáveis	60.000 €	90.000 €	75.000 €	69.000 €	84.000 €
Margem de Contribuição	**340.000 €**	**510.000 €**	**425.000 €**	**391.000 €**	**476.000 €**
CPNI	150.000 €	150.000 €	150.000 €	150.000 €	150.000 €
Gastos distribuição e administrativos fixos	100.000 €	100.000 €	100.000 €	100.000 €	100.000 €
Resultado Operacional	**90.000 €**	**260.000 €**	**175.000 €**	**141.000 €**	**226.000 €**

Em custeio variável, as variações dos resultados entre períodos refletem apenas as variações das vendas (ver Quadro 3.12), sendo independentes das variações das quantidades produzidas, as quais, no custeio total completo e devido ao desfasamento da produção e da venda, levam, por vezes, à situação de diminuição dos resultados quando aumentam as vendas.

O sistema de custeio variável apresenta ainda as seguintes vantagens:

- Maior objetividade e simplificação do trabalho contabilístico, devido à eliminação da tarefa de repartição dos custos fixos, que por norma são também indiretos, originando custos menos completos, mas mais fidedignos;
- Avaliação mais prudente dos inventários, evitando a acumulação de custos fixos de produção;

- Maior facilidade na elaboração de orçamentos flexíveis e em análises de sensibilidade.

Ao sistema de custeio variável podem também atribuir-se as seguintes limitações:

- Necessidade de corrigir a valorização dos inventários para o reporte externo, tendo em conta a sua não aceitação pelo normativo contabilístico;
- Dificuldade na distinção entre custos fixos e variáveis;
- Risco associado à fixação de preços, quando esta se baseia apenas no custo variável;
- Inadequação às empresas com vendas sazonais e fabricação contínua, sendo que este sistema pode provocar, nestes casos, resultados reduzidos nos meses de vendas escassas e resultados elevados nos meses de maiores vendas.

3.1.4. Alternativas de sistemas de custeio e efeitos no resultado

A comparação dos sistemas de custeio total completo, racional e variável, efetuada a partir da análise do exemplo fornecido, revela, em virtude da diferente incorporação dos custos fixos de produção no custo dos produtos, a existência de diferenças no valor das seguintes grandezas:

- Custo unitário dos produtos;
- Custo das vendas (CPPV);
- Custos de produção não incorporados (CPNI);
- Valor dos inventários finais de produção;
- Variação nos Inventários de produção;
- Resultado do período.

Estas diferenças são sintetizadas nos quadros seguintes.

Quadro 3.13 – Comparação de custos de produção unitários

Períodos		1	2	3	4	5
		Produção > Vendas	Produção < Vendas	Produção = Vendas	Produção > Vendas	Produção < Vendas
cp em sistema de custeio	Total Completo	16,00 €	16,00 €	16,00 €	15,00 €	16,50 €
	Racional	14,80 €	14,80 €	14,80 €	14,80 €	14,80 €
	Variável	10,00 €	10,00 €	10,00 €	10,00 €	10,00 €

Nota: em todos os períodos se considerou Ar<An

Quadro 3.14 – Comparação de CPPV, CPNI e Variação nos Inventários (Δ Inv)

Períodos		1	2	3	4	5
		Produção > Vendas	Produção < Vendas	Produção = Vendas	Produção > Vendas	Produção < Vendas
Custeio Total Completo	CPPV	320.000 €	480.000 €	400.000 €	345.000 €	455.000 €
	CPNI	- €	- €	- €	- €	- €
	Total DRF (*)	**320.000 €**	**480.000 €**	**400.000 €**	**345.000 €**	**455.000 €**
	Δ Inv (**)	**80.000 €**	**- 80.000 €**	- €	**105.000 €**	**- 75.000 €**
Custeio Racional	CPPV	296.000 €	444.000 €	370.000 €	340.400 €	414.400 €
	CPNI	30.000 €	30.000 €	30.000 €	6.000 €	39.600 €
	Total DRF (*)	**326.000 €**	**474.000 €**	**400.000 €**	**346.400 €**	**454.000 €**
	Δ Inv	**74.000 €**	**- 74.000 €**	- €	**103.600 €**	**- 74.000 €**
Custeio Variável	CPPV	200.000 €	300.000 €	250.000 €	230.000 €	280.000 €
	CPNI	150.000 €	150.000 €	150.000 €	150.000 €	150.000 €
	Total DRF (*)	**350.000 €**	**450.000 €**	**400.000 €**	**380.000 €**	**430.000 €**
	Δ Inv	**50.000 €**	**- 50.000 €**	- €	**70.000 €**	**- 50.000 €**

(*) Total de gastos de produção na Demonstração dos Resultados por funções

(**) Impacto no Balanço Final, através da variação dos Inventários

Nota: em todos os períodos se considerou Ar<An

Quadro 3.15 – Comparação dos resultados nos três sistemas de custeio

Períodos		1	2	3	4	5
		Produção > Vendas	Produção < Vendas	Produção = Vendas	Produção > Vendas	Produção < Vendas
Resultado em sistema de custeio	Total Completo	**120.000** €	230.000 €	175.000 €	**176.000** €	201.000 €
	Racional	114.000 €	236.000 €	175.000 €	174.600 €	202.000 €
	Variável	90.000 €	**260.000** €	175.000 €	141.000 €	**226.000** €

Nota: em todos os períodos se considerou Ar < An

Estas diferenças nos resultados podem ser obtidas comparando as várias Demonstrações dos Resultados por Funções, para cada período e para cada sistema de custeio, ou comparando o total de gastos de produção incorporados nestas demonstrações, o qual corresponde à soma do Custo das Vendas e dos CPNI (ver quadro 3.14), uma vez que as diferenças encontradas nos resultados correspondem apenas às diferenças nestas duas rubricas.

Já na Demonstração dos Resultados por Naturezas, as diferenças dos resultados advêm das diferenças na Variação nos Inventários da Produção, as quais constam também do quadro 3.14.

Da observação do quadro 3.15, para os períodos 1 e 4, em que a produção é maior que as vendas, verifica-se que é em custeio variável que o resultado é menor. Tal justifica-se pelo facto de neste sistema de custeio todos os custos fixos de produção (150.000 €) serem considerados custos do período, inclusive os suportados na fabricação dos produtos não vendidos. O inventário de produtos acabados está valorizado a um custo inferior ao dos outros sistemas (10 €), o que significa que na venda posterior se obterá uma margem bruta superior.

Nestes mesmos períodos, o custeio total completo gera um resultado superior uma vez que todos os custos fixos de produção são custos incorporados no produto, passando a custos do período apenas à medida que este é vendido. Nesta situação de produção superior às vendas, no custeio total completo, os custos fixos de produção (150.000 €) são repartidos entre o custo dos produtos vendidos (120.000 €) e os inventários finais (30.000 €), sendo que apenas são debitados na conta dos resultados do período os custos fixos incluídos no custo dos produtos vendidos.

Ainda nos períodos 1 e 4, a utilização do custeio racional gera um resultado intermédio, uma vez que neste sistema de custeio só parte dos custos fixos de produção é considerada custos do período: a parte incluída no custo dos produtos vendidos e a parte dos custos de produção fixos não incorporados, correspondente à capacidade de produção não utilizada. Os inventários em armazém têm um valor superior ao obtido no sistema custeio variável, porque incluêm parte dos custos fixos de produção, tendo, no entanto, um valor inferior ao obtido no sistema de custeio total completo, o que significa que numa venda posterior se vai obter uma margem bruta inferior ao custeio variável, mas superior à obtida no custeio total.

Considerando agora os períodos 2 e 5, em que a produção é inferior às vendas, o resultado obtido é superior em custeio variável, face aos outros sistemas de custeio, porque a conta dos resultados só é debitada pelos custos fixos do próprio período (150.000€), dado não existirem custos de produção fixos incluídos nos inventários do período anterior, que agora estão a ser vendidos. Contrariamente, os sistemas de custeio total completo e racional incluem, na Demonstração dos Resultados, todos os custos de produção do período, mais os custos de produção fixos incluídos nos inventários produzidos em períodos anteriores e agora vendidos (5.000 e 7.000 unidades nos períodos 2 e 5, respetivamente).

Nas situações em que a produção igual às vendas (período 3), os resultados são iguais nos três sistemas de custeio uma vez que todos os custos fixos de produção (150.000 €) são custos do período e estão incluídos na conta dos resultados, quer estejam na sua totalidade incluídos no custo dos produtos vendidos (sistema de custeio total completo), na rubrica CPNI (sistema de custeio variável) ou estejam repartidos por estas duas rubricas (120.000 € como custo dos produtos vendidos e 30.000 € como CPNI, no sistema de custeio racional).

A partir da informação sobre os resultados e valor dos inventários foi construído o quadro 3.16, respeitante apenas aos três primeiros anos, representativos das várias relações entre vendas e produção, no qual se evidenciam as diferenças dos resultados nos três sistemas de custeio, exatamente iguais às respetivas diferenças na variação dos inventários.

Quadro 3.16 – Diferenças dos resultados e do valor dos inventários

<table>
<tr><td colspan="3"></td><td colspan="2">Sistemas de Custeio</td></tr>
<tr><td colspan="3"></td><td>Racional</td><td>Variável</td></tr>
<tr><td rowspan="14">Sistemas de Custeio</td><td rowspan="7">Total Completo</td><td rowspan="3">P > V
(período 1)</td><td>6.000 €</td><td>30.000 €</td></tr>
<tr><td>= 120.000 € - 114.000 €</td><td>= 120.000 € - 90.000 €</td></tr>
<tr><td>= 80.000 € - 74.000 €</td><td>= 80.000 € - 50.000 €</td></tr>
<tr><td rowspan="3">P < V
(período 2)</td><td>- 6.000 €</td><td>- 30.000 €</td></tr>
<tr><td>= 230.000 € - 236.000 €</td><td>= 230.000 € - 260.000 €</td></tr>
<tr><td>= - 80.000 € - (-74.000 €)</td><td>= - 80.000 € - (50.000 €)</td></tr>
<tr><td>P = V
(período 3)</td><td>0 €</td><td>0 €</td></tr>
<tr><td rowspan="7">Racional</td><td rowspan="3">P > V
(período 1)</td><td rowspan="3">---</td><td>24.000 €</td></tr>
<tr><td>= 114.000 € - 90.000 €</td></tr>
<tr><td>= 74.000 € - 50.000 €</td></tr>
<tr><td rowspan="3">P < V
(período 2)</td><td rowspan="3">---</td><td>- 24.000 €</td></tr>
<tr><td>= 236.000 € - 260.000 €</td></tr>
<tr><td>= - 74.000 € - (- 50.000 €)</td></tr>
<tr><td>P = V
(período 3)</td><td>---</td><td>0 €</td></tr>
</table>

3.1.5. Escolha do sistema de custeio

Todos os sistemas de custeio têm vantagens e inconvenientes. Variáveis relacionadas com as características da entidade, o setor de atividade em que opera, as necessidades de informação e o tipo de informação disponível, bem como o custo que se está disposto a suportar para implementar e manter o sistema, devem também ser consideradas na fase de escolha do sistema de custeio.

Os objetivos que se pretendem alcançar com o sistema de custeio também dependem do tipo de utilizadores, podendo distinguir-se objetivos internos, no caso de a informação se destinar aos gestores da empresa, e objetivos externos no caso de a informação se destinar a entidades exteriores à entidade. No que respeita aos objetivos internos, a preferência recai no custeio variável ou racional. Já no que se refere aos objetivos externos, os condicionalismos impostos pelo SNC obrigam à utilização do custeio total racional.

EXERCÍCIOS RESOLVIDOS (ER)

ER 3.1. Sistemas de custeio total completo, racional e variável

Admita que determinada empresa, que possui capacidade para produzir 400 unidades/ano do produto X (capacidade normal), apresenta a seguinte estrutura de custos:

Custos	Fixos	Variáveis
Custos de produção	20.000 €	60 €/unidade
Gastos extra produção (comerciais e administrativos)	12.000 €	30 €/unidade

Pressupondo ainda que não havia inventários iniciais de produtos acabados nem inventários iniciais de produtos em curso e que a produção efetiva do ano N foi de 320 unidades, pretende-se que apresente:

a) O custo de produção global e unitário do produto X, no ano N, em sistema de custeio total completo, em sistema de custeio variável e em sistema de custeio racional;
b) O resultado operacional e o valor dos inventários finais de produção acabada, do ano N, para os diferentes sistemas de custeio, admitindo que se venderam, nesse ano, 300 unidades do produto X, a 200€/unidade;
c) A justificação para as diferenças de resultados encontrada na alínea anterior.

Resolução:

a) Custo de produção para uma produção de 320 unidades e uma capacidade normal de produção de 400 unidades:

	SC Total Completo	SC Racional	SC Variável
Custos de produção variáveis	19.200 €	19.200 €	19.200 €
Custos de produção fixos	20.000 €	(1) 16.000 €	-
Custos global de produção	39.200 €	35.200 €	19.200 €
Custos unitário de produção	122,50 €	110 €	60 €
Custos de produção não incorp. (CPNI)	-	4.000 €	20.000 €

(1) Custos de produção fixos vezes coeficiente de imputação racional = 20.000 € * 0,8

b) Resultado operacional para vendas de 300 unidades de produto e valor do inventário final de 20 unidades, nos diferentes sistemas de custeio:

	SC Total Completo	SC Racional	SC Variável
Vendas	60.000 €	60.000 €	60.000 €
Custo produtos vendidos	36.750 €	33.000 €	18.000 €
Margem Bruta	8.250 €	27.000 €	42.000 €
Gastos extra produção	21.000 €	21.000 €	21.000 €
CPNI	-	4.000 €	20.000 €
Resultado Operacional	2.250 €	2.000 €	1.000 €
Inventário final	2.450 €	2.200 €	1.200 €

c) A diferença de resultados justifica-se pela diferença de valor dos inventários:

	SC Total Completo	SC Racional	SC Variável
SC Total Completo	–	250 €	1.250 €
SC Racional	- 250 €	–	1.000 €
SC Variável	- 1.250 €	- 1.000 €	-

ER 3.2. Sistemas de custeio total completo, racional e variável

A empresa ABC, que tem capacidade de produção normal de 900 toneladas/ano do produto X, produziu, no ano N, 840 toneladas de produto acabado e vendeu 800 toneladas a 1.800€/tonelada. Conhecem-se ainda os custos de produção para o referido ano:

Custos de produção:	Fixos	Variáveis
Consumo de Matérias primas	–	840.000 €
Custos de transformação	252.000 €	168.000 €
Gastos extra produção	70.000 €	32.000 €

A empresa não tinha inventários iniciais de qualquer natureza.

Suponha que lhe apresentaram as seguintes Demonstrações dos Resultados:

	I	II	III
Vendas	1.440.000 €	1.440.000 €	1.440.000 €
Custo das vendas	960.000 €	1.200.000 €	1.184.000 €
Margem bruta	480.000 €	240.000 €	256.000 €
Gastos de produção fixos	252.000 €	-	16.800 €
Gastos extra produção	102.000 €	102.000 €	102.000 €
Resultado operacional	126.000 €	138.000 €	137.200 €

Pedidos:

a) Identifique os sistemas de custeio subjacentes a cada uma das Demonstrações dos Resultados, justificando a sua resposta.

b) Justifique as diferenças dos resultados apurados.

Respostas:

a) A Demonstração dos Resultados I foi elaborada segundo o sistema de custeio variável (SCV), a II segundo o sistema de custeio total completo (SCTC) e a III corresponde ao sistema de custeio racional (SCR). Esta afirmação pode justificar-se teoricamente a partir de vários parâmetros:

✓ Na situação de produção maior que as vendas e não havendo inventário inicial de produtos acabados, a rubrica de custo das vendas tem o menor valor no custeio variável (I) porque só os custos variáveis de produção se incluem no custo dos produtos, contrariamente ao sistema de custeio total completo que inclui no custo dos produtos todos os custos de produção e como tal apresenta o maior valor de custo das vendas (II). No sistema de custeio racional (III) o custo das vendas apresenta um valor entre os valores dos dois outros sistemas de custeio porque inclui os custos variáveis de produção e parte dos custos fixos de produção.

✓ Os gastos de produção fixos que correspondem ao que se designou de custos de produção não incorporados (CPNI) não aparecem na Demonstração dos Resultados correspondente ao sistema de custeio total completo e aparecem na sua totalidade na Demonstração dos Resultados correspondente ao sistema de custeio variável, confirmando-se assim que a coluna II corresponde ao custeio total completo e a coluna I ao custeio variável.

✓ Considerando a situação de produção superior às vendas, idênticas conclusões seriam retiradas ao observar os valores da margem bruta e resultado operacional.

A correspondente identificação dos sistemas de custeio também pode ser feita através do cálculo do custo de produção dos produtos vendidos:

	SCV (I)	SCTC (II)	SCR (III)
Custos de produção variáveis	1.008.000 €	1.008.000 €	1.008.000 €
Custos de produção fixos	-	252.000 €	235.200 €
Total de custos de produção	1.008.000 €	1.260.000 €	1.243.200 €
Custo de produção unitário	1.200 €	1.500 €	1.480 €
Custo Produção Produtos Vendidos	960.000 €	1.200.000 €	1.184.000 €
Inventário Final	48.000 €	60.000 €	59.200 €

b) A diferença de resultados entre os diferentes sistemas de custeio justifica-se pela diferença de valor dos inventários finais de produtos acabados:

	Custeio Total Completo (II)	Custeio Racional (III)
Custeio Variável (I)	- 12.000 €	- 11.200 €
Custeio Total Completo (II)	-	800 €

3.2. Métodos de mensuração dos custos quanto ao momento do cálculo: custos reais e custos prédeterminados

Para determinar os custos de produtos fabricados, serviços prestados, ordens de produção, secções e outros objetos de custo, as entidades poderão recorrer a custos reais ou custos predeterminados.

Custos reais ou custos históricos são custos em que a entidade efetivamente incorreu num determinado período, os quais só podem ser conhecidos depois de decorrido esse período. Por oposição, custos predeterminados, teóricos ou básicos são custos estabelecidos *a priori*, para um determinado período de tempo e, portanto, passiveis de utilização durante esse período.

Uma entidade poderá recorrer à utilização de custos predeterminados nos casos em que não seja possível obter os custos reais em tempo útil ou pretenda utilizar estes custos predeterminados para efeitos de controlo de gestão ou como meio de simplificação das tarefas contabilísticas inerentes à valorização de inventários. Os custos predeterminados mais utilizados são os estabelecidos com base no custo padrão, no custo histórico ajustado ou nos preços de mercado.

Figura 3.5 – Custos predeterminados

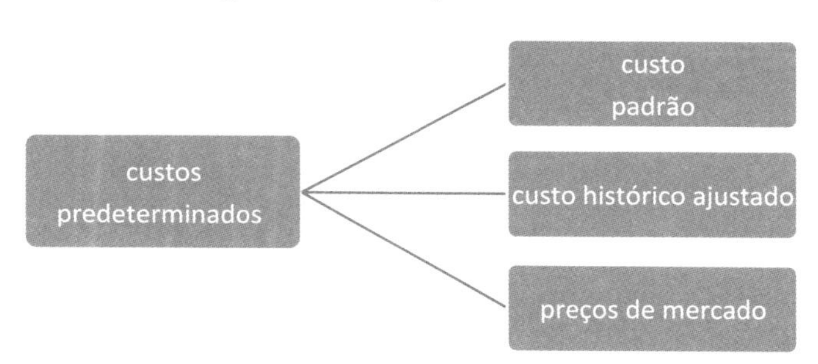

O custo padrão estabelecido para um determinado bem ou serviço baseia-se em estudos técnicos acerca do consumo de recursos que é necessário efetuar para obter esse bem ou serviço, em condições normais de funcionamento da entidade. O custo padrão de um bem ou serviço resulta, assim, da combinação de:

- ✓ Quantidade padrão de cada recurso consumido (por unidade produtiva),
- ✓ Custo unitário padrão de cada recurso consumido.

Também poderão ser utilizados custos predeterminados baseados em custos históricos ajustados, ou seja, custos verificados em períodos anteriores, corrigidos em função das tendências percecionadas quanto à respetiva evolução futura ou dos objetivos estabelecidos quanto a esta evolução.

Na determinação do custo de produtos fabricados, serviços prestados, ordens de produção, secções e outros objetos de custo, as entidades poderão recorrer a múltiplas combinações possíveis em termos da utilização de custos reais ou pré-determinados, no que se refere a cada recurso consumido, tanto em termos da quantidade como em termos do custo unitário desse recurso (Figura 3.6).

Figura 3.6 – Utilização de custos reais e/ou predeterminados

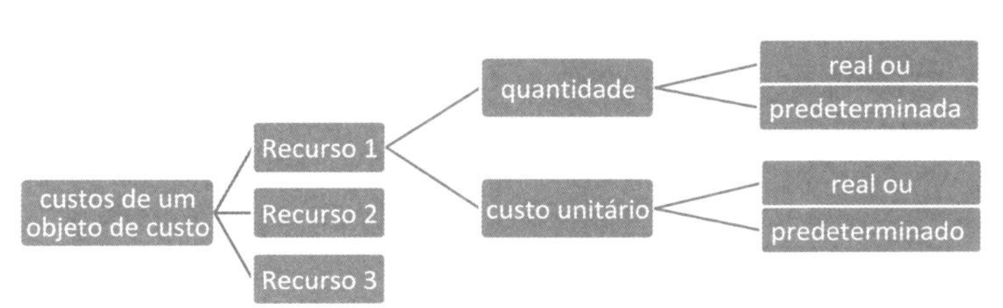

As combinações mais usuais, em termos da utilização de custos reais ou predeterminados, são o custeio real, o custeio normal e o custeio padrão, que se descrevem nos pontos seguintes.

3.2.1. Custeio real

Em custeio real, na determinação do custo de produtos, serviços, atividades, secções ou departamentos, entre outros, utilizam-se, para todos os recursos consumidos, custos reais ou históricos, ou seja, gastos já ocorridos.

Figura 3.7 – Custeio real

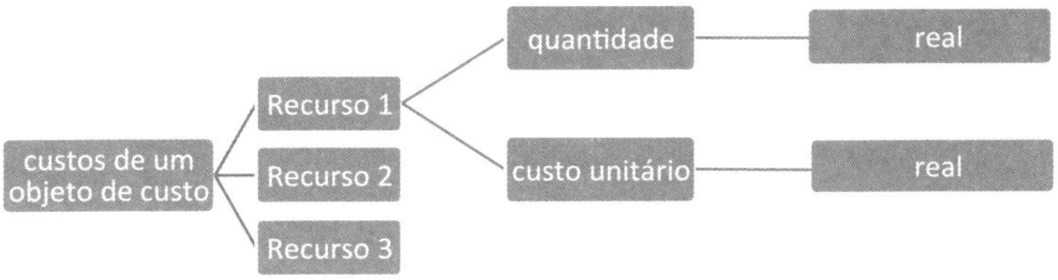

custos de um objeto de custo
Recurso 1
Recurso 2
Recurso 3
quantidade
custo unitário
real
real

Os custos reais traduzem a utilização efetiva de recursos, medida através das unidades físicas que foram necessárias à obtenção do produto ou serviço, as quais são multiplicadas pelos respetivos custos unitários reais.

custo real = quantidade real consumida x custo unitário real

Em virtude do desfasamento temporal normalmente existente entre a ocorrência dos custos ou consumos e o seu respetivo tratamento contabilístico, a utilização do custeio real implica que uma entidade não possa proceder à determinação dos custos em tempo útil. Por exemplo, se os custos com a energia consumida, em janeiro do ano N, numa secção de produção, só vierem a ser conhecidos em fevereiro do mesmo ano, e se a empresa utilizar o custeio real, então ela só poderá calcular, em fevereiro, os custos unitários da secção e, logo, os custos dos produtos fabricados nessa secção, ou seja, um mês depois de estes produtos terem entrado em armazém e, eventualmente, depois de já terem sido vendidos.

Por outro lado, a utilização de custos reais, que poderão diferir de período para período, em consequência da variação da eficiência na utilização de recursos e/ou dos respetivos custos de aquisição, dificultam a utilização destes custos reais para efeitos de avaliação de desempenho, responsabilização e tomada de decisão.

3.2.2. Custeio Normal

O custeio normal caracteriza-se pela utilização dos custos reais de matérias-primas consumidas e de custos teóricos ajustados às quantidades reais consumidas, para as restantes componentes do custo de produção.

Assim, o custo das matérias-primas é calculado multiplicando as quantidades reais consumidas pelos respetivos custos unitários reais, enquanto que para os restantes custos de produção se consideram as quantidades reais consumidas, multiplicadas pelos correspondentes custos unitários teóricos.

Os custos determinados com base nas quantidades reais e nos custos unitários teóricos são afetados ou imputados aos objetos de custo, consoante se trate de custos diretos ou indiretos, respetivamente.

Assim, os custos de produção atribuídos aos objetos de custo em custeio normal são obtidos da seguinte forma:

CMPC = Quantidades <u>reais</u> x Custo unitário <u>real</u>

MOD = Quantidades <u>reais</u> x Custo unitário <u>teórico</u>

GIP = Quantidades <u>reais</u> x Custo unitário <u>teórico</u>

Uma vez que, em sistema de custeio normal, são atribuídos aos produtos/serviços, custos calculados com base em taxas teóricas (não reais) de MOD e de GIP, os mesmos podem não coincidir com os custos reais, existindo nestes casos, diferenças de imputação, que são obtidas da seguinte forma:

Diferença de afetação/imputação = Custos reais – Custo afetados/imputados

No final de cada período, devem ser apuradas e tratadas contabilisticamente as diferenças de afetação/imputação, que podem consistir em sub afetação/imputação ou sobre afetação/imputação, consoante os custos atribuídos sejam inferiores ou superiores aos custos reais (ver Figura 3.8).

Figura 3.8 – Diferenças de afetação/imputação

Custos reais
Sub afetação/imputação
Custos Imputados/ afetados
Sobre afetação/imputação
Custos reais
Custos Imputados/ afetados

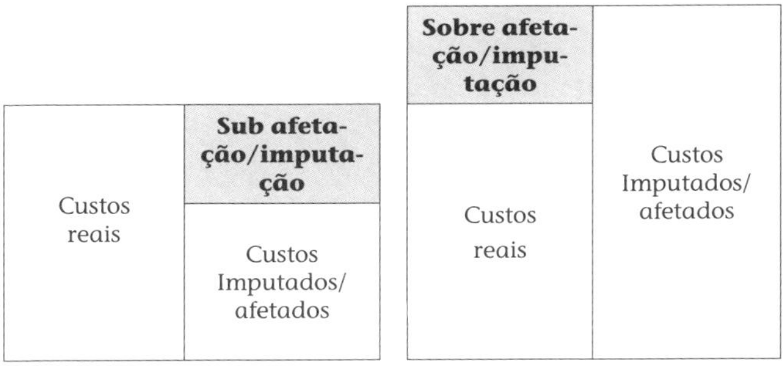

O tratamento contabilístico das diferenças de afetação/imputação pode ser efetuado de duas formas: considerá-las na sua totalidade como custo dos produtos ou serviços vendidos ou efetuar o rateio pelos inventários finais de produção e pelo custo dos produtos vendidos, tendo assim impacto nos resultados e nos ativos (ver Figura 3.9). O procedimento mais correto para tratar estas diferenças, quando nem toda a produção do período for vendida, ou seja, quando ficou em armazém parte da produção do período, que foi alvo da sobre/sub afetação/imputação de custos, é ratear estas diferenças pelos dois lotes de produção (vendida e em inventário final). No entanto, se as diferenças forem diminutas ou por uma questão de simplificação do trabalho contabilístico, pode considerar-se a diferença apenas no custo das vendas.

Figura 3.9 – Tratamento das diferenças de afetação/imputação

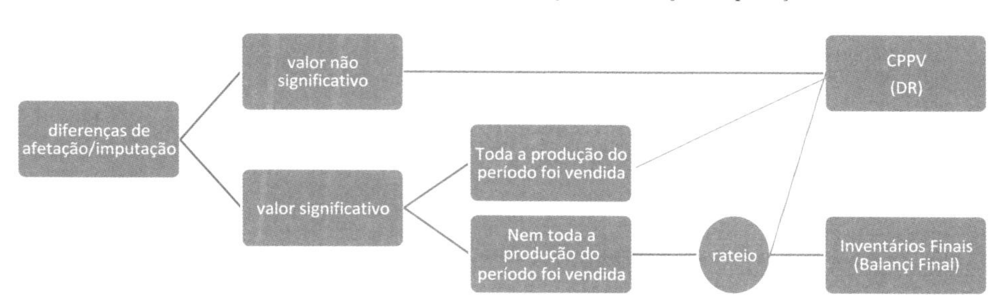

ER 3.3. Custeio normal

A empresa Mateus, Lda. fabrica velas aromáticas personalizadas, por encomenda. Considere a ordem de produção 1501, na qual se consumiram 1.000 kg de matérias-primas, ao custo unitário médio de 0,50 €/kg, 80 horas de mão de obra direta e 90 horas-máquina.

Para o ano N estimaram-se os custos com mão de obra direta (MOD) de 20.000 €, correspondentes a 2.000 horas-Homem previstas (Hh anuais de trabalho efetivo). Quanto aos gastos indiretos de produção (GIP), que são imputados aos objetos de custos em função das respetivas horas-máquina, tinham sido previstos 97.500€, correspondentes a 13.000 horas-máquina.

Depois de terminado o ano, apuraram-se os seguintes dados reais:

✓ MOD: 2.500 horas-Homem, correspondentes a 25.500 €.
✓ GIP: 15.000 horas máquina, correspondentes a 110.500 €.

Pedido:

1) Calcule o custo de produção da ordem 1501, utilizando o custeio normal.
2) Calcule e classifique as diferenças de imputação de MOD e de GIP.

Resolução:

1) Cálculo do custo de produção da ordem 1501, utilizando o custeio normal.

Componentes do Custo de Produção	Quantidade consumida	Custo Unitário	Valor
Matéria Prima (CMPC)	real	real	500 €
	1.000 kg	0,50 €	
Mão de Obra Direta (MOD)	real	taxa teórica	800 €
	80 horas	10,00 € (1)	
Gastos Indiretos de Produção (GIP)	real	taxa teórica	675 €
	90 horas	7,50 € (2)	
Custo total da Encomenda X			**1.975 €**

(1) Custos MOD previstos/Hh previstas = 20.000€/2.000 Hh =10,00 €/Hh

(2) GIP previstos/Hh previstas = 97.500€/13.000 Hm =7,50 €/Hm

2) Cálculo e classificação das diferenças de imputação de MOD e de GIP.

Custos	Custos Reais	–	Custos Imputados	Diferenças de Imputação	
MOD	25.500 €	-	25.000 € (2.500 Hh x 10,00 €)	500 €	Sub imputação
GIP	110.500 €	-	112.500 € (15.000 Hm x 7,50 €)	- 2.000 €	Sobre imputação

ER 3.4. Custeio normal

A sociedade Automóveis do Centro, S.A. presta serviços de manutenção e reparação mecânica de viaturas automóveis. Para obter o custo de cada reparação, a empresa recorre a uma taxa horária média pré-determinada (teórica), para os mecânicos, sendo estas taxas estabelecidas no final de cada ano, para utilização no ano seguinte. As taxas são fixadas com base nas previsões de custos com pessoal e horas de trabalho. A taxa horária teórica de MOD referente aos mecânicos, estabelecida para o ano N, foi de 6 €/Hh.

Já quanto aos gastos indiretos de produção da oficina (energia, água, depreciações de equipamento e instalações, entre outros), a empresa faz, também no final de cada ano, uma estimativa destes gastos para o ano seguinte e divide-os pelas horas de trabalho efetivo anuais previstas para os mecânicos, obtendo assim uma taxa horária de GIP, a qual foi de 4 € por hora-homem, no ano N.

Em março/N, a empresa efetuou várias reparações, incluindo a da viatura 19-XO-26, que foi concluída e faturada no dia 15 desse mês, registando nessa data os seguintes elementos:

- Aplicação das peças x e y, no valor de 400 € e 50 €, respetivamente;
- Aplicação de 24 Hh de trabalho de mecânica.

Pedidos

1. Calcule o valor faturado ao cliente, relativamente à reparação da viatura 19-XO-26, supondo que a empresa pratica uma margem bruta de 30% sobre o respetivo custo de produção.

Resolução:

Componentes de Custo da Reparação da viatura 19-XO-26	Quantidade (1)	Custo Unitário (2)	Valor (1) x (2)
Materiais consumidos			
Peças X	1	400 €	400 €
Peças Y	1	50 €	50 €
Mão de Obra Direta (MOD)	24 Hh	6 €	144€
Gastos Indiretos de Produção (GIP)	24 Hh	4 €	96 €
Custo total da Reparação 19-XO-26			**690 €**

Depois de obtido o custo de produção, podemos apurar o valor a faturar ao cliente:

Custo de produção da reparação	690 €
Margem pretendida (30% x custo de produção)	207 €
Valor a faturar ao cliente	897 €

2. Suponha agora que, para além da reparação acima referida (viatura 19-XO-26) foram ainda efetuadas, em março, outras reparações: a da viatura pesada 25-FT-78, que só veio a ser concluída no mês de abril, e de um conjunto de outras reparações que foram acabadas em março mas não foram faturadas nesse mês. No início de março não existia nenhuma reparação em curso.

Considerando os seguintes dados reais, obtidos no final do mês, apure as diferenças de imputação de MOD e de GIP.

Custos/consumos **reais** de março	Viatura 19-XO-26	Outras viaturas	Viatura Pesada 25-FT-78	Total
Materiais consumidos	450 €	2.550 €	12.000 €	15.000 €
Mão-de-obra direta				
Custos da MOD	?	?	?	6.000 €
Horas de MOD	24 Hh	936 Hh	240 Hh	1.200 Hh
Gastos Indiretos de Produção	?	?	?	5.400 €

Resolução:

Para calcular as diferenças de afetação/imputação, é necessário conhecer os custos afetados/imputados e compara-los com os custos reais. Estes últimos são apresentados no quadro anterior, passando-se de seguida a calcular os custos afetados/imputados às várias reparações:

Custos/consumos **Afetados/imputados** em março	Viatura 19-XO-26	Outras viaturas	Viatura Pesada 25-FT-78	Total
Materiais afetados (= custos reais)	450 €	2.550 €	12.000 €	15.000 €
Mão-de-obra direta				
Horas reais de MOD (1)	24 Hh	936 Hh	240 Hh	1.200 Hh
Taxa horária teórica (2)	6 €	6 €	6 €	6 €
Custos afetados da MOD (1) x (2)	**144** €	**5.616** €	**1.440** €	**7.200** €
Gastos Indiretos de Produção				
Horas reais de MOD (3)	24 Hh	936 Hh	240 Hh	1.200 Hh
Taxa horária teórica (4	4 €	4 €	4 €	4 €
GIP imputados (3) x (4)	**96** €	**3.744** €	**960** €	**4.800** €
Custo total de produção	**690** €	**11.910** €	**14.400** €	**27.000** €

Assim, as diferenças de imputação são as seguintes:

Dados reais do mês de março	Custos reais	Custos afetados/imputados	Diferenças de imputação	
Materiais consumidos *	15.000 €	15.000 €	0 €	–
Custos da MOD	6.000 €	7.200 €	- 1.200 €	Sobre imputação
Gastos Indiretos de Produção	5.400 €	4.800 €	600 €	Sub imputação

(*) No que se refere às matérias-primas, não existem diferenças de imputação, uma vez que, em custeio normal, são considerados os custos reais desta componente de custo.

3. Proceda ao tratamento contabilístico das diferenças de imputação de MOD e de GIP.

Resolução:

Tal como foi já explicado, o valor das diferenças de afetação/imputação pode ser levado na totalidade a resultados (incluindo-as no cálculo do custo dos serviços prestados), ou, rateadas pela totalidade dos produtos/serviços (vendidos e em inventários finais).

No exercício em resolução, optou-se pela segunda alternativa, sendo que o rateio deverá ter como objeto as seguintes rúbricas:

- ✓ Reparação da viatura 19-XO-26, concluída e faturada a 15/03;
- ✓ Reparação das viaturas concluídas em março mas não faturadas no mês (inventário final de produção acabada);
- ✓ Reparação da viatura 25-FT-78, ainda não concluída a 31/03 (inventário final de produção em curso).

Assim, deverá proceder-se da seguinte forma:

- ✓ Apurar as diferenças entre as taxas, real e teórica, de cada componente do custo, sendo que estas diferenças traduzem o "erro" cometido no processo de afetação/imputação, e multiplicar esta diferença pela quantidade real consumida de cada componente de custo, em rúbrica de serviços. Assim teríamos:

Componentes de custo	Taxa real	Taxa pré-determinada	Diferença de taxa
MOD	6.000 €/1.200 Hh = 5,00 €	6,00 €	- 1,00 €
GIP	5.400 €/1.200 Hh = 4,50 €	4,00 €	0,50 €

Estas diferenças de taxa seriam agora utilizadas para fazer as correções no custo das várias reparações, tal como se segue:

Componentes de custo	Diferença de taxa	Viatura 19-XO-26	Outras viaturas	Viatura Pesada 25-FT-78	Total
Horas reais de MOD		24 Hh	936 Hh	240 Hh	1.200 Hh
MOD	- 1,00 €	- 24,00 €	- 936,00 €	- 240,00 €	- 1.200 €
GIP	0,50 €	12,00 €	468,00 €	120,00 €	600 €
Total		**- 12,00 €**	**- 468,00 €**	**- 120,00 €**	**- 600 €**

✓ Outra forma de repartir as diferenças de imputação é fazer esta repartição proporcionalmente às horas reais consumidas ou aos custos afetados/imputados inicialmente, uma vez que, se uma reparação consumiu x% das horas reais, então foram-lhe afetados x% dos custos com MOD, logo devem ser-lhe também afetados x% da diferença de afetação. Assim teríamos:

Componentes de custo	Viatura 19-XO-26	Outras viaturas	Viatura Pesada 25-FT-78	Total
Horas reais de MOD	24 Hh	936 Hh	240 Hh	1.200 Hh
Horas reais de MOD (%)	2%	78%	20%	100%
MOD	- 24,00 €	- 936,00 €	- 240,00 €	- 1.200 €
GIP	12,00 €	468,00 €	120,00 €	600 €
Total	**- 12,00 €**	**- 468,00 €**	**- 120,00 €**	**- 600 €**

Ou,

Componentes de custo	Viatura 19-XO-26	Outras viaturas	Viatura Pesada 25-FT-78	Total
Custos imputados de MOD	144 €	5.616 €	1.440 €	7.200 €
Custos imputados de MOD (%)	2%	78%	20%	100%
Rateio das Diferenças de Imputação de MOD	**- 24,00 €**	**- 936,00 €**	**- 240,00 €**	**- 1.200 €**
GIP imputados	96 €	3.744 €	960 €	4.800 €
GIP imputados (%)	2%	78%	20%	100%
Rateio das Diferenças de Imputação de GIP	**12,00 €**	**468,00 €**	**120,00 €**	**600 €**
Rateio das Diferenças de Imputação (Total)	**- 12,00 €**	**- 468,00 €**	**- 120,00 €**	**- 600 €**

As correções a efetuar aos valores de custo das diversas reparações, são as seguintes:

Componentes de custo	Viatura 19-XO-26	Outras viaturas	Viatura Pesada 25-FT-78	Total
Custos imputados durante o mês	690 €	11.910 €	14.400 €	27.000 €
Rateio das Diferenças de Imputação (Total)	- 12 €	- 468 €	- 120 €	- 600 €
Custo de produção (corrigido)	**678 €**	**11.442 €**	**14.280 €**	**26.400 €**

4. Efetue o registo das operações do mês de março, em sistema duplo contabilístico.

Resolução:

952 Armazém de Materiais

Débito	Crédito
(*)	1.1) 450 €
	1.2) 12.000 €
	1.3) 2.550 €

9423 Custo das Reparações Outras reparações

Débito	Crédito
1.3) 2.550 €	4.1) 11.910 €
2.3) 5.616 €	
3.3) 3.744 €	
11.910 €	

9541 Reparações concluídas

Débito	Crédito
4.1) 11.910 €	5) 690 €
4.2) 690 €	8.2) 468 €

Saldo = 11.442 €
(Produção acabada)

981 Resultados Brutos

Débito	Crédito
5) 690 €	5) 897 €
	8.1) 12 €

Saldo = 207 €
(Margem Bruta)

9172 Prestações de Serviços

Débito	Crédito
5) 897 €	

922 Mão-Obra-Direta

Débito	Crédito
(*) 6.000 €	2.1) 144 €
	2.2) 1.440 €
	2.3) 5.616 €
6.000 €	7.200 €
6) 1.200 €	
7.200 €	7.200 €

9421 Custo das Reparações V 19-XO-26

Débito	Crédito
1.1) 450 €	4.2) 690 €
2.1) 144 €	
3.1) 96 €	
690 €	

921 Gastos Indiretos Produção

Débito	Crédito
(*) 5.400 €	3.1) 96 €
	3.2) 960 €
	3.3) 3.744 €
	4.800 €
	7) 600 €
5.400 €	5.400 €

9422 Custo das Reparações V 25-FT-78

Débito	Crédito
1.2) 12.000 €	8.3) 120 €
2.2) 1.440 €	
3.2) 960 €	

Saldo = 14.280 €
(PVF fin)

975 Diferenças de Imputação

Débito	Crédito
7) 600 €	6) 1.200 €
8.1) 12 €	
8.2) 468 €	
8.3) 120 €	
1.200 €	

3.2.3. Custeio Padrão

Em custeio padrão os produtos/serviços são valorizados a custos padrão, quer no que se refere ao consumo de fatores de produção, quer no que se refere aos respetivos custos unitários. A determinação dos padrões deve ter em conta as condições normais de eficiência na utilização dos recursos e deverá basear-se em estudos técnicos que definam a quantidade de cada recurso que deverá ser consumida para produzir uma unidade de produto acabado. Na definição dos custos padrões deve assegurar-se que estes, não sendo demasiadamente ambiciosos, contribuam para que sejam alcançados os objetivos de eficiência. O custo padrão é calculado como se indica de seguida:

Ficha de custo padrão do produto Y			
Componentes de custo	Quantidade padrão (unidades)	Custo unitário padrão (€)	Custo padrão (€)
Componente 1	Qp1	Pp1	Qp1*Pp1
...	...	...	...
Componente n	Qpn	Ppn	Qpn*Ppn
Total	---	---	$\sum^{y}$

Qpn = Quantidade consumida do componente n, por cada unidade produzida de Y
Ppn = Custo unitário do componente n
Qpn*Ppn = Custo do componente n, por unidade produzida de Y
$\sum^{y}$ = Custo padrão, por unidade produzida de Y

Assim, em custeio padrão, a valorização de um determinado produto/serviço é efetuada multiplicando a quantidade real obtida desse produto/serviço (Qy) pelo respetivo custo padrão.

$$\mathbf{CPP\ (Y) = Qy \times \sum^{y}}$$

Uma vez que em sistema de custeio padrão são atribuídos, aos produtos/serviços, custos calculados com base em quantidades e custos unitários teóricos (não reais) de materiais, MOD e de GIP, será de esperar que os custos afetados ou imputados a esses produtos/serviços não coincidam com os custos reais, ou seja, é de esperar que existam desvios entre os custos atribuídos aos inventários produzidos (custo padrão ajustado à quantidade real produzida) e os custos (reais) efetivamente suportados pela entidade.

No final de cada período, os desvios (favoráveis ou desfavoráveis) devem ser apurados e tratados contabilisticamente, tal como acontece com as diferenças de imputação originadas pela utilização do custeio normal.

ER 3.5. Ficha de custo padrão

Considere a empresa Cerâmica Costa, Lda. que fabrica, entre outros produtos, tijolos para construção civil, seguindo o sistema de custeio padrão. De acordo com as normas técnicas de fabrico estabelecidas, para o fabrico de uma patete de tijolos são necessárias 3 horas de MOD, 615,6 kg de sílica, 287,28 kg de alumina, 51,3 kg de limo, 63,612 kg de óxido de ferro, 8,208 kg de magnésio. Cada tijolo pesa 3,8 kg e cada palete tem capacidade para 600 tijolos. Prevê-se adquirir as matérias primas aos seguintes preços/kg:

Sílica (areia)	0,05 €
Alumina (argila)	0,07 €
Limo	0,15 €
Óxido de ferro	0,30 €
Magnésio	0,40 €

O custo unitário estimado da MOD é de 6€ por Hh e os GIP referentes a este processo produtivo são de 2,5€ por cada Hh. Calcule o custo padrão de cada patete e de cada tijolo.

Resolução:

Ficha de custo padrão			
Componentes de custo	Quantidade padrão	Custo unitário padrão	Custo padrão
Matérias-primas			
Sílica (areia)	615,60 kg	0,05 €	30,78 €
Alumina (argila)	287,28 kg	0,07 €	20,1096 €
Limo	51,3 kg	0,15 €	7,6950 €
Óxido de ferro	63,612 kg	0,30 €	19,0836 €
Magnésio	8,208 kg	0,40 €	3,2832 €
Mão de obra direta	3 Hh	6,00 €	18,0000 €
Gastos indiretos de produção	3 Hh	2,50 €	7,5000 €
Custo padrão (palete)			106,4514 €
Tijolos por palete			600
Custo padrão (tijolo)			0,177419 €

3.3. Métodos de imputação de custos indiretos

Os gastos indiretos de produção (GIP) englobam todos os gastos de produção que não possam ou não devam ser atribuídos diretamente aos produtos/serviços, por não se conseguir estabelecer uma relação quantificável com cada um desses objetos de custo. Assim, estes custos têm que ser imputados aos produtos/serviços de acordo com uma metodologia de imputação sistemática.

No ponto 2.3.3.2. foi abordada a metodologia de imputação dos GIP através de coeficientes de base única e de base múltipla, os quais podem ser reais ou pré-determinados, tal como é abordado no ponto 3.2.

A importância da metodologia utilizada para proceder à imputação dos GIP é tanto maior quanto maior for o peso deste tipo de gastos na estrutura de custos da organização, sendo que, desde há várias décadas, este peso tem crescido de forma consistente, em virtude das constantes inovações tecnológicas introduzidas nos produtos e nos processos.

A necessidade de aperfeiçoar o processo de imputação dos custos indiretos, para efeitos de valorização de inventários, bem como a necessidade de obter informação segmentada para o controlo, responsabilização e tomada de decisão conduziram à introdução de melhorias significativas no processo de tratamento dos custos indiretos.

De entre estas melhorias, salientamos o método dos centros de custos ou das secções e o custeio baseado nas atividades, que se apresentam nos pontos seguintes.

3.3.1. Método dos centros de custo

Para proceder à imputação dos custos indiretos, pode recorrer-se à sua repartição intermédia por centros de custo ou secções. Podemos definir um centro de custo como um segmento da entidade, no qual se desenvolvem tarefas ou operações análogas. Um centro de custos ou secção designa-se de homogénea, se cumulativamente, apresentar as seguintes características: (1) O centro de custos é também um centro de responsabilidade ou parte dele; (2) os custos agrupados no centro devem respeitar a funções ou atividades idênticas; (3) deve existir uma unidade de medida da atividade do centro que sirva também para a imputação dos seus custos aos objetos de custo, designada por unidade de obra (UO).

3.3.1.1. *Critérios de divisão da entidade em centros de custos*

Para efeitos contabilísticos, a divisão da entidade em centros de custos melhora a repartição dos gastos indiretos de produção, uma vez que muitos destes gastos, sendo indiretos em relação aos produtos/serviços, são diretos relativamente aos centos de custos, reduzindo-se assim a arbitrariedade na repartição dos gastos.
Para a divisão da entidade em centros de custo, poderão utilizar-se três critérios, sendo que, sempre que possível, se deverão aplicar em simultâneo:

- ✓ Critério da responsabilidade – um centro de custo deve englobar os custos que estão sob a responsabilidade de determinada pessoa, podendo acontecer que a mesma pessoa seja responsável por diversos centros de custos;
- ✓ Critério funcional ou tecnológico – os custos são agrupados de modo a respeitarem a operações idênticas.
- ✓ Critério topográfico – os centros de custos são definidos atendendo ao local onde são realizadas as operações.

3.3.1.2. *Funcionamento do método dos centros de custo*

De seguida será apresentado o modo de operacionalização do método dos centros de custos, tendo em vista o cálculo do custo dos produtos e serviços, sendo que este custo pode referir-se ao custo de produção, caso em que apenas serão considerados os custos diretos de produção e os custos dos centros principais de produção, ou ao custo completo desses produtos, em que são considerados todos os custos, de produção e extra produção.

Tal como é evidenciado na figura 3.10, segundo esta metodologia, os custos cujos montantes próprios de cada produto/serviço possam ser quantificados de forma objetiva (custos diretos) são afetados a esses produtos/serviços (1). Já os custos cuja afetação direta não seja exequível serão repartidos, através de um processo denominado de repartição primária (2), pelos centros de custos previamente identificados. Relativamente ao tipo de atividade desenvolvida nos centros de custo estes podem ser classificados como centros principais, quando estes concorram diretamente para a obtenção dos produtos/serviços ou para as restantes áreas funcionais da entidade (função administrativa, função distribuição, função investigação e desenvolvimento, etc.), ou como centros auxiliares, quando estes concorram com os seus serviços para outros centros de custos (tais como, por exemplo, os centos de manutenção e reparação de equipamentos, higiene e segurança e controlo da qualidade).

Figura 3.10 – Funcionamento do método dos centros de custos

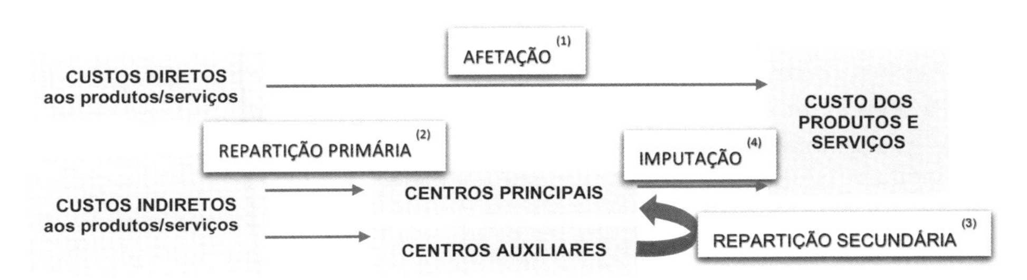

A repartição primária de custos consiste na atribuição, às secções, dos custos que são indiretos relativamente aos produtos. Estes custos podem ser diretos ou indiretos, relativamente às secções. Os primeiros, ou seja, os custos indiretos aos produtos e diretos às secções (custos semidiretos), são afetados aos centros de custos, enquanto que os segundos, ou seja, os custos indiretos aos produtos e às secções, deverão ser distribuídos pelas secções, através de chaves de repartição adequadas. O facto de alguns destes custos indiretos aos produtos serem diretos às secções reduz o grau de arbitrariedade na imputação dos custos aos produtos, sendo esta uma das principais vantagens do método dos centros de custos, relativamente ao método dos coeficientes de imputação diferenciados, abordado no capítulo II.

Para cada um dos centros de custo, principais e auxiliares, deverá ser selecionada uma unidade de obra ou unidades de custeio e imputação, de modo a:

- Medir a produtividade do centro (objetivo de controlo);
- Imputar os encargos de cada centro aos produtos ou aos outros centros que beneficiem da respetiva atividade.

Depois de efetuada a repartição primária de custos e de selecionada a unidade de imputação ou unidade de obra dos centros auxiliares, passa-se à repartição secundária (3), que consiste em atribuir os custos destes centros auxiliares aos centros que beneficiam da sua atividade, sendo que estas últimas podem ser secções principais e/ou outras secções auxiliares. A finalidade da repartição secundária é "esvaziar", em termos de custos, os centros auxiliares de tal forma a que, no termo deste processo, a totalidade dos custos indiretos se encontre integralmente concentrada nas contas dos centros principais.

Terminada a repartição secundária, procede-se, de seguida, à imputação (4) dos custos dos centros principais aos produtos, na medida da utilização da atividade de cada um destes centros, por parte do produto e em função do número de unidades de obra ou de imputação absorvidas.

Os custos dos centros principais, agora imputados aos produtos/serviços, juntam-se aos respetivos custos diretos, obtendo-se, assim, os custos totais de produção destes produtos/serviços.

Ainda no âmbito da repartição secundária de custos, poderá verificar-se a ocorrência de prestações recíprocas, ou seja, de prestações de serviços entre secções auxiliares, em ambos os sentidos. Por exemplo, poderá acontecer que a secção Manutenção preste serviços à secção Central Elétrica e que esta última forneça energia à primeira (Figura 3.11).

Figura 3.11 - Prestações recíprocas

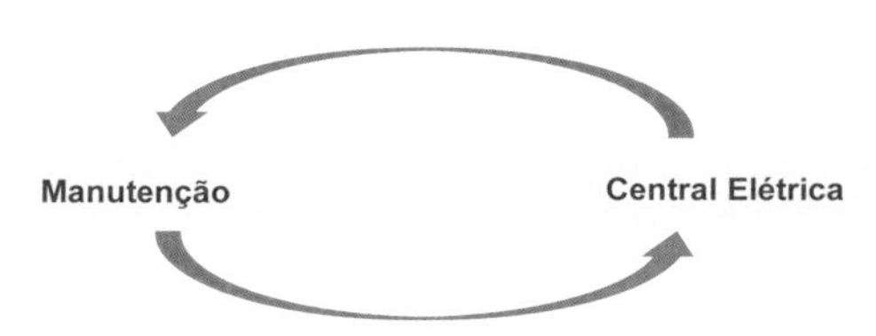

Nestes casos, a determinação do custo de uma secção auxiliar exige o conhecimento do custo da outra secção auxiliar, ou seja, o custo de cada uma delas depende do custo da outra. Este problema poderá ser resolvido de diversas formas alternativas:

- ✓ Ignorar as prestações recíprocas, nos casos em que os montantes em causa sejam desprezíveis;
- ✓ Considerar custos aproximados, por exemplo, adotando custos pré-determinados;
- ✓ Utilizar o método das aproximações sucessivas, de difícil utilização quando são numerosas as secções auxiliares;
- ✓ Recorrer a um sistema de equações, em que para n centros com prestações recíprocas chegamos a um sistema de n equações.

De seguida são apresentados três exercícios resolvidos, com o objetivo de expor com detalhe o funcionamento do método dos centros de custos.

ER 3.6. Método dos centros de custos

A empresa industrial QM, SA produz e vende os produtos Q e M, consumindo para tal as matérias primas X (consumida na produção do produto Q) e Y (consumida na produção do produto M), sendo estes os únicos custos de produção passíveis de serem afetados diretamente ao custo dos produtos.

Quanto aos restantes custos de produção, ou seja, os custos de transformação, são imputados aos produtos através do método dos centros de custos ou das secções.

Relativamente a um determinado período de tempo, recolheu-se a seguinte informação:

Matérias-primas	Inventário final	Compras	Preços de compra unitários
X	12.000 kg	59.770 kg	3,00 €/kg
Y	6.000 kg	30.245 kg	2,00 €/kg

Os inventários iniciais de matérias-primas eram nulos.

A empresa tem a sua unidade industrial estruturada em quatro secções:

- Duas secções principais: A e B
- Duas secções auxiliares: Manutenção e Gastos Comuns da Fábrica

Os gastos diretos das secções, para um determinado período de tempo, foram os seguintes:

Manutenção	Gastos Comuns	Secção A	Secção B
15.000 €	10.000 €	120.000 €	180.000 €

Para cada uma das secções foram definidas as respetivas unidades de obra e/ou critérios de repartição de gastos, que são as seguintes:

- Secção Manutenção: a unidade de obra é a hora-Homem (Hh)
  A repartição da atividade desta secção foi a seguinte:
  - Horas-homem fornecidas à secção Gastos Comuns: 20Hh
  - Horas-homem fornecidas à secção A: 230Hh
  - Horas-homem fornecidas à secção B: 250Hh
- Secção de Gastos Comuns: os seus gastos são repartidos apenas pelas secções principais, 40% para a Secção A e o restante para a Secção B.
- Secção principal A: a unidade de obra é a hora-máquina (Hm), tendo esta secção trabalhado durante 6.557 Hm, das quais 4.215 Hm foram aplicadas na produção do produto Q e as restantes na produção do produto M.
- Secção principal B: a unidade de obra é a hora-Homem (Hh), tendo esta secção trabalhado durante 12.924 Hh, das quais 5.946 Hm foram aplicadas na produção do produto Q e as restantes na produção do produto M.

A empresa utiliza o Custo médio ponderado como critério de mensuração da saída de inventários.

Pedidos:

1. Apresente o mapa de custos das secções, de forma a obter o custo da unidade de obra de cada secção principal.

Resolução:

Para elaborar o mapa de custos das secções, começamos por identificar o montante de custos indiretos aos produtos, ou seja, aqueles que não lhes podem ser diretamente afetados. Neste caso, os únicos custos diretos aos produtos são apenas os custos das matérias-primas consumidas. Todos os restantes custos apresentados no enunciado são custos indiretos aos produtos e, neste caso, todos são diretos às secções (não existem custos indiretos às secções, não sendo necessário proceder à sua repartição, pelo que a linha correspondente aos custos indiretos, no mapa de custos das secções, não apresenta quaisquer valores).

De seguida, procede-se à repartição secundária de custos, das secções auxiliares para as secções beneficiárias.

Neste caso, uma vez que não existem prestações reciprocas, devemos iniciar esta repartição pela secção Manutenção, cujos custos são repartidos também pela secção auxiliar Gastos Comuns.

Assim,

Custo Total da Secção Manutenção = 15.000 €

Custo da UO da Secção Manutenção = 15.000 €/500 Hh = 30 €/Hh

Custo Total da Secção Gastos Comuns = 10.000 € + 20 Hh * 30 €/Hh = 10.600 €

Custo Total da Secção A = 120.000 € + 230 Hh * 30 €/Hh + 40% * 10.600 € = 131.140 €

Custo Total da Secção B = 180.000 € + 250 Hh * 30 €/Hh + 60% * 10.600 € = 193.860 €

Para calcular o custo da unidade de obra das secções principais, dividem-se os seus custos totais, pela respetiva atividade (medida em unidades de obra).

O mapa de custos das secções solicitado seria:

Mapa de Custos das Secções

	Manutenção	**Gastos Comuns**	**Secção A**	**Secção B**	**Total**
Repartição Primária					
Custos Diretos	15 000 €	10 000 €	120 000 €	180 000 €	325 000 €
Custos Indiretos	- €	- €	- €	- €	- €

Mapa de Custos das Secções (continuação)

	Manu-tenção	Gastos Comuns	Secção A	Secção B	Total
Total da Repartição Primária	15 000 €	10 000 €	120 000 €	180 000 €	325 000 €
Repartição Secundária					
Manutenção	- 15 000 €	600 €	6 900 €	7 500 €	- €
Gastos Comuns	– €	- 10 600 €	4 240 €	6 360 €	- €
Total da Repartição Secundária	- 15 000 €	- 10 000 €	11 140 €	13 860 €	- €
Custos Totais	– €	– €	**131 140 €**	**193 860 €**	**325 000 €**
Atividade das Secções Principais			6 557 Hm	12 924 Hh	
Custos da UO das Secções Principais			**20,00 €/Hm**	**15,00 €/Hh**	

2. Calcule o custo unitário dos produtos Q e M, sabendo que se produziram 96.000 unidades de produto Q e 50.000 unidades de produto M.

Resolução:

Mapa de Custos dos Produtos

	Unidade Física	Custos Unitários	Produto Q		Produto M		Total
			Quan-tidade	Valor	Quan-tidade	Valor	
Custos Diretos							
Matéria-prima consumida X	kg	3,00 €	47 770	143 310 €	-	-€	143 310 €
Matéria-prima consumida Y	kg	2,00 €	-	- €	24 245	48 490 €	48 490 €
Total de Custos Diretos				143 310 €		48 490 €	191 800 €
Custos das Secções							
Secção A	Hm	20,00 €	4 215	84 300 €	2 342	46 840 €	131 140 €
Secção B	Hh	15,00 €	5 946	89 190 €	6 978	104 670 €	193 860 €
Total de Custos das Secções				173 490 €		151 510 €	325 000 €
Custo Total dos Produtos				**316 800 €**		**200 000 €**	**516 800 €**

Mapa de Custos dos Produtos (continuação)

Quantidade produzida	Unidades			96 000		50 000	
Custo unitário dos produtos				**3,30** €		**4,00** €	

ER 3.7. Método dos centros de custos com prestações recíprocas

A empresa Gama e Lucas, Lda. produz vários tipos de detergentes para uso no setor hoteleiro, tendo o seu departamento industrial sido estruturado em duas secções principais de produção, Montagem e Acabamento e duas secções auxiliares: Manutenção e Limpeza.

O custo teórico (pré-determinado) da unidade de imputação referentes às secções de produção principais, baseiam-se nas horas de trabalho direto (Hh). O orçamento de custos destas duas secções, para o ano N, incluindo os reembolsos dos custos ocorridos nos departamentos auxiliares, foi de 110.040 € para a Montagem e 53.300 € para o Acabamento. Tinham sido orçamentadas, para o mesmo ano, 9.825 horas de trabalho direto para a Montagem e 20.500 para o Acabamento.

Durante o ano N, os custos de produção e atividade reais foram os seguintes:

	Custos diretos reais	Horas reais de trabalho direto
Montagem	75.000 €	8.887 Hh
Acabamento	40.000 €	26.771 Hh
Manutenção	20.186 €	---
Limpeza	25.000 €	---

Os reembolsos (repartição secundária) dos departamentos auxiliares foram efetuados da seguinte forma:

	Montagem	Acabamento	Manutenção	Limpeza
Manutenção	70%	25%	---	5%
Limpeza	60%	30%	10%	---

Pedido:

Calcule os custos imputados no período e a extensão da sub imputação ou sobre imputação em cada um dos departamentos.

Resolução

Para apurar as eventuais diferenças de imputação dos custos das secções, é necessário comparar os custos imputados, com base na atividade real e nos custos unitários orçamentados, com os custos reais das secções.

Para apurar os custos reais das secções é necessário somar aos respetivos custos primários (neste caso, apenas custos diretos), os reembolsos das secções auxiliares. De seguida, apresenta-se o sistema de equações que permite calcular o custo total de cada secção auxiliar, uma vez que existem prestações reciprocas:

$$\begin{cases} \text{Custo total da manutenção (CTM)} = 20.186\text{ €} + 10\% \text{ do custo total da limpeza (CTL)} \\ \text{Custo total da limpeza (CTL)} = 25.000\text{ €} + 5\% \text{ do custo total da manutenção (CTM)} \end{cases}$$

Da resolução do sistema anterior, resulta:

$$\begin{cases} \text{Custo total da manutenção (CTM)} = 22.800\text{ €} \\ \text{Custo total da limpeza (CTL)} = 26.140\text{ €} \end{cases}$$

Apurados os custos totais das secções auxiliares, podemos agora proceder à sua repartição pelas secções beneficiárias e elaborar o mapa de custos reais das secções:

Mapa de Custos (reais) das Secções	Manutenção	Limpeza	Montagem	Acabamento	Total
Repartição Primária					
Custos Diretos	20 186 €	25 000 €	75 000 €	40 000 €	160 186 €
Total da Repartição Primária (1)	20 186 €	25 000 €	75 000 €	40 000 €	160 186 €
Repartição Secundária					
- Reembolsos Manutenção	**- 22 800 €**	1 140 €	15 960 €	5 700 €	- €
- Reembolsos Limpeza	2 614 €	**- 26 140 €**	15 684 €	7 842 €	- €
Total da repartição secundária (2)	- 20 186 €	- 25 000 €	31 644 €	13 542 €	- €
Custos totais das secções (1+2)	- €	- €	**106 644 €**	**53 542 €**	**160 186 €**
n.º de unidades de obra	–	–	8 887 Hh	26 771 Hh	–
Custo da unidade obra	**–**	**–**	**12,00 €/Hh**	**2,00 €/Hh**	**–**

Para apurar a diferença de imputação, é necessário determinar os custos das secções imputados aos produtos com base na atividade real e nos custos unitários das secções orçamentados:

Custos (orçamentados) das Secções, após reembolsos	Montagem	Acabamento	Total
Custos totais das secções	110 040 €	53 300 €	163 340 €
n.º de unidades de obra	9 825 Hh	20 500 Hh	---
Custo da unidade obra	**11,20 €/Hh**	**2,60 €/Hh**	**---**

Multiplicando os custos unitários orçamentados das secções pela sua atividade real, obtemos os custos das secções imputados durante o ano N:

Custos imputados das Secções	Montagem	Acabamento	Total
n.º de unidades de obra reais	8 887 Hh	26 771 Hh	---
Custo orçamentada da UO	11,20 €/Hh	2,60 €/Hh	---
Custos imputados	99 534,40 €	69 604,60 €	

Por fim, comparando os custos reais e imputados, obtemos as diferenças de imputação:

Diferenças de imputação	Montagem	Acabamento	Total
Custos imputados	99 534,40 €	69 604,60 €	169 139 €
Custos Reais	106 644,00 €	53 542,00 €	161 800 €
Diferenças de imputação*	**7 109,60 €**	**16 062,60 €**	**8 953,00 €**
	Sub imputação	Sobre imputação	Sobre imputação

(*) Sub imputação, quando os custos imputados são inferiores aos custos reais;
Sobre imputação, quando os custos imputados são superiores aos custos reais.

Estas diferenças de imputação podem também ser obtidas multiplicando a atividade real pela diferença entre os custos reais e orçamentados das unidades de obra:

Diferenças de imputação	Montagem	Acabamento	Total
Custos orçamentados das UO	11,20 €/Hh	2,60 €/Hh	-
Custos reais das UO	12,00 €/Hh	2,00 €/Hh	-
Diferenças de custos das UO	0,80 €/Hh	0,60 €/Hh	-
Atividade real	8 887 Hh	26 771 Hh	---
Diferenças de imputação	**7 109,60 €**	**16 062,60 €**	**8 953,00 €**
	Sub imputação	Sobre imputação	Sobre imputação

ER 3.8. Método dos centros de custos

A empresa industrial Gomes, Lda. dedica-se ao fabrico de oito produtos, todos embalados em caixas de 10 kg. A empresa utiliza o sistema de custeio por centros de custos, tendo identificado quatro seções principais, duas de produção (Preparação de Componentes e Montagem), uma Comercial e uma Administrativa. A empresa possui ainda duas secções auxiliares, o Planeamento e Controlo da Produção e a Limpeza. Considere a seguinte informação sobre a atividade e os custos previstos para o mês de:

Secções	Preparação de Componentes (PC)	Montagem (M)	Planeamento e Controlo da Produção (PCP)	Limpeza (Limp.)	Secção Comercial (SC)	Secção Administrativa (SA)	Total
Atividade	10.315 Hm	21.775 Hh	-	600 Hh	60.000 Kg	-	-
Custos Diretos	60.000 €	50.000 €	44.000 €	26.000 €	12.000 €	8.000 €	200.000 €
Custos Indiretos	?	?	?	?	?	?	160.000 €
Repartição da atividade:							
PCP	70%	30%	-	-	-	-	100%
Limp.	250 Hh	200 Hh	50 Hh	-	50 Hh	50 Hh	600 Hh

Hm - Horas máquina; Hh - Horas homem

Pedidos

1. Supondo que os custos indiretos das secções são repartidos pelas seis secções proporcionalmente aos respetivos custos diretos, apresente o mapa de custos das secções, evidenciando o custo total e unitário (por unidade de imputação/UO) de cada secção principal.

Resolução:

Secções	PC	M	PCP	Limp.	SC	SA	Total
Repartição primária de custos							
Custos Diretos	60 000 € (1)	50 000 €	44 000 €	26 000 €	12 000 €	8 000 €	200 000 € (2)
	30 % (3)	25 %	22 %	13 %	6 %	4 %	100 %
Custos Indiretos	48 000 € (5)	40 000 €	35 200 €	20 800 €	9 600 €	6 400 €	160 000 € (4)
Total Custos Repartição Primária	108 000 € (6)	90 000 €	79 200 € (11)	46 800 € (7)	21 600 €	14 400 €	360 000 €
Repartição Secundária de custos							
Limp.	250 Hh (8)	200 Hh	50 Hh	-	50 Hh	50 Hh	600 Hh (9)
	19 500 € (10)	15 600 €	3 900 € (12)	- 46 800 €	3 900 €	3 900 €	-
PCP	70% (13)	30%	- 100%	-	-	-	-
	58 170 € (14)	24 930 € (15)	- 83 100 € (16)	0 €	0 €	0 €	0 €
Total Custos Repartição Secundária	77 670 € (17)	40 530 €	- 79 200 €	- 46 800 €	3 900 €	3 900 €	0 €
Custos Totais	**185 670** € (18)	**130 530** €	**0** €	**0** €	**25 500** €	**18 300** €	**360 000** €
Atividade secções principais	10 315 Hm (19)	21 755 Hh	---	---	60 000 Kg	---	---
Custo da UO	**18 €/Hm** (20)	**6 €/Hh**	---	---	**0,425 €/Kg**	---	---

(3) = (1)/(2)
(5) = (3) x (4)
(6) = (1) + (5)
(10) = (8) x (7)/(9)
(14) = (13) x [(11) + (12)]
(16) = – [(11) + (12)] = – [(14) + (15)]
(18) = (6) + (17)
(20) = (18)/(19)

2. Calcule o custo de produção, a margem bruta e a margem após custos de distribuição/comerciais, por unidade de produto J, sabendo que cada kg de produto requer 0,5 Hm da secção de Preparação de Componentes e 2 Hh da Montagem e considerando ainda os seguintes dados:

	Valor
Custo dos Materiais diretos por unidade de J	11 €
Margem Bruta sobre as Vendas do produto J	36 %

Resolução:

Componentes do custo do produto J (por kg)	Quantidade consumida	Custo unitário	Valor
CMPC			11,00 €
Hm da Secção PC	0,5	18,00 €	9,00 €
Hh da Secção M	2	6,00 €	12,00 €
Custo de Produção unitário de J			**32,00 €**
Custo de Distribuição			0,425 €
Custo de Produção + Custo de Distribuição			32,425 €

margem bruta = 36% * preço de venda (pv)
pv - custo de produção unitário = 36% * pv
pv - 32€ = 36% * pv
pv = 32€/(1 - 0,36)
pv = 32€/0,64
pv = 50€

Produto J	Valor
Preço de venda (pv)	50,00 €
Custo de produção unitário	32,00 €
Margem bruta unitária	(50,00€ - 32,00€) 18,00 €
Custo de distribuição	0,425 €
Margem após custos de distribuição	(18,00€ - 0,425€) 17,575 €

3.3.2. Custeio Baseado nas Atividades

A forte inovação tecnológica registada desde meados da década de 80 do século passado, bem como a sua disseminação generalizada, geraram alterações substanciais na estrutura de custos das empresas, originando a diminuição do peso relativo dos gastos diretos, com consumo de materiais e com pessoal, e o aumento da importância dos gastos indiretos de produção, em virtude da introdução de novos equipamentos industriais e tecnologias mais sofisticadas. Esta alteração da estrutura de gastos das empresas, sentidas com mais intensidade pelas empresas industriais, teve como consequência a necessidade de prestar mais atenção à forma como são repartidos os gastos indiretos de produção, uma vez que estes deixam de ser residuais para passarem a ser uma das principais componentes do custo dos produtos e serviços.

Paralelamente, à medida que se intensifica a competição entre as empresas, estas são forçadas a agir no sentido da racionalização de custos, sendo que, para muitas destas empresas, esta racionalização será vital à sua sobrevivência.

O Custeio Baseado nas Atividades, ou método ABC (*Activity Based Costing*), permite responder ao objetivo de maximização do valor dos produtos/serviços, com o menor custo possível, maximizando a sua rentabilidade. Para cumprir este objetivo, devem ser identificadas as atividades desenvolvidas para a obtenção e comercialização dos produtos, bem como os respetivos custos. Este processo permite identificar as atividades que não acrescentam valor para o cliente ou que são desnecessárias. Deverão ser mantidas apenas as atividades significativas, ou seja, as que criam valor e que são fundamentais para a obtenção do produto/serviço ou para o funcionamento da empresa.

3.3.2.1. *Princípios orientadores*

A metodologia de custeio baseada nas atividades assenta em dois princípios básicos e inovadores, no que se refere à relação entre os gastos incorridos e os produtos/serviços obtidos (Figura 3.12):

✓ Não são os produtos que consomem recursos (gastos), mas sim as atividades.

No que respeita a uma parcela substancial dos gastos, não é o facto de a empresa produzir ou não, ou de produzir uma quantidade maior ou menor, que origina gastos maiores ou menores. Na realidade os recursos são consumidos para que a empresa possa desenvolver um conjunto de atividades. Por exemplo, os gastos com depreciação de equipamentos são incorridos porque a empresa deseja ter capacidade para utilizar estas máquinas, e estes gastos ocorrem independentemente de se produzir ou não, ou de se produzir mais ou menos. O mesmo se pode afirmar, relativamente à maior parte dos gastos com pessoal, depreciações de edifícios, energia elétrica, e restantes gastos indiretos (que na sua maioria são fixos). Assim, podemos afirmar que são as atividades que geram os gastos, e não os produtos.

✓ Os produtos/serviços consomem atividades, nomeadamente aquelas atividades que a empresa desenvolve para obter esses produtos/serviços.

Para fabricar um dado produto ou para fornecer um determinado serviço, uma empresa desenvolve um conjunto de atividades, sendo que este conjunto é, geralmente, diferente para cada um dos produtos/serviços, tanto no que se refere à substância das atividades consumidas, como à intensidade com que o produto/serviço consome essas atividades.

Figura 3.12 – Método ABC: relações de causalidade entre produtos, atividades e recursos

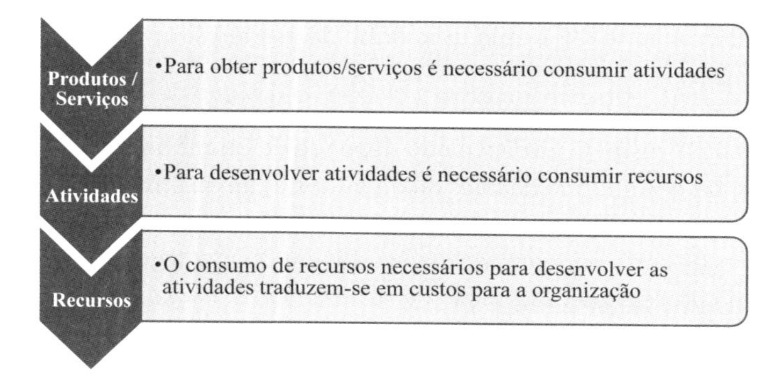

Da conjugação destes princípios, resulta que, no método ABC:

✓ Numa primeira fase, os GIP são distribuídos pelas diversas atividades identificadas e,

✓ Posteriormente, os custos de cada atividade, são distribuídos pelos produtos/serviços cuja obtenção utiliza essa atividade e na medida dessa utilização. Esta repartição é efetuada através das unidades selecionadas para medir o funcionamento de cada uma das atividades, unidades denominadas indutores de custo, geradores de custo ou *cost drivers* e que permitem também quantificar a utilização de cada atividade, por cada um dos produtos/serviços.

3.3.2.2. *Conceitos básicos*

Recursos são os bens ou serviços que é necessário consumir de forma a poder desenvolver as atividades da organização. O consumo destes recursos reflete-se na contabilidade como custos ou gastos.

Atividades são as tarefas, ações ou sequências de trabalho que implicam, normalmente, a ocorrência de consumo de recursos (gastos). As atividades podem ser classificadas, atendendo ao nível de atuação com respeito ao produto, em

- ✓ Atividades de nível unitário: atividade realizada de cada vez que se produz ou vende uma unidade de produto,
- ✓ Atividades de nível de lote: atividade realizada de cada vez que se lança em produção um lote de produtos (conjunto de unidades do mesmo produto),
- ✓ Atividades de nível de linha: atividades realizadas de cada vez que se lança em produção ou se reformula uma linha de produtos (que pode corresponder a vários lotes);
- ✓ Atividades de nível da empresa: atividades necessárias para suportar ou manter todo o processo de fabrico e não depende da quantidade de unidades produzidas, da quantidade de lotes ou da quantidade de linhas de produtos.

Os indutores de custo podem ser classificados em duas categorias, de acordo com a sua função no processo de atribuição de custos:

- ✓ Indutores de recurso (ou indutores primários): unidade que mede as ocorrências de uma atividade e que, assim, origina consumo de recursos por essa atividade. Devem traduzir uma relação causal entre o desempenho (ocorrências) da atividade e o consumo de recursos que esse desempenho origina, e
- ✓ Indutores de atividade (ou indutores secundários): unidade que mede as ocorrências de uma atividade que são necessárias para obter um dado produto (ou lote de produtos) ou serviço. Devem traduzir uma relação causal entre a produção do produto e as ocorrências da atividade.

Nos casos em que seja possível selecionar uma mesma unidade que, simultaneamente, traduza relações de causa/efeito entre, 1) as atividades desenvolvidas e a respetiva utilização dos recursos e 2) os produtos/serviços produzidos e as atividades consumidas nessa produção, essa unidade pode ser utilizada como indutor de recurso e indutor de atividade.

Um agrupamento de atividades (*Cost Pool*) é um conjunto de atividades relacionadas entre si, constituído com o objetivo de facilitar o processo de cálculo de custos, se o consumo de recursos das atividades nele incluídas for proporcional ao mesmo indutor de custo.

3.3.2.3. *Implementação e utilização do método ABC*

A implementação e utilização do método ABC envolve as seguintes etapas (Figura 3.13):

- Identificar as atividades;
- Identificar os custos de cada atividade;
- Identificar o indutor de custo de cada atividade;
- Calcular o custo unitário dos indutores de custo;
- Atribuir os custos das atividades aos produtos/serviços/encomendas.

A identificação das atividades deve ser efetuada agrupando tarefas ou procedimentos relacionados entre si, que satisfaçam uma determinada necessidade de trabalho da empresa. As tarefas que integram uma atividade, realizadas por uma pessoa ou equipa, devem ser perfeitamente identificáveis, devem corresponder a um saber fazer específico e devem ser homogéneas em termos do comportamento dos seus custos e nas medidas da sua execução. Devem ainda ter por objeto a obtenção de um *output* e que vise satisfazer as necessidades de um cliente (interno ou externo).

Após a identificação das atividades, é necessário proceder à descrição detalhada e quantificação dos inputs (recursos) que são consumidos no âmbito de cada atividade.

Uma vez efetuada a agregação de custos nas correspondentes atividades, o processo de cálculo e valorização exige a identificação e imputação dos custos de cada atividade a cada um dos produtos fabricados ou serviços prestados. Para realizar esta imputação recorre-se ao conceito de indutor de custo, que consiste numa unidade de controlo e simultaneamente de medida do consumo, por parte de cada produto ou serviço, das atividades que foram necessárias para conseguir a sua produção. A unidade em que é expresso cada indutor de custos pode ser muito variada (unidade de tempo, de peso, de distância, de superfície, etc.) mas deve ser perfeitamente identificável com cada produto que seja recetor dessa atividade, devendo também traduzir uma relação de causalidade entre o consumo de recursos e o nível de output da atividade.

O cálculo do custo unitário do indutor é efetuado dividindo o total dos custos da atividade pelo número de indutores aplicados por essa atividade.

Por último, atribuem-se os custos de cada atividade a:

- Outras atividades, no caso de existirem atividades de apoio.
- Produtos/serviços/encomendas, no caso das atividades de principais.

Figura 3.13 – Fluxo dos gastos no método ABC

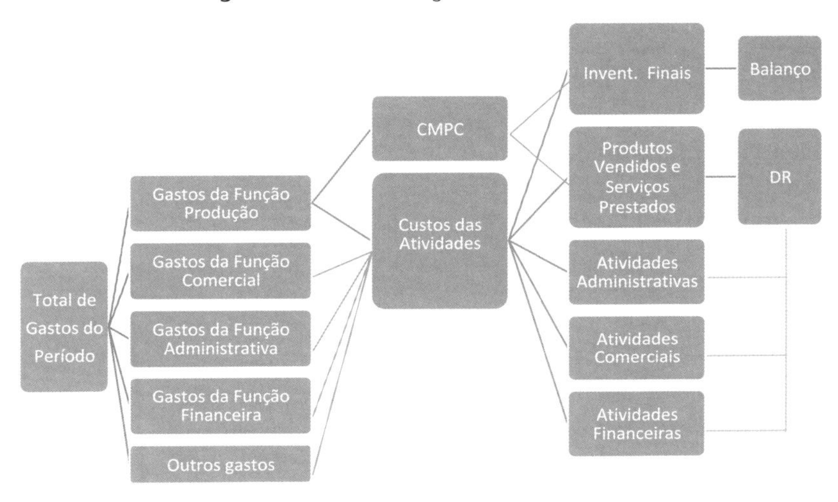

ER 3.9. Método ABC

A empresa Albuquerque, Lda. é uma empresa familiar que se dedica à produção de comandos à distância para televisores, tendo-se especializado, desde o ano N, na produção dos modelos X e Y. A empresa utiliza o custeio baseado nas atividades, tendo sido recolhida a seguinte informação referente ao segundo semestre do ano N e ao Departamento de Montagem:

- Custos totais do Departamento de Montagem: 80.000 €
- Atividades identificadas no âmbito do Departamento de Montagem

Atividades	Repartição dos Custos do Departamento de Montagem pelas Atividades	Repartição dos Indutores de Custo das Atividades	
		Modelo X	Modelo Y
M1	10%	50	200
M2	40%	40	360
M3	30%	912	688
M4	20%	120	280

Pedidos

1. Calcule o custo total e unitário de cada uma das atividades.

Resolução:

Atividades	Repartição dos Custos (Montagem)		Indutores de Custo			Custo unitário das atividades
			X	Y	Total	
M1	10%	8.000 € [1]	50	200	250 [2]	32,00 € [3]
M2	40%	32.000 €	40	360	400	80,00 €
M3	30%	24.000 €	912	688	1.600	15,00 €
M4	20%	16.000 €	120	280	400	40,00 €
Total	100%	80.000 €	-	-	-	-

[1] 10% * 80.000 €
[2] 50 + 200
[3] 8.000 €/250

2. Calcule a parte do custo de produção atribuída a cada um dos modelos, no que se refere às atividades acima identificadas.

Resolução:

Atividades	Custo unitário das atividades	Modelo X		Modelo Y	
		Indutores	Custo	Indutores	Custo
M1	32,00 €	50	1.600 €	200	6.400 €
M2	80,00 €	40	3.200 €	360	28.800 €
M3	15,00 €	912	13.680 €	688	10.320 €
M4	40,00 €	120	4.800 €	280	11.200 €
Total	-	-	23.280 €	-	56.720 €

ER 3.10. Método ABC

A SF, Lda. é uma empresa industrial que fabrica e vende três modelos de aspiradores domésticos: Reactiv, Tristar e Ecoclean e para a qual se dispõe da seguinte informação, relativamente ao ano N:

- A empresa trata o custo dos materiais consumidos e os custos de MOD como custos diretos dos produtos;

- As quantidades produzidas e vendidas, os custos diretos unitários e os preços de venda foram os seguintes:

Produtos	Quantidade	Materiais	MOD	Preços de Venda
Reactiv	20.000	25,50€	36,00€	200,00 €
Tristar	12.500	37,60€	47,00€	300,00 €
Ecoclean	10.000	47,50€	58,50€	400,00 €

- Os restantes gastos da empresa (GIP e gastos extra produção), no período, são imputados às atividades, e foram, no ano N, 7.500.000€;
- Foram identificadas, na empresa, as seguintes atividades:

  ✓ Preparação das máquinas
  ✓ Manuseamento de materiais
  ✓ Programação da produção
  ✓ Design industrial
  ✓ Maquinação
  ✓ Serviços de comercialização
  ✓ Serviços administrativos

- Numa primeira fase, 80% dos GIP e gastos extra produção foram identificados como custos diretos das atividades, tendo sido afetados da seguinte forma:

Atividades	Custos Diretos das Atividades
Preparação das máquinas	1.530.000 €
Manuseamento de materiais	765.000 €
Programação da produção	510.000 €
Design industrial	1.275.000 €
Maquinação	1.020.000 €
Serviços de comercialização	600.000 €
Serviços administrativos	300.000 €
Total	**6.000.000** €

- Os restantes GIP e gastos extra produção (20%) são distribuídos pelas atividades de acordo com os seguintes indutores de recurso selecionados:

Custos (GIP indiretos às atividades)	**Custos Indiretos das Atividades**	**Indutores de recurso**
Depreciação do edifício	1.250.000€	Área ocupada pelas atividades
Gastos com o diretor de produção	100.000€	Custos diretos das atividades de produção
Outros gastos indiretos às atividades	150.000€	Custos diretos das atividades
Total	**1.500.000€**	

Tendo-se apurado a seguinte informação:

Atividades	Área ocupada pelas atividades
Preparação das máquinas	980 m^2
Manuseamento de materiais	1.750 m^2
Programação da produção	840 m^2
Design industrial	560 m^2
Maquinação	1.820 m^2
Serviços de comercialização	350 m^2
Serviços administrativos	700 m^2

- Para imputar os custos das atividades aos produtos, foram selecionados os seguintes indutores de atividade:

Atividades	**Indutores de atividade**
Preparação das máquinas	Horas de preparação das máquinas
Manuseamento de materiais	Número de movimentos de materiais
Programação da produção	Horas de programação da produção
Design industrial	Número de alterações aos desenhos
Maquinação	Quantidade de KW consumidos
Serviços de comercialização	Número de faturas emitidas
Serviços administrativos	Número de unidades produzidas

Tendo-se apurado a seguinte informação:

Produtos	Horas de Preparação	Número de Movimentos	Horas de Programação	Alterações aos Desenhos	KW	N.º de Faturas
Reactiv	12.500	222.325	600	100.000	781.000	710
Tristar	10.000	355.720	500	120.000	1.200.000	1.200
Ecoclean	27.500	533.580	1400	66.375	800.000	800
Total	50.000	1.111.625	2.500	286.375	2.781.000	2.710

- Não existiam inventários iniciais de produção em curso ou acabada.

PRETENDE-SE QUE:

1) Proceda à repartição dos custos indiretos pelas atividades.

Resolução:

Atividades	Custos Diretos das Atividades			Área		Depreciação do edifício	Gastos c/ o Dir. Prod.	Out. gastos Indiretos	Total Custos Indiretos
	Valor	% Ativ. Produção	% total ativ.	m2	%				
Prepar. máquinas	1.530.000 €	30,00%	25,50%	980	14,00%	(1) 175.000 €	(2) 30.000 €	(3) 38.250 €	(4) 243.250 €
Manuseam. Materiais	765.000 €	15,00%	12,75%	1.750	25,00%	312.500 €	15.000 €	19.125 €	346.625 €
Progr. Produção	510.000 €	10,00%	8,50%	840	12,00%	150.000 €	10.000 €	12.750 €	172.750 €
Design industrial	1.275.000 €	25,00%	21,25%	560	8,00%	100.000 €	25.000 €	31.875 €	156.875 €
Maquinação	1.020.000 €	20,00%	17,00%	1.820	26,00%	325.000 €	20.000 €	25.500 €	370.500 €
Serv. Comercialização	600.000 €		10,00%	350	5,00%	62.500 €	0 €	15.000 €	77.500 €
Serv. Administrativos	300.000 €		5,00%	700	10,00%	125.000 €	0 €	7.500 €	132.500 €
Total	**6.000.000 €**	**100,00%**	**100,00%**	**7.000**	**100,00%**	**1.250.000 €**	**100.000 €**	**150.000 €**	**1.500.000 €**

(1) 14% * 1.250.000€
(2) 30% * 100.000€
(3) 25,5% * 150.000€
(4) 175.000 € + 30.000 € +) 38.250 €

2) Calcule os custos totais e unitários das atividades.

Resolução:

Atividades	Custos Diretos	Custos Indiretos	Total de custos	Indutores de atividade		Custo Unitário
Prepar. máquinas	1.530.000 €	243.250 €	1.773.250 €	50.000	horas de preparação	35,465 €
Manuseam. Mat.	765.000 €	346.625 €	1.111.625 €	1.111.625	movimentos	1,000 €
Progr. Produção	510.000 €	172.750 €	682.750 €	2.500	horas programação	273,100 €
Design industrial	1.275.000 €	156.875 €	1.431.875 €	286.375	alterações desenhos	5,000 €
Maquinação	1.020.000 €	370.500 €	1.390.500 €	2.781.000	KW consumidos	0,500 €
Serv. Comerc.	600.000 €	77.500 €	677.500 €	2.710	faturas emitidas	250,000 €
Serv. Adm.	300.000 €	132.500 €	432.500 €	43.250	unidades produzidas	10,000 €
Total	**6.000.000 €**	**1.500.000 €**	**7.500.000 €**			

No caso de algumas das atividades que constam do quadro anterior serem atividades de apoio, os seus custos deveriam ser repartidos pelas atividades principais. Esta repartição seria efetuada multiplicando a quantidade de indutores de custo de cada atividade de apoio necessárias ao funcionamento de cada uma das restantes atividades, pelo custo unitário do respetivo indutor de custos. No final deste processo de repartição o total dos custos das atividades (7.500.000 €) estaria acumulado apenas nas atividades principais, sendo posteriormente distribuídos pelos produtos.

3) Calcule o custo unitário dos produtos acabados, usando o custeio ABC.

Resolução: (ver página seguinte)

4) Apresente a Demonstração dos Resultados por funções e por produtos

Resolução:

	Reactiv	Tristar	Ecoclean	Total
Vendas	**4.000.000,00 €**	**3.750.000,00 €**	**4.300.000,00 €**	**12.050.000,00 €**
CPPV	2.949.997,50 €	3.104.420,00 €	3.762.582,50 €	9.817.000,00 €
Resultado Bruto	**1.050.002,50 €**	**645.580,00 €**	**537.417,50 €**	**2.233.000,00 €**
Custos de Distribuição	177.500,00 €	300.000,00 €	200.000,00 €	677.500,00 €
Custos Administrativos	200.000,00 €	125.000,00 €	107.500,00 €	432.500,00 €
Resultado Operacional	**502,50 €**	**220.580,00 €**	**229.917,50 €**	**1.123.000,00 €**

3)

	Reactiv			Tristar			Ecoclean			Total
	Quant.	Custo unitário	Custo Total	Quant.	Custo unitário	Custo Total	Quant.	Custo unitário	Custo Total	
CMPC	20.000	25,50 €	510.000,00 €	12.500	37,60 €	470.000,00 €	10.750	47,50 €	510.625,00 €	1.490.625,00 €
MOD	20.000	36,00 €	720.000,00 €	12.500	47,00 €	587.500,00 €	10.750	58,50 €	628.875,00 €	1.936.375,00 €
Total de Custos Diretos			**1.230.000,00 €**			**1.057.500,00 €**			**1.139.500,00 €**	**3.427.000,00 €**
Atividades (*)										
Preparação das máquinas	12.500	35,465 €	443.312,50 €	10.000	35,465 €	354.650,00 €	27.500	35,465 €	975.287,50 €	1.773.250,00 €
Manuseamento de materiais	222.325	1,00 €	222.325,00 €	355.720	1,00 €	355.720,00 €	533.580	1,00 €	533.580,00 €	1.111.625,00 €
Programação da produção	600	273,10 €	163.860,00 €	500	273,10 €	136.550,00 €	1400	273,10 €	382.340,00 €	682.750,00 €
Design industrial	100.000	5,00 €	500.000,00 €	120.000	5,00 €	600.000,00 €	66.375	5,00 €	331.875,00 €	1.431.875,00 €
Maquinação	781.000	0,50 €	390.500,00 €	1.200.000	0,50 €	600.000,00 €	800.000	0,50 €	400.000,00 €	1.390.500,00 €
Total de Custos das Atividades de Produção			**1.719.997,50 €**			**2.046.920,00 €**			**2.623.082,50 €**	**6.390.000,00 €**
Total de Custos de Produção			**2.949.997,50 €**			**3.104.420,00 €**			**3.762.582,50 €**	**9.817.000,00 €**
Serviços de comercialização	710	250,00 €	177.500,00 €	1.200	250,00 €	300.000,00 €	800	250,00 €	200.000,00 €	677.500,00 €
Serviços administrativos	20.000	10,00 €	200.000,00 €	12.500	10,00 €	125.000,00 €	10.750	10,00 €	107.500,00 €	432.500,00 €
Total de custos extra produção			**377.500,00 €**			**425.000,00 €**			**307.500,00 €**	**1.110.000,00 €**
Total de custos			**3.327.497,50 €**			**3.529.420,00 €**			**4.070.082,50 €**	**10.927.000,00 €**
Quantidade produzida			20.000,00			12.500,00			10.750,00	
Custo de produção unitário			147,50 €			248,35 €			350,00 €	
Custo unitário completo			166,37 €			282,35 €			378,61 €	

(*) O custo da atividade que é imputado a cada produto/serviço é obtido através da multiplicação da quantidade de indutores de custo de cada atividade que é necessária ao produto/serviço, multiplicada pelo custo unitário do respetivo indutor de custo. Para efeitos de valorização de inventários, só devem ser incluídos no custo dos produtos/serviços os custos das atividades de produção.

5) Apresente os lançamentos contabilísticos respeitantes ao apuramento dos custos efetuado acima, pelo sistema duplo contabilistico.

Resolução:

91 – CONTAS REFLETIDAS

916x – Diversos			
		(4)	6.000.000

9163 Gastos c/ Pessoal			
		(2)	1.936.375
		(5)	100.000

9164 Depreciações			
		(7)	1.250.000

9168 – Out. Gastos			
		(8)	150.000

9171.1 Vendas refl. – Reactiv			
(24)	4.000.000		

9171.2 Vend. refl. – Tristar			
(25)	3.750.000		

9171.3 Vend. refl. – Ecoclean			

92 RECLASSIFICAÇÃO

922 – MOD			
(2)	1.936.375	(3)	1.936.375

921.1 GIP – MOI			
(5)	100.000	(6)	100.000

93 ATIVIDADES

932.1 APP Prep. Máq.			
(4)	1.530.000	(9)	1.773.250
(6)	30.000		
(7)	175.000		
(8)	38.250		

932.2 APP – Man. Mat.			
(4)	765.000	(10)	1.111.625
(6)	15.000		
(7)	312.500		
(8)	19.125		

932.3 APP Prog. Prod.			
(4)	510.000	(11)	682.750
(6)	10.000		
(7)	150.000		
(8)	12.750		

932.4 APP Design			
(4)	1.275.000	(12)	1.431.875
(6)	25.000		
(7)	100.000		
(8)	31.875		

932.5 APP Maquinação			
(4)	1.020.000	(13)	1.390.500
(6)	20.000		

94 CÁLCULO DE CUSTOS

942.1 – Reactiv			
(1)	510.000,00	(15)	2.949.997,50
(3)	720.000,00		
(9)	443.312,50		
(10)	222.325,00		
(11)	163.860,00		
(12)	500.000,00		
(13)	390.500,00		

942.2 – Tristar			
(1)	470.000,00	(16)	3.104.420,00
(3)	587.500,00		
(9)	354.650,00		
(10)	355.720,00		
(11)	136.550,00		
(12)	600.000,00		
(13)	600.000,00		

942.3 – Ecoclean			
(1)	510.625,00	(17)	3.762.582,50
(3)	628.875,00		
(9)	975.287,50		
(10)	533.580,00		
(11)	382.340,00		
(12)	331.875,00		
(13)	400.000,00		

95 INVENTÁRIOS

952 – Matérias-primas			
		(1)	1.490.625,00

9541.1 Prod. Acab. – Reactiv			
(15)	2.949.997,50	(18)	2.949.997,50

9541.2 Prod. Acab. – Tristar			
(16)	3.104.420,00	(19)	3.104.420,00

9541.3 Prod. Acab. – Ecoclean			
(17)	3.762.582,50	(20)	3.762.582,50

98 – RESULTADOS

981.1 Resultados Brutos – Reactiv			
(21)	2.949.997,50	(24)	4.000.000
(27)	1.050.002,50		

981.2 Resultados Brutos – Tristar			
(22)	3.104.420,00	(25)	3.750.000
(28)	645.580,00		

981.3 Resultados Brutos – Ecoclean			
(23)	3.762.582,50	(26)	4.300.000
(29)	537.417,50		

(26)	4.300.000		

(7)	325.000		
(8)	25.500		

932.6 APP Serv. Com.

(4)	600.000	(30)	677.500
(7)	62.500		
(8)	15.000		

932.7 APP Serv. Adm

(4)	300.000	(31)	432.500
(7)	125.000		
(8)	7.500		

944.1 CPPV – Reactiv

(18)	2.949.997,50	(21)	2.949.997,50

944.2 CPPV – Tristar

(19)	3.104.420,00	(22)	3.104.420,00

944.3 CPPV – Ecoclean

(20)	3.762.582,50	(23)	3.762.582,50

982.1 Resultados operacionais- Reactiv

(30)	177.500,00	(27)	1.050.002,50
		(31)	

982.2 Resultados operacionais- Tristar

(30)	300.000,00	(28)	645.580,00
(31)	125.000,00		

982.3 Resultados operacionais- Ecoclean

(30)	200.000,00	(29)	537.417,50
(31)	107.500,00		

(1)	Afetação do custo das matérias-primas consumidas aos produtos fabricados	(8)	Imputação dos outros gastos, às atividades
(2)	Reclassificação dos G. Pessoal em MOD	(9) a (14)	Imputação dos gastos das atividades aos produtos
(3)	Afetação do custo da MOD aos produtos fabricados	(15) a (17)	Entrada dos produtos acabados em Armazém
(4)	Afetação de gastos refletidos que são diretos relativamente às atividades	(18) a (20)	Apuramento do CPPV (saída dos produtos acabados de Armazém)
(5)	Reclassificação dos G. Pessoal em MOI (GIP)	(21) a (23)	Apuramento do Resultado Bruto por produto (CPPV)
(6)	Imputação dos gastos com MOI, às atividades	(24) a (26)	Apuramento do Resultado Bruto (vendas)
(7)	Imputação dos gastos com Depreciações do edifício, às atividades	(27) a (31)	Apuramento do Resultado Operacional

CAPÍTULO IV
–
CUSTOS DE PRODUÇÃO E REGIMES DE FABRICO

Objetivos do Capítulo

1. Distinguir e caracterizar os diferentes regimes de fabrico;
2. Identificar as situações em se deverá aplicar os métodos direto, indireto ou misto;
3. Compreender as metodologias de cálculo dos custos de produção nos métodos direto, indireto e misto;
4. Distinguir produção conjunta de produção disjunta e compreender os critérios de repartição dos custos conjuntos;
5. Compreender o tratamento contabilístico da produção defeituosa.

4.1. Regimes de Fabrico

O apuramento dos custos de produção de produtos/serviços deve ser ajustado aos respetivos processos produtivos, os quais podem ser muito diferenciados. Uma primeira distinção relevante para a escolha do modelo de cálculo de custos é a classificação em regimes de produção uniforme ou múltipla (ver figura 4.1).

Figura 4.1 – Produção uniforme e produção múltipla

Uniforme — Fabrico de um único produto

Múltipla — Fabrico de mais do que um produto

- **Disjunta** — A produção dos diversos produtos é independente entre si.
- **Conjunta** — Não é possível produzir um produto sem produzir os restantes produtos.

Nos processos de produção uniforme ocorre a fabricação apenas de um produto ou serviço, enquanto que nos processos de produção múltipla se obtém uma variedade de produtos ou serviços.

Os processos de produção múltipla podem ainda ser classificados como processos de produção disjunta ou de produção conjunta (ver figura 4.1).

Os processos de produção múltipla disjunta caracterizam-se pelo facto de cada produto poder ser fabricado independentemente da fabricação de qualquer outro produto, ou seja, a empresa pode fabricar um produto sem existir a obrigatoriedade de fabricar qualquer outro. Por exemplo, uma empresa de mobiliário pode produzir, num determinado período, apenas mesas e não produzir nenhuma cadeira.

Já num processo de produção conjunta, verifica-se precisamente o contrário, ou seja, não é possível obter, quer por razões tecnológicas quer por razões de eficiência produtiva, apenas um produto, uma vez que a partir da mesma matéria-prima ou de um conjunto de matérias-primas, resultam obrigatoriamente diversos produtos. Por exemplo, uma refinaria de petróleo obtém, como resultado do processo de refinação, produtos diversos, tais como gasolina, diesel, querosene, butano, propano, entre outros. Neste caso não é fisicamente nem economicamente viável produzir apenas um dos produtos, pois todos resultam, em simultâneo, do mesmo processo produtivo e do consumo das mesmas matérias primas.

Poderá acontecer que num determinado processo produtivo seja possível identificar fases de produção conjunta e fases de produção disjunta, se, posteriormente a uma fase de produção conjunta, se verifique uma fase de produção disjunta, na qual os produtos já se encontram separados fisicamente, podendo ser objeto de processos produtivos específicos e diferentes entre si. Um exemplo desta situação é o caso da produção de farinhas alimentícias a partir de cereais, em que numa primeira fase se obtêm conjuntamente as sêmeas, sêmolas e farinhas, sendo que, em fases subsequentes, estes produtos, agora separados fisicamente, poderão sofrer transformações adicionais independentes, numa fase do processo produtivo classificada como de produção disjunta. Por exemplo, a partir da farinha obtida na fase de produção conjunta, poderão resultar diversos tipos de farinha, juntando, à farinha base, aditivos diferenciados, tal como fermentos, sementes, etc.

Uma segunda distinção também relevante para a escolha do modelo de cálculo de custos é a classificação em regimes de produção contínua e descontínua, (ver figura 4.2).

Figura 4.2 – Produção contínua e produção descontínua

Contínua	O processo produtivo decorre de forma ininterrupta, pelo que existe produção em curso, em todas as fases do processo produtivo e a qualquer momento
Descontínua	A empresa produz por encomenda ou por ordem de produção, sendo que poderá existir ou não produção em curso em cada uma das fases do processo produtivo

Os regimes de fabrico mais comuns são os regimes de produção contínua de produtos uniformes, fabricados em grandes quantidades (como tijolos e água engarrafada) e os regimes de produção descontínua de produtos ou serviços todos distintos entre si (reparação automóvel e mobiliário por encomenda).

Aos primeiros está normalmente associada a utilização do custeio por processo ou método indireto, enquanto aos segundos está associada a utilização do método direto, também designado de custeio por encomenda ou por ordem de produção.

Podem ainda existir sistemas de custeio mistos, em que os custos de produção são calculados, numa primeira fase, pelo método indireto e, em fases subsequentes, pelo método direto, sendo que nestas últimas se procura adaptar os produtos às características específicas pretendidas. Assim, as características do processo de fabrico condicionam o modelo a utilizar para o apuramento dos custos de produção.

Nos pontos seguintes são apresentadas as características dos diversos regimes e métodos de fabrico, bem como as metodologias mais adequadas para determinar os custos de produção total e unitário da produção acabada e da produção em vias de fabrico.

4.2. Método Direto

Sempre que uma entidade consiga identificar os momentos inicial e final do processo produtivo de uma determinada ordem de produção, constituída por uma ou mais unidades de determinado produto, deverá identificar todos os custos necessários para obter essa ordem de produção. Os custos diretos deverão ser afetados a cada ordem, procedendo-se posteriormente à imputação dos custos comuns a diversas ordens e que, por isso, são considerados indiretos (ver figura 4.3). Esta metodologia, designada por método direto ou custeio por ordem de produção, é utilizada em setores de atividade como a construção naval, a construção aeronáutica, a construção civil e setores de prestação de serviços de arquitetura, consultadoria, reparação automóvel, tipografia, design e moda e serviços médicos, entre outros.

Figura 4.3 - Fluxo de custos em método direto

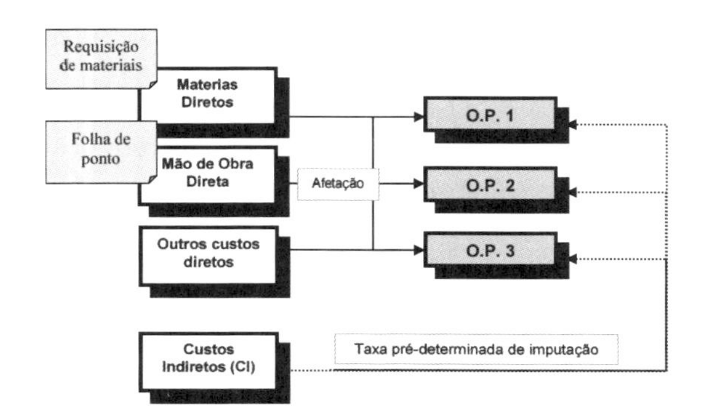

Em termos do funcionamento do método direto, podem ser identificadas cinco etapas essenciais:

1.ª - Criar, preferencialmente em suporte informático, uma ficha de registo dos custos para cada ordem de produção que se inicia. A cada ficha deve ser atribuído um código específico, de forma a que esta seja facilmente identificável ao longo de todo o processo de fabrico. As fichas devem conter campos próprios para registo de cada uma das componentes do custo de produção, tal como as matérias-primas e/ou materiais diretos, gastos diretos com pessoal (MOD), outros gastos diretos e gastos indiretos de produção. Estas fichas de custos devem igualmente identificar as datas de inicio e de conclusão da ordem.

2.ª - Recolher em tempo útil e para cada componente de custos diretos, os valores a afetar a cada ordem de produção:

a. Matérias-primas e/ou materiais diretos

   As requisições dos materiais ao armazém devem identificar a ordem de produção a que esses materiais se destinam, bem como cada ficha de custos deve identificar todas as guias de saída de armazém referentes aos materiais consumidos nessa ordem de produção.

b. Mão de obra direta
A empresa deverá dispor de um sistema de registo dos tempos de trabalho (folha de ponto) no qual se identificam os tempos de trabalho que cada trabalhador, ou conjunto de trabalhadores, dedica a cada uma das ordens de produção. Estes tempos deverão ser, simultaneamente registados em cada uma das fichas de custos. Para apurar o custo com MOD de uma determinada ordem de produção, multiplica-se o total de horas de MOD inscritas na respetiva ficha de custos pelas respetivas taxas horárias.

c. Outros custos diretos
Caso existam outras rúbricas de custos diretamente associados à execução de uma determinada ordem de produção, então deverá também ser criado um procedimento que permita afetar em tempo útil tais consumos à respetiva ficha.

3.ª – Estabelecer mecanismos que permitam imputar e registar os custos indiretos a cada uma das ordens de produção. Depois de identificados os custos comuns a diversos produtos ou serviços, tais como depreciações, rendas, consumos de energia e água, estes devem ser repartidos de forma sistemática, recorrendo ao método dos coeficientes, métodos dos centros de custo ou ABC. Para tal, será necessário dispor de um sistema adequado de recolha dos dados respeitantes aos valores reais das bases de imputação a atribuir a cada ordem de produção.

4.ª – Calcular o total de custos de produção inscritos em cada ficha de custos, no final do período contabilístico e/ou no momento do seu encerramento.

5.ª – Valorizar os inventários de produção em vias de fabrico e de produção acabada e apurar o custo da produção vendida. No final do período contabilístico, relativamente a cada uma das fichas de custos, podemos ter uma de três situações:

- ✓ Ordens de produção não terminadas, cujo valor será considerado como inventário de produção em vias de fabrico,
- ✓ Ordens de produção terminadas e faturadas, cujo valor será considerado como custo das vendas, e
- ✓ Ordens de produção terminadas e não faturadas, cujo valor será considerado como inventário de produtos acabados.

Exercícios Resolvidos (ER)

ER 4.1. Custeio por ordem de produção

A Mobilarte produz peças de mobiliário por encomenda, segundo as especificações dos clientes. A empresa só inicia a produção de uma ordem de produção (OP) depois de concluída a ordem de produção anterior. Os custos de produção são calculados pelo custeio normal e acumulados por ordem de produção (método direto). As matérias são afetadas às encomendas e os custos com MOD e GIP são afetados/imputados às encomendas através de taxas teóricas previamente estabelecidas.

As horas de mão de obra direta são a base de imputação dos GIP. No início do ano, os custos indiretos de produção estimados eram de 100.000 € e as horas de mão de obra direta estimadas eram de 20.000 Hh.

A empresa utiliza o FIFO para valorizar as saídas de inventários.

Para o mês de agosto do ano N conhecem-se os seguintes dados:

- Consumo de matérias e horas de MOD, por ordem de produção:

N.º de Ordem	data de inicio	PVF iniciais	Consumo de materiais		Horas de MOD
			Madeira	Verniz	
OP 121	01-ago	250 €	12 m^3	12,5 litros	50 Hh
OP122	10-ago	---	30 m^3	17,5 litros	60 Hh
OP 123	15-ago	---	20 m^3	3 litros	40 Hh
OP 124	28-ago	---	25 m^3	45 litros	35 Hh

- Compras e Inventários no início do mês de agosto:

Matérias Primas	Inventários Iniciais		Compras	
	Quantidade	Valor Total	Quantidade	Valor Total
Madeira	15 m3	150 €	200 m3	2.400 €
Verniz	5 litros	35 €	80 litros	800 €

- A taxa horária teórica da MOD é de 6 €/Hh;
- No final do mês, todas as ordens de produção, com exceção da 124, foram concluídas e todas as ordens de produção concluídas foram faturadas, exceto a ordem 123;

Pedidos

1. Calcule o custo de produção de cada ordem, a 31 de agosto;
2. Relativamente ao mês de agosto calcule o valor dos inventários finais de produtos em vias de fabrico e de produtos acabados e o custo de produção dos produtos vendidos;
3. Sabendo que a ordem de produção 121 foi vendida por 1.593 €, calcule a margem bruta em percentagem do preço de venda.

Resolução:

1 – Para calcular o custo de produção das várias ordens obtidas no mês de agosto é necessário quantificar o respetivo consumo de matérias-primas, mão de obra direta e outros custos diretos, se existirem, e imputar-lhe uma parte dos gastos indiretos de produção do período. Estes custos devem ser adicionados ao custo que a ordem de produção tinha já acumulado em períodos anteriores (PVF inicial).

Assim, iremos de seguida atribuir às diversas ordens fabricadas em agosto, os custos deste mês:

i. Custo da matéria-prima consumida (FIFO)

Matérias – Primas	Inventários Iniciais			Compras		
	Quantidade	Valor Total	Custo Unit.	Quantidade	Valor Total	Custo Unit.
Madeira	15 m3	150 €	10 €/m3	200 m3	2.400 €	12 €/m3
Verniz	5 litros	35 €	7 €/lt	80 litros	800 €	10 €/lt

N.º de Ordem	data de inicio	Consumo de Madeira			Consumo de Verniz		
		Quantidade (m³)	Custo unitário	Valor	Quantidade (litros)	Custo unitário	Valor
OP 121	01-ago	12	10 €	120 €	5 12,5 – 5 = 7,5 12,5	7 € 10 €	35 € 75 € 110 €
OP122	10-ago	3 30 – 3 = 27 30	10 € 12 €	30 € 324 € 354 €	17,5	10 €	175 €
OP 123	15-ago	20	12 €	240 €	3	10 €	30 €
OP 124	28-ago	25	12 €	300 €	45	10 €	450 €

ii. Mão de obra direta (MOD)

Rúbricas	OP 121	OP 122	OP 123	OP 124	Total
Horas de MOD (Hh) (1)	50	60	40	35	185
Taxa horária da MOD (2)	6 € /Hh				
Custo com MOD (3) = (1)*(2)	300 €	360 €	240 €	210 €	1.110 €

iii. Gastos indiretos de produção (GIP)

Os GIP são imputados aos produtos de acordo com a base de imputação selecionada que neste caso são as horas de MOD (20.000 Hh). Assim:

$$\text{Coeficiente de Imputação dos GIP} = \frac{\text{Valor previsional a imputar}}{\text{Base de imputação previsional}} = \frac{100.000\ €}{20.000\ \text{Hh}} = 5\ €/\text{Hh}$$

Rúbricas	OP 121	OP 122	OP 123	OP 124	Total
Horas de MOD (Hh) (1)	50	60	40	35	185
Taxa horária da GIP (2)	5 € /Hh				
Custo com GIP (3) = (1)*(2)	250 €	300 €	200 €	175 €	925 €

Por fim, vamos adicionar aos custos do mês, o valor da PVF inicial, no caso das ordens que transitaram (com custos) do mês anterior:

Rúbricas	OP 121	OP 122	OP 123	OP 124	Total
PVF in	250 €	–	–	–	250 €
Custos do período					
Consumo de Madeira	120 €	354 €	240 €	300 €	1.014 €
Consumo de Verniz	110 €	175 €	30 €	450 €	765 €
MOD	300 €	360 €	240 €	210 €	1.110 €
CIP	250 €	300 €	200 €	175 €	925 €
Custo de produção total a 31/08	1.030 €	1.189 €	710 €	1.135 €	4.064 €

2 – Sabendo quais as OP que ficaram em curso, as que foram acabadas e as que foram vendidas em agosto, apuram-se diretamente os custos da produção em curso e acabada, bem como o custo das vendas, bastando para tal consultar as fichas de custo de cada ordem de produção:

Rúbricas	**OP 121**	**OP 122**	**OP 123**	**OP 124**	**Total**
Custo de produção total a 31 agosto	1.030 €	1.189 €	710 €	1.135 €	4.064 €
	Custo das vendas		Inventário final de produtos acabados	Inventário final de produtos em curso	

3 – Sabendo que a ordem de produção OP 121 foi vendida por 1.593 €, a margem bruta em percentagem do preço de venda é obtida da seguinte forma:

$$\text{Margem Bruta (\%)} = \frac{\text{Margem Bruta}}{\text{Vendas}} = \frac{1.593\ € - 1.030\ €}{1.593\ €} \approx 35{,}34\ \%$$

ER 4.2. Custeio por obra

A empresa Face, Lda. dedica-se à pintura de fachadas de prédios, adotando um sistema de custeio por ordem de produção para apurar o custo de cada obra. Esta atividade tem grande intensidade de mão de obra direta (MOD), razão pela qual as respetivas horas foram selecionadas como base de imputação dos gastos indiretos de produção (GIP), através de uma taxa pré-determinada no início de cada semestre.

Relativamente aos custos com a MOD, a empresa prevê para o primeiro semestre do ano N, 6.800 horas efetivas de MOD de pintores, utilizando uma taxa horária média estimada em 6,50€/Hh, para imputar os custos com os pintores.

Quanto às tintas consumidas, a empresa trabalha com três tipos de tinta: primário, branco e cor, tendo-se obtido os seguintes elementos relativos a inventários, compras e consumos, para o primeiro semestre do ano N:

	Primário		Branco		Cor	
	Quantidade (litros)	Valor	Quantidade (litros)	Valor	Quantidade (litros)	Valor
Inventário Inicial	4.000	5.000 €	4.000	6.400 €	3.000	5.250 €
Compras	16.000	21.600 €	12.000	16.800 €	7.000	12.950 €
Consumo	11.000	?	10.500	?	4.000	?

As estimativas de outro tipo de custos para o primeiro semestre do ano N, são as seguintes:

- Despesas externas de aquisição de MP: 3.500 €;
- Custos indiretos de produção: 28.900 €;

- Custos administrativos: 5.000 €;
- Custos comerciais: 7.500 €, que se repartem pelas obras proporcionalmente ao valor de faturação.

No primeiro semestre do ano N iniciaram-se duas obras (A05 e B05) e concluíram-se as obras D04 (que tinha sido iniciada em N-1) e a obra A05, tendo esta última sido faturada ainda no primeiro semestre. Relativamente ao primeiro semestre do ano N e a cada obra, são conhecidos os seguintes elementos:

Descritivo/Obras	**D04**	**A05**	**B05**
Inventário Inicial de Produção em Curso	20.000 €	-	-
Tintas aplicadas (litros): - Primário - Branco - Cor	 5.500 4.000 2.500	 4.000 4.000 -	 1.500 2.500 1.500
Custos c/ outros materiais diretos aplicados	2.000 €	1.800 €	600 €
Volume de trabalho aplicado (Hh - pintores)	3.000	2.000	1.500

Pedidos

1. Apure o custo das matérias-primas consumidas no primeiro semestre do ano N, bem como os respetivos valores dos inventários finais, utilizando o custo médio ponderado como critério valorimétrico das saídas de inventários, sabendo que a empresa reparte as despesas externas pelas três matérias em função das quantidades compradas.
2. Apure a taxa pré-determinada de imputação de GIP para o primeiro semestre.
3. Apure o custo das obras acabadas e da obra em curso, no final do primeiro semestre.

Resolução:

1. Custo das Matérias-primas consumidas

	Primário			Branco			Cor			Total
	Quantidade (litros)	C. unit.	Valor	Quantidade (litros)	C. unit.	Valor	Quantidade (litros)	C. unit.	Valor	Valor
Inventário Inicial	4.000	1,25 €	5.000 €	4.000	1,60 €	6.400 €	3.000	1,75 €	5.250 €	16.650 €
Compras	16.000		21.600 €	12.000		16.800 €	7.000		12.950 €	51.350 €

	Primário			Branco			Cor			Total
	Quantidade (litros)	C. unit.	Valor	Quantidade (litros)	C. unit.	Valor	Quantidade (litros)	C. unit.	Valor	Valor
Despesas Externas de Compras			1.600 €*			1.200 €*			700 €*	3.500€
Custo total das compras	16.000	1,45 €	23.200 €	12.000	1,5 €	18.000 €	7.000	1,95 €	13.650 €	54.850 €
Custo Médio	20.000	1,41 € (1)	28.200 €	16.000	1.525 €	24.400 €	10.000	1,89 €	18.900 €	71.500 €
Consumo	11.000	1,41 €	15.510 €	10.500	1,525 €	16.012,50 €	4.000	1,89 €	7.560 €	39.082,50 €
Inventário Final	9.000	1,41 €	12.690 €	5.500	1,525 €	8.387,50 €	6.000	1,89 €	11.340 €	32.417,50 €

Cálculos auxiliares:

(*) Despesas externas de compras (total) = 3.500€/litros comprados = 3.500 €/(16.000 + 12.000 + 7.000) = 0,10 €/litro
Despesas externas de compras (Primário) = 16.000 * 0,10 €/litro = 1.600 €
Despesas externas de compras (Branco) = 12.000 * 0,10 €/litro = 1.200 €
Despesas externas de compras (Cor) = 7.000 * 0,10 €/litro = 700 €
(1) 28.200 €/20.000 litros = 1,41 €/litro

2. Taxa pré-determinada de imputação de GIP:

$$\text{Taxa pré-determinada de imputação de GIP} = \frac{\text{GIP previstos}}{\text{Hh previstas}} = \frac{28.900\ €}{6.800\ \text{Hh}} \approx 4,25\ €/\text{Hh}$$

3. Custos das obras acabadas e da obra em curso, no final do semestre

Rubricas	Custos unitários	D04		A05		B05	
		Qt.	Valor	Qt.	Valor	Qt.	Valor
PVF inicial	–	–	20.000 €	–	–	–	–
Matérias-Primas - Primário - Branco - Cor	 1,41 € 1,525 € 1,89 €	 5.500 4.000 2.500	 7.555 € 6.100 € 4.725 €	 4.000 4.000 0	 5.640 € 6.100 € 0 €	 1.500 2.500 1.500	 2.115 € 3.812,50 € 2.835 €
Custos c/ outros materiais diretos			2.000 €		1.800 €		600 €
MOD	6,50 €	3.000	19.500 €	2.000	13.000 €	1.500	9.750 €
GIP	4,25 €	3.000	12.750 €	2.000	8.500 €	1.500	6.375 €
Custo Total de Produção			72.830 €		35.040 €		25.487,50 €
		Inventário final de produção acabada (PAfin)		Custo da produção vendida (CPPV)		Inventário final de produção acabada (PVF fin)	

Como se constata pela análise deste exercício, quando se utiliza o método direto de apuramento de custos da produção, para proceder à valorização dos inventários detidos em determinada data basta consultar a ficha de custos de cada uma das obras, nas quais estão registados todos os custos incorridos em cada uma delas.

Neste caso, para obter o custo da produção acabada e não vendida (PAf) basta consultar a ficha de custo da única obra acabada (D04), na qual se encontram registados custos no total de 72.830 €. Do mesmo modo, para obter o custo da produção vendida (CPPV) e da produção em curso, basta consultar, respetivamente, a ficha de custo da única obra vendida (A05) e a ficha de custo da única obra em curso (B05), nas quais se encontram registados custos de 35.040 € e 25.487,50€.

4.3. Método Indireto

O método indireto ou custeio por processo, ao contrário do método direto, deve ser utilizado quando existe uma produção contínua e pouco diversificada de bens ou serviços, sendo, por isso, mais aconselhável a acumulação dos custos por processo produtivo ou pelas fases desse processo. Os custos de cada processo ou fase são acumulados por período e repartidos pela produção obtida nesse período, obtendo-se um custo unitário médio, que é utilizado para valorizar cada uma das unidades produzidas, nessa fase ou processo, em determinado período.

Assim, uma vez que não é possível determinar de forma direta o custo de cada unidade produzida, tal como acontece no custeio por ordem de produção, terá que ser calculado um custo médio a atribuir. Este custo médio é apurado indiretamente e resulta do quociente entre os custos de produção suportados e o número de unidades produzidas nessa fase e nesse período.

No método indireto para apuramento dos custos dos produtos, devem ser seguidas as seguintes etapas:

1.ª) Para cada tipo de produto ou serviço a custear, elaborar o respetivo diagrama de fabrico, identificando todas as fases do processo bem como os recursos consumidos em cada uma delas. O sistema de contabilidade de gestão deve ser concebido de forma a possibilitar a recolha de informação quanto aos custos de cada uma das fases;

2.ª) Apurar os custos de produção de um período, tanto diretos como indiretos, para cada fase do processo de fabrico e recolher informação acerca do valor dos inventários iniciais de produção em curso;

3.ª) Quantificar, para cada período e para cada fase, o número de unidades em curso em inventário inicial, o número de unidades entradas em produção e o número de unidades obtidas (unidades em vias de fabrico e unidades acabadas);

4.ª) Em cada fase, repartir os custos totais (custo da PVF inicial + custos do período) entre as unidades acabadas (PA) e as unidades em inventário final de produção em curso (PVF fin), conforme representado na figura 4.4.

Figura 4.4 - Fluxo de produção e de custos em método indireto

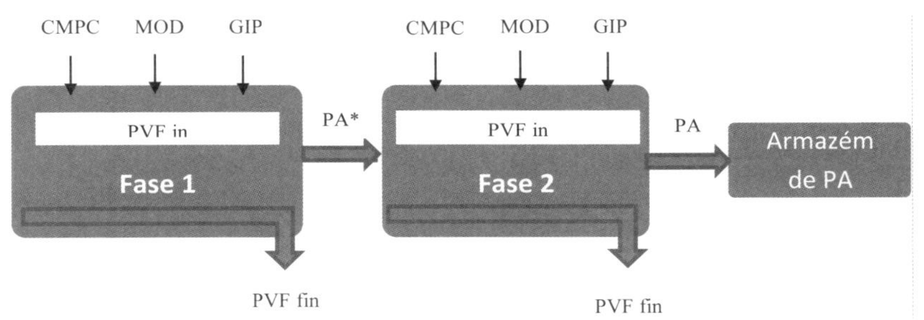

Se toda a produção obtida, em determinada fase do processo produtivo e em determinado período, tiver sido acabada, ou seja, se não existirem unidades em curso nessa fase e no final desse período, então todos os custos suportados nessa fase são atribuídos às unidades acabadas sendo os custos total e unitário da produção acabada obtidos da seguinte forma:

$$\begin{aligned} \text{CPPA} &= \text{PVF in} + \text{CPPF} - \text{PVF fin} \\ &= \text{PVF in} + \text{CPPF} - 0\ € \\ &= \text{PVF in} + \text{CPPF} \end{aligned}$$

$$\text{CPPA unit.} = \frac{\text{CPPA}}{\text{Quant. PA}} = \frac{\text{PVF in} + \text{CPPF}}{\text{Quant. PA}}$$

Se, pelo contrário, nem toda a produção obtida, em determinada fase do processo produtivo e em determinado período, tiver sido acabada, ou seja, se existirem unidades em curso nessa fase e no final desse período, então os custos suportados nessa fase terão que ser repartidos entre as unidades acabadas e as unidades em curso. Para fazer esta repartição, não poderemos recorrer de forma direta ao procedimento de cálculo do custo unitário dos produtos, acima referido, pois falta-nos conhecer o custo da PVFfin:

CPPA = PVF in + CPPF - PVF fin
= PVF in + CPPF - ?
= ?

Ou seja, não conhecendo o custo da PVF final, não podemos calcular o custo da produção acabada, do mesmo modo que, não conhecendo o custo da produção acabada, não podemos calcular o custo da PVF final.
Em face deste problema, existem várias alternativas para proceder ao tratamento contabilístico da produção em curso, no método indireto:

✓ Desprezar a produção em curso, não lhe atribuindo qualquer custo, sendo neste caso a totalidade de custos atribuída às unidades acabadas. Este procedimento pode justificar-se sempre que a produção em curso seja desprezível;

✓ Repartir os custos totais pela produção acabada e em curso, de acordo com os respetivos tempos de fabrico. Este procedimento poderá ser usado nos casos em que os custos sejam proporcionais ao tempo de fabrico e em que estes tempos possam ser medidos com fiabilidade;

✓ Valorizar a produção em curso e a produção acabada, recorrendo ao método das unidades equivalentes, sempre que seja possível determinar o grau de acabamento da produção em curso existente em cada uma das fases do processo produtivo. Este método deverá ser utilizado sempre que a quantidade de produção em curso seja relevante e apresente variações significativas de período para período;

✓ Atribuir sempre o mesmo valor à produção em curso, se não se registarem variações significativas nesta rubrica de período para período, tendo este valor sido obtido, em período anterior, com recurso a uma das metodologias anteriores.

De seguida, é desenvolvido o método das unidades equivalentes, por ser este o procedimento mais aconselhável, tendo em vista a correta valorização da produção em vias de fabrico e acabada, quando tal se justifique.

Método das unidades equivalentes

O método das unidades equivalentes visa expressar na mesma unidade, tanto as unidades acabadas como as que se encontram em vias de fabrico, de modo a que estas duas rubricas possam ser somadas, obtendo-se o total de produção efetiva do período, ou total de produção obtida. Para tal, é necessário converter a produção em curso em unidades equivalentes a unidades acabadas (ue), sendo esta conversão efetuada com base nos respetivos graus de acabamento (ga).

Produção obtida = Produção Acabada + PVF final (ue)

PVF final (ue) = PVF final (uf) * Grau de Acabamento (ga)

De modo a exemplificar o processo de conversão de unidades físicas (uf) de produção em curso em unidades equivalentes a produção acabada (ue), considere que a empresa BTA, que se dedica à aquisição, processamento e venda de bacalhau congelado, obteve no mês de outubro os seguintes inventários de produção:

Produção em curso, no início do período (PVF fin)	5.000 toneladas
Produção iniciada durante o período (PA)	9.000 toneladas
Produção acabada durante o período (PA)	10.000 toneladas
Produção em curso, no final do período (PVF fin)	4.000 toneladas

Assumindo que a empresa calcula os custos dos produtos mensalmente, para proceder à valorização destes inventários será necessário apurar a totalidade dos custos de produção suportados durante esse mês e reparti-los por toda a produção obtida, acabada e em curso.

Para apurar o total de custos suportados para obter estes inventários, somam-se todos os custos de produção incorridos no mês de outubro (CPPF = CMPC + MOD + GIP) e ainda o custo referente à produção em curso inicial (detida no inicio de outubro/final de setembro), a qual foi também consumida de modo a que se tivessem obtido as 14.000 toneladas de bacalhau.

Tendo em conta que o valor da PVF inicial de outubro seria já conhecido, uma vez que teria sido calculado no final de setembro, suponhamos que este valor era de 25.600 €.

Admitamos ainda que os custos de produção desta empresa foram, em outubro de 120.000 €.

Os dados fornecidos poderão ser representados através da figura seguinte:

Figura 4.5 – Fluxo de produção da empresa BTA (outubro)

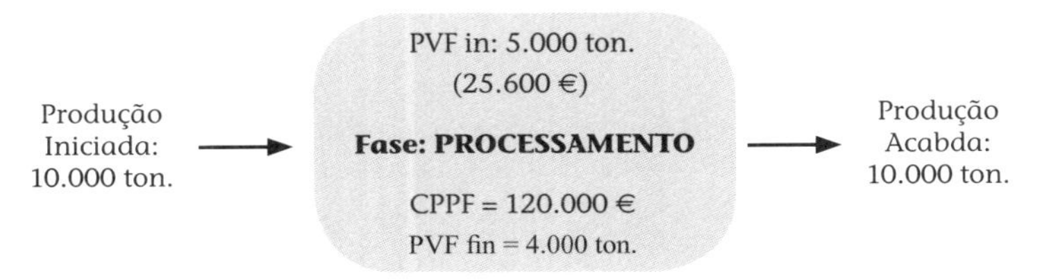

O custo da produção acabada (CPPA) pode ser calculado de uma das seguintes formas:

1) CPPA = PVF in + CPPF – PVF fin
2) CPPA = Quantidade de PA * CPPA unit.

Se optarmos por determinar o valor do CPPA através da primeira via, teríamos:

1) CPPA = PVF in + CPPF – PVF fin
CPPA = 25.600 € + 120.000 € – PVF fin (?)

Contudo, subsiste ainda a necessidade de cálculo do custo ou valor da PVF final de outubro, que se obtém do seguinte modo:

PVF fin (€) = Quantidade de PVF fin * Custo unitário
= 4.000 ton. * Custo unitário (?)

Se optarmos por determinar o valor do CPPA através da segunda via, teríamos:

2) CPPA = Quantidade de PA * Custo unitário
= 10.000 ton. * Custo unitário (?)

Assim, qualquer que seja a via seguida para determinar o CPPA, é necessário apurar o custo unitário de produção, o qual, admitindo que a empresa utiliza o custo médio ponderado, será o mesmo para valorizar toda a produção obtida.

$$\text{Custo Médio unitário} = \frac{\text{Total de custos suportados}}{\text{Quantidade total da produção obtida (PO)}} = \frac{\text{PVF in + CPPF}}{\text{PO}} = \frac{25.600\text{ €} + 120.000\text{ €}}{\text{PO}} = \frac{145.600\text{ €}}{?}$$

O problema que falta resolver é então o de somar as unidades de produção acabada e as unidades de produção em curso obtidas nesse mês, sendo este cálculo dificultado pelo facto de se tratar de unidades com características diferentes (umas estão acabadas e prontas para ser vendidas e as outras estão ainda em curso de fabrico), pelo que não podem ser somadas para cálculo do custo unitário dos produtos, já que o custo de cada unidade em curso não é igual ao custo de cada unidade acabada.

Para resolver este problema devemos então converter as unidades físicas (uf) que estão em curso de fabrico, numa outra unidade que possa ser somada às unidades acabadas. Esta unidade é designada por unidade equivalente a produto acabado (ue). Para fazer esta conversão será necessário conhecer o grau de acabamento (ga) das unidades em curso, o qual nos permite estabelecer a seguinte equivalência:

1 unidade física com x% de acabamento ⇔ x% * 1 unidade acabada

Ou seja, uma unidade física de PVF que tenha 20% de grau de acabamento, tem os mesmos custos, ou seja, equivale (em termos de custos) a 0,2 (20% * 1) unidades de produto acabado. Da mesma forma, 10 unidades físicas de PVF que tenham 20% de grau de acabamento equivalem a 2 (20% * 10) unidades de produto acabado.

Admitamos agora que as 4.000 toneladas de PVF final que a empresa BTA obteve em outubro tinham um grau de acabamento de 60%, ou seja, faltavam-lhe ainda incorporar 40% dos custos para ficarem concluídas. Neste caso:

4.000 uf com de 60% de acabamento ⇔ 60% * 4.000 uf = 2.400 ue

Depois de convertidas as 4.000 unidades físicas (toneladas) de PVF final em 2.400 unidades equivalentes (ue), estas unidades já podem ser somadas com as unidades de produto acabado obtido, pois estão agora expressas na mesma unidade (unidade equivalente a acabada).

Assim, obtemos:

$$\text{CPPA unit.} = \frac{145.600\ €}{\text{PO (?)}} = \frac{145.600\ €}{20.000 + 2.400} = \frac{145.600\ €}{22.400\ \text{ue}} = 6{,}50\ €/\text{ue}$$

Depois de calculado o custo unitário (médio) poderemos agora proceder à valorização da produção acabada e em curso obtidas em outubro:

PVF fin	=	Quantidade de PVF fin * Custo unitário
	=	2.400 ue * 6,50 €/UE
	=	15.600 €
CPPA	=	Quantidade de PA * Custo unitário
	=	20.000 ue * 6,50 €/UE
	=	130.000 €, ou
CPPA	=	PVF in + CPPF – PVF fin
	=	25.600 € + 120.000 € – 15.600€
	=	130.000 €
Total	=	PVF fin + CPPA
	=	15.600€ + 130.000 €
	=	145.600 € (= PVF in + CPPF, custos cuja repartição se pretendia efetuar)

Se, em vez do custo médio ponderado, a empresa utilizar o FIFO, o processo de valorização da produção sofre algumas alterações, sendo, contudo, necessário em ambos os casos converter as unidades físicas de produção em curso em unidades equivalentes a produto acabado.

A explicação da valorização da produção em curso de acordo com o FIFO é apresentada na resolução do ER 4.4.

Assim, a metodologia a seguir para aplicação do método das unidades equivalentes pode ser resumida em oito passos:

1.º Cálculo do custo total da produção obtida, que poderá incluir, para além dos custos de produção do período, o valor dos inventários iniciais de produção em curso;
2.º Quantificação das unidades acabadas durante o período e das unidades em curso no final do período, em cada fase do processo de fabrico;

3.º Determinação do grau de acabamento das unidades em curso, o qual pode ser determinado em termos globais ou desagregado pelas várias componentes do custo de produção. Esta desagregação é necessária no caso de a produção em curso apresentar graus de acabamento diferenciados para as diversas componentes do custo;
4.º Conversão, com base nos graus de acabamento, das unidades físicas de produtos em curso, no final do período, em unidades equivalentes a produção acabada;
5.º Soma das quantidades de produção acabada e em curso (agora expressas na mesma unidade), obtendo-se assim a produção total obtida no período;
6.º Cálculo do custo unitário da unidade equivalente, dividindo os custos de produção pelo total de unidades equivalentes;
7.º Valorização da PVFfin, multiplicando as respetivas quantidades, em ue, pelo custo unitário da unidade equivalente;
8.º Valorização da produção acabada, multiplicando as respetivas quantidades pelo custo unitário da unidade equivalente.

Algumas das fases acima enumeradas, serão executadas de forma distinta consoante o método de valorização de saída de inventários utilizado (custo médio ponderado ou FIFO), tal como se apresenta no quadro seguinte.

Quadro 4.1 – Método das unidades equivalentes: Custo médio e FIFO (diferenças)

Cálculo de:	**Custo Médio Ponderado**	**FIFO**
custo total de produção (1.º passo)	soma do valor do inventário inicial da PVF com os custos de produção do período (CPPF)	o valor da PVF inicial e os custos de produção do período são tratados separadamente
custo por ue (6.º passo)	quociente entre o custo total de produção e as quantidades de produção obtida (acabada e PVF fin) em ue	quociente entre os custos de produção do período e as quantidades de produção efetiva[16] desse período em ue
valor da PVF final (7.º passo)	produto da PVF final em ue pelo custo médio da ue	produto da PVF final em ue pelo custo da ue do período

[16] Produção efetiva do período = (conclusão da PVF inicial) + (produção iniciada e acabada) + (PVF final), devendo todas as rubricas ser expressas em unidades equivalentes, para que possam ser somadas. Esta produção também pode ser calculada somando a produção acabada com o PVFfin, subtraindo ainda a PVFin, tudo em unidades equivalentes.

Cálculo de:	**Custo Médio Ponderado**	**FIFO**
valor da produção acabada[17] (8.º passo)	produto das unidades acabadas pelo custo médio da ue	produto das unidades acabadas pelo custo por ue (do período anterior e do período corrente)[18]

ER 4.3. Método Indireto – valorização da PVF em custo médio ponderado

A empresa Cosmo, Lda. dedica-se ao fabrico do artigo de higiene P155. O processo de fabrico inicia-se na Fase I, onde são misturadas as matérias-primas M1 e M2 e se obtém o produto intermédio X, que é de imediato enviado para a Fase 2, não existindo armazenamento deste produto. A matéria-prima M1 é incorporada no início do processo produtivo, sendo a matéria-prima M2 incorporada a 30% do mesmo. Na Fase II obtém-se o produto P155 que segue para armazém. Em ambas as fases do processo produtivo, os custos de transformação são incorporados de forma regular. Relativamente ao mês de dezembro do ano N, conhecem-se os seguintes elementos:

Fase I			
PVF inicial		**PVF final**	**Dezembro/N**
2.000 unidades com 50% de acabamento para os custos de transformação		3.000 unidades com 50% de acabamento para os custos de transformação	Produção iniciada: 150.000 unidades
Custos incluídos na PVF inicial			Custos do período
M1	900 €		66.100 €
M2	1.800 €		101.600 €
MOD	800 €		57.500 €
GIP	425 €		32.050 €

Os custos de transformação incorridos na Fase II foram de 74.500 €, não existindo produção em curso, nem no inicio nem no final do mês.

[17] Tanto em custo médio ponderado como em FIFO, este valor pode também ser obtido pela diferença entre o custo de produção total e o valor atribuído à PVF final.

[18] Neste caso teremos que distinguir, nas unidades acabadas, os custos incorporados na PVF in (a custo unitário do período anterior), dos custos acrescentados durante o período corrente à PVF in e às unidades iniciadas (a custo unitário do período corrente).

A empresa utiliza o custo médio ponderado como critério de valorização de saída de inventários.

Pedidos

1. Elabore o fluxograma de produção.
2. Apure o custo total e unitário do produto P155 e o valor da PVF final.

Resolução:

1. Fluxograma de produção:

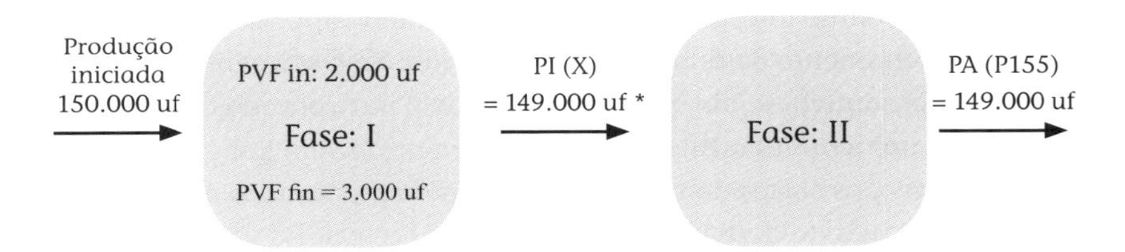

(*) Produto Intermédio (PI) X = 2.000 uf + 150.000 uf - 3.000 uf = 149.000 uf

2. Custo total e unitário do produto P155 e valor da PVF final

i. Custos da produção da Fase I

A valorização da produção obtida na Fase I em dezembro/N, de acordo com o critério do custo médio ponderado, é apresentada no quadro seguinte, através dos os oito passos anteriormente enumerados:

Rúbricas	Custos de produção			Produção obtida					Custo médio da ue (9) = (3)/(8)
	PVF in (1)	do período (2)	Total (3) = (1) + (2)	Produção acabada (4)	PVF fin			Total (8) = (4) + (7)	
					uf (5)	ga (6)	ue (7)		
M1	900 €	65.980 €	66.880 €	149.000 uf	3.000 uf	100%	3.000 ue	152.000 ue	0,44 €
M2	1.800 €	101.560 €	103.360 €	149.000 uf	3.000 uf	100%	3.000 ue	152.000 ue	0,68 €
MOD	800 €	57.895 €	58.695 €	149.000 uf	3.000 uf	50%	1.500 ue	150.500 ue	0,39 €
GIP	425 €	35.695 €	36.120 €	149.000 uf	3.000 uf	50%	1.500 ue	150.500 ue	0,24 €
Total	3.925 €	261.130 €	265.055 €	149.000 uf	3.000 uf	-	-	-	1,75 €

Descrição dos passos seguidos:

1.º Custo total de produção da Fase I (3)
Este total é igual à soma do valor da PVF in (1) e dos custos de produção do mês (2)
2.º Quantificação das unidades acabadas no mês (4) e inventariação das unidades em curso no final do mês (5);
3.º Determinação do grau de acabamento da PVF final (6), o qual tem, neste caso, de ser desagregado pelas várias componentes do custo de produção, uma vez que a produção em curso apresenta graus de acabamento diferenciados para as diversas componentes. Uma vez que as unidades em curso se encontram a 50% do processo e ambas as matérias-primas são incorporadas antes desse ponto, o grau de acabamento é de 100% para M1 e M2;
4.º Conversão, com base nos graus de acabamento, das unidades físicas de PFV final em unidades equivalentes (7);
5.º Soma das quantidades de produção acabada e em curso (agora expressas na mesma unidade), obtendo-se assim a produção total do mês em unidades equivalentes (8);
6.º Cálculo do custo unitário da unidade equivalente, dividindo os custos totais de produção pelo total de unidades equivalentes (9);

Depois de obtido o custo unitário médio, por unidade equivalente, para cada componente do custo de produção da Fase I, passamos à valorização dos inventários de produção (passos 7 e 8, ver quadro seguinte):

Rúbricas	Custo médio da ue (9)	Produção em curso final (PVF fin)		Produção acabada (CPPA)		Total
		Quant. (ue) (7)	Valor (10) = (7) * (9)	Quant. (4)	Valor (11) = (4) * (9)	(12) = (10) + (11)
M1	0,44 €	3.000 ue	1.320 €	149.000 uf	65.560 €	66.880 €
M2	0,68 €	3.000 ue	2.040 €	149.000 uf	101.320 €	103.360 €
MOD	0,39 €	1.500 ue	585 €	149.000 uf	58.110 €	58.695 €
GIP	0,24 €	1.500 ue	360 €	149.000 uf	35.760 €	36.120 €
Total	1,75 €	---	4.305 €	149.000 uf	260.750 €	265.055 €

7.º Valorização da produção em vias de fabrico final, multiplicando as respetivas quantidades em unidades equivalentes pelo custo unitário da unidade equivalente (10);

8.º Valorização da produção acabada, multiplicando as respetivas quantidades pelo custo unitário da unidade equivalente (11).

O valor da PVF final (4.305 €) pode também ser obtido pela diferença entre os custos totais a repartir (265.055 €) e o valor atribuído à produção acabada do produto intermédio X à saída da Fase I (260.750 € = 149.000 un. * 1,75 €).

ii. Custo do produto P155 (no final da Fase II)

Componentes do custo de produção	Custos Totais	Produção obtida	Custo médio
	Do período	Produção acabada	
Produto intermédio (obtido na Fase I)	265.055 €	149.000 un.	1,75 €
Custos de transformação	74.500 €		0,50 €
Total	340.055 €		2,25 €

Sendo que nesta fase não existe PVF inicial nem PVF final, o custo de produção do P155 é igual aos custos do período (produto intermédio consumido + custos da Fase II).

ER 4.4. Método Indireto – valorização da PVF em FIFO

A empresa Marques, Lda. produz o produto A, mediante um processo de fabricação contínua que decorre nas secções A e B, com incorporação regular de custos ao longo de cada secção. Em abril do ano N, os registos de produção apresentavam os seguintes elementos:

Secção A	
PVF in	4.000 uf (*), com custos de: 6.000 € (materiais), 1.500 € (MOD) e 300 € (GIP)
Consumo de Materiais	39.894 €
Custos de transformação	17.710 €
Total de custos de abril	57.604 €
PVF in + custos de abril	65.404 €

Secção A	
PVF in	4.000 uf (*), com custos de: 6.000 € (materiais), 1.500 € (MOD) e 300 € (GIP)
Produção acabada	12.000 uf **
PVF fin	1.000 uf ***

(*) com grau de acabamento de 40% em termos de materiais e 20% de custos de transformação
(**) das quais apenas 10.000 transitaram para a secção B, durante este mês, ficando as restantes unidades como inventário final de produção acabada da Secção A.
(***) com grau de acabamento de 50% em termos de materiais e 30% de custos de transformação

Pedido

Calcule o custo total e unitário da produção acabada e o valor da produção em curso em cada uma das secções de fabrico, utilizando o FIFO como critério de custeio de saída de inventários.

Resolução:

A valorização da produção obtida na Secção A, em abril, de acordo com o critério FIFO, é apresentada nos quadros seguintes, através dos oito passos anteriormente enumerados:

Rúbricas	PVF inicial *				
	Valor (1)	Quantidade			custo unit. da ue (9) = (1)/(5)
		uf	ga	ue (5)	
MP A	6.000 €	4.000	40%	1.600	3,75 €
CT	1.800 €	4.000	20%	800	2,25 €
Total	7.800 €	---			6,00 €

(*) informação relativa ao período anterior (março)

Rúbricas	Período (mês de abril)							
	Custos (2)	Produção acabada (4)	PVF fin			PVF in (5)	Produção do período (10) = (4) + (8) - (5)	custo unit. da ue (11)=(2)/(10)
			uf (6)	ga (7)	ue (8)			
MP A	39.894 €	12.000 uf	1.000	50%	500	1.600 ue	10.900 ue	3,66 €/ue
CT	17.710 €	12.000 uf	1.000	30%	300	800 ue	11.500 ue	1,54 €/ue
Total	57.604 €							5,20 €/ue

Descrição dos passos seguidos:

1.º Custo total de produção da Secção A
Neste caso, os custos da PVF in (1) e os custos de produção do mês (2) não se misturam, uma vez que, de acordo com o FIFO, têm que ser tratados individualmente para obter o custo unitário de cada um dos períodos e não um custo unitário médio;

2.º Quantificação das unidades acabadas no mês (4), da PVF inicial (5) e da PVF final (6);

3.º Determinação do grau de acabamento da PVF final (7), o qual tem, neste caso, de ser desagregado pelas várias componentes do custo de produção, uma vez que a produção em curso apresenta graus de acabamento diferenciados para as diversas componentes;

4.º Conversão, com base nos graus de acabamento, das unidades físicas de PVF final em unidades equivalentes a produção acabada (8);

5.º Recolha de informação quanto ao custo unitário da unidade equivalente da PVF inicial (9);

6.º Cálculo do custo unitário da unidade equivalente da produção de abril (11), dividindo os custos de produção desse mês (2) pela produção de abril em unidades equivalentes (10);

7.º Valorização da produção em vias de fabrico final, multiplicando as respetivas quantidades, em unidades equivalentes, pelo custo unitário da unidade equivalente;

Rúbricas	Custo do período por ue (11)	Produção em curso final (PVF fin) (7)	
		Quant. (ue) (8)	Valor (12) = (8) * (11)
MP A	3,66 €/ue	500 ue	1.830 €
CT	1,54 €/eu	300 ue	462 €
Total	5,20 €/ue	-	2.292 €

8.º Valorização da produção acabada
Uma vez que existem dois procedimentos possíveis para determinar o custo da produção acabada em abril, passamos a descrever cada um deles:

i. O valor da produção acabada é obtido pela diferença entre os custos totais a repartir (67.500 €) e o valor atribuído à PVF final (2.292 €):

CPPA = 65.404 € - 2.292 € = 63.112 €

ii. Do total de unidades acabadas em abril (12.000 unidades), distinguimos as que tinham sido iniciadas no mês anterior (4.000 unidades) e que foram concluídas em abril, e as que foram iniciadas e concluídas neste mês (8.000 unidades). Enquanto que as últimas são valorizadas exclusivamente aos custos unitários de abril, já que foram integralmente produzidas neste mês, as 4.000 unidades que transitaram do mês de março incluem custos de março e de abril. Assim, de acordo com o critério FIFO, será necessário calcular individualmente o custo de cada um destes lotes: PVF inicial e produção iniciada e acabada no mês, 4.000 e 8.000 unidades, respetivamente (ver quadros seguintes).

Rúbricas	Custo das 4.000 un. (iniciadas em março e acabadas em abril)						
	PVF in	Conclusão da PVF in					Custo total
	valor	uf	Acabamento em falta (1 – ga)	ue	Custo da ue de abril	Custo	
MP A	6.000 €	4.000	60 %	2.400	3,66 €	8.784 €	14.784 €
CT	1.800 €	4.000	80 %	3.200	1,54 €	4.928€	6.728 €
Total	7.800 €	–	–	–	–	13.712 €	21.512 €

Rúbricas	Custo das 8.000 un. (iniciadas e acabadas em abril)		
	uf	Custo da ue de abril	Custo total
MP A	8.000	3,66 €/ue	29.280 €
CT	8.000	1,54 €/ue	12.320 €
Total	–	–	41.600 €

Assim, o custo total da produção acabada em abril é igual a:

CPPA = 21.512 € + 41.600 € = 63.112 €

4.4. Produção Conjunta

As expressões produção conjunta e custos conjuntos referem-se aos processos produtivos ou às fases de um processo produtivo, através dos quais não é possível obter, a partir da mesma matéria-prima ou do mesmo conjunto de matérias-primas, apenas um produto, sem que se obtenham necessariamente outros produtos. Esta impossibilidade pode resultar de imperativos tecnológicos ou de eficiência. Podem, assim, ser várias as causas para a existência de produção conjunta ou para que a produção seja classificada como tal:

- ✓ Interdependência física efetiva entre os diversos produtos obtidos, de que é exemplo a desmancha de carcaças de bovino, através da qual se obtém inevitavelmente produtos diversos, tais como carnes de diferentes características, ossos, gorduras, sangue, tripas, etc.
- ✓ Interdependência tecnológica que permita a redução dos custos se os produtos forem obtidos conjuntamente em lugar de serem processados separadamente, como por exemplo, a geração simultânea de energia elétrica e de calor através da combustão de biomassa.

O ponto do processo produtivo em que os produtos passam a ser identificáveis separadamente designa-se por ponto de separação.
Consideremos como exemplo o fluxograma de produção apresentado na figura 4.6, em que, no final do processo produtivo conjunto (ponto de separação) são obtidos os produtos intermédios (PI) A' e B' e ainda o produto acabado C:

Figura 4.6 – Produção Conjunta

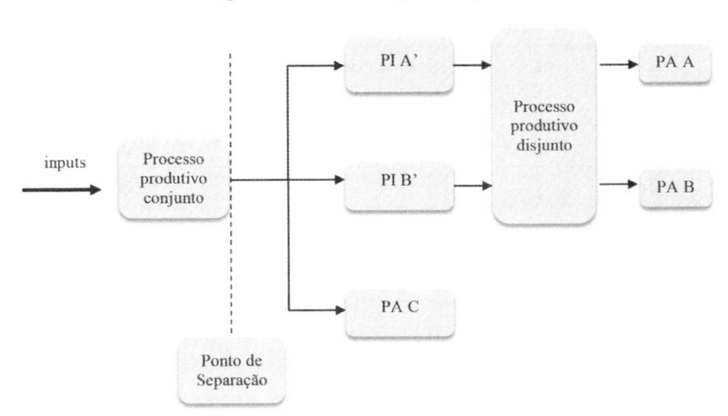

As fases do processo produtivo que antecedem o ponto de separação são denominadas fases de produção conjunta e os custos incorridos antes deste ponto designam-se por custos conjuntos. Após o ponto de separação, os produtos podem sofrer transformações adicionais, tal como acontece com os produtos A e B, sendo os custos inerentes a estas transformações designados custos específicos, os quais podem ser diretos ou indiretos relativamente a cada um desses produtos, sendo, em qualquer dos casos passiveis de repartição pelos produtos: ou são afetados diretamente, no primeiro caso, ou são imputados de forma objetiva e sistemática, no segundo.

O cálculo do custo de cada um dos produtos obtidos conjuntamente apresenta algumas especificidades, já que não é possível conhecer com exatidão os custos incorridos para produzir cada um deles, ou seja, os custos conjuntos não são identificáveis com cada um dos produtos, mas apenas com o conjunto desses produtos. Efetivamente, os custos totais incorridos são exatamente os mesmos, pelo que o custo conjunto "efetivo" de cada produto é indeterminável e o custo atribuído a cada produto conjunto será sempre uma aproximação ao custo efetivo. Ao contrário do que acontece na produção múltipla disjunta, em que é possível estabelecer uma relação de causa/efeito entre cada recurso consumido e cada produto, na produção múltipla conjunta esta relação apenas se pode estabelecer entre os recursos consumidos e a totalidade dos produtos obtidos.

Esta dificuldade no processo de repartição de custos conjuntos agrava-se quando existem diversos pontos de separação ao longo de um mesmo processo produtivo.

4.4.1. Razões para repartir custos conjuntos

São várias as razões que levam à necessidade de repartição dos custos conjuntos:

1. Relato financeiro e cumprimento das obrigações fiscais
2. Seguro de inventários
4. Processos judiciais
5. Regulamentação de preços

Os imperativos de mensuração de inventários, tanto de produtos e trabalhos em curso como de produtos acabados, nomeadamente com vista à elaboração das Demonstrações dos Resultados por Naturezas e por Funções e do Balanço, obriga a repartir os custos conjuntos pelos produtos.

Também se torna necessário valorizar os inventários para fins de seguro, pois em caso de perda dos inventários, tanto o segurado como o segurador devem conhecer o valor de cada inventário perdido.

Em determinados processos judiciais em que a empresa vise requerer compensação por perdas causadas por terceiros, poderá ser necessário comprovar o valor dos inventários danificados ou inutilizados.

Por último, quando um ou mais produtos conjuntos estão sujeitos a regulamentação de preços, é necessária a repartição dos custos conjuntos para justificar os preços praticados.

Assim, apesar de alguma arbitrariedade na repartição dos custos conjuntos, ela é necessária para a valorização de inventários e deve ser efetuada de acordo com os critérios mais adequados a cada empresa e a cada processo produtivo.

Devemos, no entanto, ter consciência de que a escolha do critério de repartição dos custos conjuntos é irrelevante tanto para a análise de rentabilidade dos produtos como para a tomada de decisão.

Efetivamente não tem qualquer interesse ou significado quantificar o resultado obtido em cada um dos produtos, devendo o resultado ser analisado apenas em termos do conjunto dos produtos, comparando os rendimentos totais com os custos totais.

Por outro lado, quando se pretende decidir se determinado produto obtido no ponto de separação deve aí ser vendido, ou se deve, pelo contrário, sofrer transformações adicionais no sentido de se obter um outro produto de maior valor de mercado, a decisão deve basear-se numa análise diferencial, isto é, saber quais os rendimentos e gastos diferenciais das duas alternativas.

4.4.2. Tipos de produtos conjuntos: coprodutos, subprodutos e resíduos

Com vista ao apuramento do custo de produção unitário em regime de produção conjunta, os produtos podem ser classificados em:

- ✓ Coprodutos ou produtos principais, que são os produtos conjuntos de valor comercial superior aos outros produtos que resultam do mesmo processo produtivo;
- ✓ Subprodutos, que são os produtos conjuntos que têm um valor comercial substancialmente inferior ao dos produtos principais e que não são o objeto principal de produção da empresa;

✓ Resíduos, que são os outputs sem valor comercial e cuja eliminação poderá originar custos adicionais que deverão ser adicionados aos custos conjuntos a distribuir pelos produtos principais que foram obtidos conjuntamente com esse resíduo.

Quanto a esta classificação, devemos ter em conta que ela poderá alterar-se de uma empresa para outra e, na mesma empresa, ao longo do tempo. Por exemplo, se um produto que era, até dado momento, considerado produto principal, por razões legais ou de preferência dos consumidores, perde valor de mercado, ele poderá passar a ser considerado um subproduto ou mesmo um resíduo. Também pode acontecer que um resíduo ou subproduto passe a ser considerado um produto principal, se ocorrer o processo inverso de aumento de valor de mercado, por exemplo, por se ter descoberto uma nova utilização para esse subproduto ou resíduo.

A classificação dos produtos conjuntos em coprodutos (ou produtos principais), subprodutos ou resíduos deve ser tida em conta no processo de repartição dos custos conjuntos, já que os critérios passíveis de ser usados nesta repartição diferem entre eles.

O parágrafo 14 da NCRF 18 do SNC indica que os custos conjuntos devem ser repartidos entre os produtos com base num critério racional e consistente, que deve ter como referência o valor de venda relativo. A referida norma também explicita a forma como deverão ser mensurados os subprodutos. Os critérios mais usados na repartição dos custos conjuntos pelos produtos principais, subprodutos e eventualmente pelos resíduos, podem ser englobados em duas abordagens: repartição com base na quantidade produzida ou com base no valor comercial dos produtos.

4.4.3. Critérios de repartição dos custos conjuntos pelos coprodutos

Atendendo às duas abordagens referidas anteriormente, podemos identificar quatro critérios de repartição dos custos conjuntos pelos produtos principais: um critério baseado nas quantidades produzidas, denominado critério das quantidades produzidas ou do custo unitário médio, e três critérios baseados no valor comercial dos produtos, designados por critério do valor de venda da produção no ponto de separação, critério do valor realizável líquido (ou valor de venda da produção, reportado ao ponto de separação) e o critério da margem bruta percentual constante. De seguida, são apresentados cada um destes critérios.

- **Critério das quantidades produzidas ou do custo unitário médio**

De acordo com este critério os custos conjuntos são imputados aos coprodutos proporcionalmente às quantidades obtidas de cada um deles no ponto de separação, ou seja, sendo Qi a quantidade produzida de cada coproduto e Qt a quantidade total produzida, temos:

$$Q_i/Q_t = x_i(\%)$$

$$\text{Custo de produção do produto i} = x_i(\%) * \text{Custos Conjuntos} + \text{Custos específicos de produção do produto i}$$

Produtos	Unidades Produzidas	% do total	Custos Conjuntos	Custo Conj. por Unidade
A	4.000	33,3(3) %	20.000 €	5,00 €
B	2.000	16,6(6) %	10.000 €	5,00 €
C	6.000	50 %	30.000 €	5,00 €
Total	12.000	100 €	60.000 €	-

Com este método o custo de produção conjunta por unidade é o mesmo para cada um dos produtos. Assim, o custo unitário dos vários coprodutos só pode ser diferente por influência dos custos específicos, se os houver.

Esta repartição dos custos conjuntos pode também ser obtida a partir do custo unitário médio:

Custo conjunto por unidade = 60.000 €/12.000 unidades = 5,00 €/unidade

Quando os preços de mercado dos coprodutos forem muito diferentes, a utilização deste método pode revelar elevados ganhos para uns produtos e perdas para outros. Este facto pode levar a distorções na valorização dos produtos.

Retomando o exemplo anterior, suponhamos que não existem custos específicos, isto é, que os coprodutos são produtos acabados no ponto de separação. Aquando da venda os produtos irão então gerar as seguintes margens:

Produtos	Unidades Produzidas	Preço de Venda	Valor de venda da produção	Custo de produção	Margem Bruta	M.Bruta/ Vendas %
A	4.000	7,00 €	28.000 €	20.000 €	8.000 €	28,57 %
B	2.000	20,00 €	40.000 €	10.000 €	30.000 €	75,00 %
C	6.000	4,00 €	24.000 €	30.000 €	(6.000 €)	-25,00 %
Total	12.000	-	92.000 €	60.000 €	32.000 €	34,78 %

Nesta situação, em que os custos conjuntos foram repartidos apenas atendendo às quantidades produzidas, e em que os preços de venda são bastante diferentes verificamos que ao produto C, com o menor valor de vendas, foi imputado a maior parte dos custos conjuntos por ser o produto cuja quantidade vendida foi a maior. Situação inversa verificou-se para o produto B. Desta abordagem resultam em margens percentuais bastante díspares para os vários coprodutos.

Do exposto podemos concluir que o método das quantidades produzidas tem a vantagem de ser simples de aplicar, mas apresenta como desvantagens o facto de exigir que os coprodutos sejam medidos pela mesma unidade de medida, o que nem sempre acontece, e de poder distorcer as margens comerciais, uma vez que não atende ao valor de venda dos produtos, pelo que os produtos com maior valor comercial apresentarão melhores margens, sendo que os produtos com menor valor comercial poderão até apresentar margens negativas.

Assim, recomenda-se a sua utilização apenas nos casos em que o preço de venda dos vários produtos seja igual ou aproximado, e em que as quantidades dos diversos produtos se exprimam através da mesma unidade física, ou em que seja possível converter todas as unidades físicas numa mesma unidade.

- **Critério do valor de venda da produção no ponto de separação**

De acordo com este critério, os custos conjuntos serão repartidos pelos produtos principais proporcionalmente ao valor de venda da produção no ponto de separação, valor este que deverá ser conhecido para que o critério possa ser adotado. Este conhecimento pode advir do facto de a empresa vender o produto no ponto de separação, ou, mesmo que a empresa não venda o produto neste ponto, de ele ser transacionado no mercado, sendo o preço conhecido.

A utilização deste critério implica que o produto que tenha um preço de venda mais alto tenha custos conjuntos unitários também mais altos.

Sendo V_i o valor de venda da produção do coproduto i no ponto de separação e Vt o valor total de venda da produção de todos os coprodutos, temos:

$$V_i/V_t = y_i(\%)$$

$$\text{Custo de produção do produto i} = y_i(\%) * \text{Custos Conjuntos} + \text{Custos específicos de produção do produto i}$$

Utilizando os mesmos dados do exemplo anterior teríamos a seguinte imputação de custos conjuntos:

Produtos	Valor de Venda da Produção	% do total	Custos Conjuntos	Custo Conj. por Unidade
A	28.000 €	30,43 %	18.261 €	4,465 €
B	40.000 €	43,48 %	26.087 €	13,044 €
C	24.000 €	26,09 %	15.652 €	2,609 €
Total	92.000 €	100 %	60.000 €	-

O custo de produção por unidade, dos vários coprodutos, difere por influência dos custos conjuntos e dos custos específicos, se os houver, ao contrário do que acontece no método das quantidades, em que o custo unitário dos vários coprodutos só pode ser diferente por influência dos custos específicos.

Prosseguindo com o mesmo exemplo, em que não existem custos específicos, na venda dos produtos serão obtidas as seguintes margens:

Produtos	Preço de Venda	Valor de Venda da Produção	Custo de produção	Margem Bruta	M.Bruta/Vendas %
A	7,00 €	28.000 €	18.261 €	9.739 €	34,78%
B	20,00 €	40.000 €	26.087 €	13.913 €	34,78%
C	4,00 €	24.000 €	15.652 €	8.348 €	34,78%
Total	-	92.000 €	60.000 €	32.000 €	34,78%

Nesta situação, em que os preços de venda são bastante diferentes, verificamos que ao produto C, com o menor preço de venda, foram também imputados custos conjuntos unitários inferiores, e que situação inversa se verificou para o produto B, resultando em margens brutas percentuais idênticas para todos os coprodutos.

- **Critério do valor de venda da produção reportado ao ponto de separação**

Sempre que existir processamento adicional após o ponto de separação (PS), de modo a converter os produtos conjuntos em novos produtos, e não seja conhecido o valor de mercado dos produtos no ponto de separação, deverá utilizar-se o critério do valor realizável líquido, também designado de critério do valor de venda da produção reportado ao ponto de separação.

Segundo este critério, os custos conjuntos são repartidos pelos coprodutos proporcionalmente ao respetivo valor de venda estimado no ponto de separação. Para estimar o valor de venda da produção no ponto de separação, é necessário determinar o valor de venda dos produtos no final do processo, ao qual se deduzem os respetivos custos específicos industriais e não industriais.

Valor de venda da produção reportado ao PS = Valor Venda da Produção no final do processo[19] − Custos específicos industriais e não industriais

Produtos	Valor de Venda da Produção[4]	Custos Específicos		Valor de Venda da Produção Reportado ao P.S.		Custos conjuntos
		Industriais	Não industriais	Valor	%	
A	28.000 €	8.000 €	1.000 €	19.000 €	29,23 %	17.539 €
B	40.000 €	10.000 €	1.200 €	28.800 €	44,31 %	26.584 €
C	24.000 €	6.000 €	800 €	17.200 €	26,46 %	15.877 €
Total	92.000 €	24.000 €	3.000 €	65.000 €	100 %	60.000 €

Na venda dos produtos serão obtidas as seguintes margens:

Produtos	Valor de Venda da Produção	Custos conjuntos	Custos específicos industriais	Margem Bruta	M.Bruta/Vendas %
A	28.000 €	17.539 €	8.000 €	2.461 €	8,79%
B	40.000 €	26.584 €	10.000 €	3.416 €	8,54%
C	24.000 €	15.877 €	6.000 €	2.123 €	8,85%
Total	92.000 €	60.000 €	24.000 €	8.000 €	8,70%

Como podemos constatar, quando os produtos são sujeitos a processamentos adicionais após o ponto de separação e se utiliza o critério do valor de venda da produção reportado ao ponto de separação, as margens brutas percentuais são diferentes para os vários coprodutos.

- **Método da margem bruta percentual constante**

Tendo em conta que os coprodutos surgem de um único processo produtivo, poderá argumentar-se que todos deveriam gerar igual margem bruta percentual. Tal acontece se for utilizado o critério da margem bruta percentual constante, segundo o qual, os custos conjuntos são repartidos de forma a que a margem bruta percentual

[19] Supondo agora que o valor de venda dos produtos não se alterou, apesar de a venda ocorrer após uma fase de produção disjunta, com custos específicos.

seja igual para cada um dos coprodutos e igual à margem bruta percentual global da totalidade dos produtos obtidos conjuntamente.

Partindo do exemplo anterior, calcula-se a margem bruta percentual global:

Total do valor de venda da produção	92.000 €	(1)
Total dos custos conjuntos	60.000 €	(2)
Total dos custos específicos industriais	24.000 €	(3)
Margem bruta	8.000 €	(4) = (1)-(2)-(3)
Margem bruta (%)	8,7 %	(5) = (4)/(1)

Na repartição dos custos conjuntos, considera-se que todos os coprodutos devem apresentar uma margem bruta percentual igual à global, ou seja, 8,7%:

	Produto A	Produto B	Produto C	Total
Valor Venda da Produção (A)	28.000 €	40.000 €	24.000 €	92.000 €
Margem Bruta (8,7%) (B)	2.435 €	3.478 €	2.087 €	8.000 €
Custo da produção (C = A – B)	25 565 €	36.522 €	21.913 €	84.000 €
Custos específicos da produção (D)	8.000 €	10.000 €	6.000 €	24.000 €
Custos conjuntos da produção (C – D)	17.565 €	26.522 €	15.913 €	60.000 €

O pressuposto assumido neste critério, de que existe para cada produto uma relação direta entre o custo de produção e o valor de venda é questionável, uma vez que, não é usual que em situações de empresas multiproduto que não envolvam produção conjunta, se observem margens brutas percentuais iguais para os diferentes produtos.

Uma variante deste método consiste em assumir uma margem percentual constante, sendo esta margem calculada deduzindo também os custos específicos não industriais.

4.4.4. Critérios de repartição dos custos conjuntos pelos subprodutos e resíduos

- **Critério do lucro nulo – subprodutos**

Quando de um processo produtivo resulta um produto cujo valor de venda é imaterial, ou seja, é muito reduzido quando comparado com os restantes produtos fabricados, ele é denominado subproduto e deverá ser mensurado ao respetivo valor realizável líquido, ou seja, o seu valor de venda deduzido dos custos em que a entidade terá que incorrer para o vender, sejam estes custos de natureza industrial ou não industrial. Se o subproduto tiver custos específicos superiores ao seu valor de venda, então os custos específicos de produção que não possam ser absorvidos pelo próprio subproduto, devem ser acrescidos aos custos a distribuir pelos coprodutos obtidos conjuntamente com esse subproduto. Este critério de mensuração dos subprodutos é conhecido como critério do lucro nulo, uma vez que o resultado obtido através da venda dos subprodutos será sempre nulo.

- **Critério do custo nulo – resíduos**

No caso de, do processo produtivo resultar um produto que não tem qualquer valor de venda, ele não poderá ser valorizado por uma quantia diferente de zero, pelo que deverá ser classificado como resíduo, sendo que os eventuais custos que a entidade tiver que suportar com o seu tratamento e/ou eliminação, deverão ser acrescidos aos coprodutos obtidos conjuntamente com esse resíduo. Este critério de mensuração dos resíduos é conhecido como critério do custo nulo, uma vez que os resíduos, não tendo valor de venda, não podem absorver quaisquer custos, conjuntos ou específicos, sendo todos estes custos imputados aos produtos principais obtidos conjuntamente com estes resíduos.

- **Tratamento contabilístico de subprodutos e resíduos**

O tratamento contabilístico de subprodutos e resíduos pode ser resumido de acordo com o quadro seguinte:

Quadro 4.2 – Critérios do lucro nulo e do custo nulo

Subproduto/Resíduo i	Com valor de venda (subprodutos)			Sem valor de venda (resíduos)
	$PV_i > CE_i$	$PV_i = CE_i$	$PV_i < CE_i$	$PV_i = 0$
Critério	Lucro nulo			Custo nulo
Parte dos custos conjuntos a atribuir a i	$CC_i = PV_i - CE_i$	$CC_i = PV_i - CE_i = 0$	0	0
Total de custos	$CC_i + CE_i$ $(= PV_i)$	CE_i $(= PV_i)$	PV_i	0
Custos a abater/ somar aos coprodutos	$- CC_i$	0	$+ (CE_i - PV_i)$	$+ CE_i$
Resultado obtido	0	0	0	Não se aplica

PV_i = Preço de venda de i
CE_i = Custo Específico de i
CC_i = Custo conjunto a atribuir a i

Se um subproduto tiver um preço de venda superior aos seus custos específicos, é-lhe atribuída uma parte dos custos conjuntos, igual à diferença entre o preço de venda e os custos específicos.

Se o preço de venda do subproduto apenas cobre os seus custos específicos, não lhe é atribuída nenhuma parte dos custos conjuntos, mas apenas os seus custos específicos de produção.

Por fim, o subproduto poderá ter um preço de venda inferior aos seus custos específicos, se a venda, apesar de não ser rentável, se justificar por razões ambientais ou de responsabilidade social ou ainda porque a eliminação desse subproduto ficaria ainda mais cara à empresa. Neste caso, ao subproduto não é atribuída nenhuma parte dos custos conjuntos, e apenas lhe são atribuídos os seus custos específicos de produção, até ao limite do seu valor de venda (deduzido de eventuais custos específicos não industriais), sendo o remanescente acrescido ao custo dos coprodutos.

Quanto aos resíduos, não lhe é atribuído qualquer custo, uma vez que não tem valor de mercado.

Apresenta-se de seguida uma exemplificação da utilização dos critérios do lucro nulo e do custo nulo, para valorizar subprodutos (SP) e resíduos (Res), respetivamente.

Considere o seguinte fluxograma de produção, em que em todas as secções os produtos são obtidos conjuntamente, e considere também os elementos fornecidos na tabela seguinte:

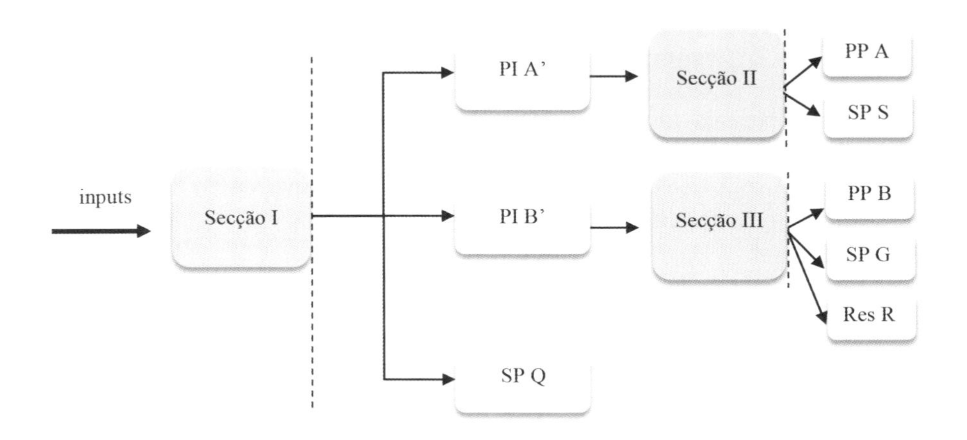

Secções	Custos Conjuntos (CC)	Produção obtida	Preços de venda	Custos específicos (CE) dos subprodutos e resíduos obtidos	
				Unitário	Total
Secção I	20.000 €	20.000 kg de A´ 10.000 kg de B´ 2.500 kg de Q	A': --- * B': --- * Q: 1,50 €	Q: = 1,00 € (embalagem)	2.500 €
Secção II	13.000 €	15.000 kg de A 5.000 kg de S	A: 10,00 € S: 1,00 €	S: 1,00 € (tratamento)	5.000 €
Secção III	17.000 €	5.000 kg de B 3.000 kg de G 2.000 kg de R	B: 12,00 € G: 2,00 € R: 0,00 €	G: 2,30 € (tratamento) R: 0,60 € (eliminação)	6.900 € 1.200 €
Total	50.000 €	---	---	---	15.600 €
Custos Totais (conjuntos e específicos)					65.600 €

* Não existe mercado para este produto

Os custos conjuntos a atribuir aos subprodutos e ao resíduo seriam obtidos da seguinte forma:

SP/ Res	PV/un. (1)	CE/un. (2)	CC/un (3)=(1)-(2)	Custos conjuntos absorvido Quant. * (3)	Custos específicos a acrescer aos produtos principais	
SP Q	1,50 €	1,00 €	0,50 €	2.500 kg * 0,50 € = 1.250 €	0 €	A' e B'
SP S	1,00 €	1,00 €	0,00 €	5.000 kg * 0,00 € = 0 €	0 €	A
SP G	2,00 €	2,30 €	0,00 €	3.000 kg * 0,00 € = 0 €	3.000 kg * 0,30 € = 900 €	B
Res R	0,00 €	0,60 €	0,00 €	2.000 kg * 0,00 € = 0 €	2.000 kg * 0,60 € = 1.200 €	B

Os custos conjuntos antes do primeiro ponto de separação são de 20.000 € (Secção I), aos quais se subtraem os 1.250€ atribuídos ao subproduto Q, sendo os restantes 18.750 € repartidos pelos produtos intermédios A' e B'.

Considerando o critério das quantidades a repartição dos 18.750 € seria a seguinte:

Coprodutos	Quantidades produzidas	%	Repartição dos custos conjuntos
A'	20.000 kg	66,6(6) %	12.500 €
B'	10.000 kg	33,3(3) %	6.250 €
Total	30.000 kg	100,00 %	18.750 €

Quanto aos custos conjuntos até ao ponto de separação que ocorre no final da secção II (12.500 € obtidos no quadro anterior acrescidos de 13.000 € de custos da Secção II = 25.500 €), seriam na sua totalidade atribuídos ao produto A, uma vez que o subproduto S não pode absorver nenhuma parte, pois os seus custos específicos igualam o seu preço de venda.

Relativamente aos custos conjuntos até ao ponto de separação que ocorre no final da secção III (6.250 € obtidos no quadro anterior acrescidos dos 17.000 € da Secção III = 23.250 €), seriam na sua totalidade atribuídos ao produto B, uma vez que nem o subproduto G (com custos específicos superiores ao preço de venda), nem o resíduo R (sem preço de venda) podem absorver qualquer parcela destes 23.250 €. Assim, os custos específicos que o subproduto G não pode absorver (900 €) bem como a totalidade dos custos específicos do resíduo R (1.200 €) terão que ser acrescidos aos custos conjuntos a atribuir ao produto principal B, que serão então de 25.350 € (23.250 € + 1.200 € + 900 €).

Obteríamos assim a seguinte valorização de inventários:

Inventários	Custos Conjuntos	Custos Específicos de produção	Custos de produção Totais
PP A	25.500 €	0 €	25.500 €
PP B	23.250 €	1.200€ (R) + 900 € (G)	25.350 €
SP Q	1.250 €	2.500 kg * 1,00 € = 2.500 € A' e B'	3.750 € A' e B'
SP S	0 €	5.000 kg * 1,00 € = 5.000 €	5.000 €
SP G	0 €	3.000 kg * 2,00 € = 6.000 €	6.000 €
Res R	0 €	0 €	0 €
Total	50.000 €	15.600 €	65.600 €

Como se constata pelo quadro anterior, a totalidade dos custos de produção atribuídos aos inventários da produção, iguala o total de custos registados no processo produtivo, que foi de 65.600 € (ver quadro fornecido a seguir ao fluxograma de produção).

ER 4.5. Produção conjunta – subproduto com valor de venda e métodos das quantidades e do valor de venda da produção no ponto de separação

A empresa SUINR dedica-se à criação e comercialização de porcos para abate. O processo produtivo desta empresa resume-se ao seguinte:

- No Departamento de Engorda, os leitões adquiridos aos criadores são sujeitos a um período de engorda, alimentados com rações;
- Depois de concluído o processo de engorda, os animais são transferidos para o Departamento de Abate e Corte, onde são abatidos e separados em quatro produtos principais (Lombo, Costeletas, Febras e Rojões) e um subproduto (Vísceras), os quais são vendidos de imediato. Neste departamento são ainda obtidos outros produtos, considerados resíduos (Sangue e Ossos), os quais poderão ser vendidos esporadicamente, originando neste caso custos de remoção, ou então são eliminados sem processamento adicional e sem custos adicionais. Os resíduos representam cerca de 10% do peso dos restantes produtos obtidos e não existem outras perdas de peso no processo.
- Existe ainda nesta unidade industrial um Departamento de Limpeza, que reparte a sua atividade e os seus custos pelos departamentos Engorda (40%) e Abate e Corte (60%).

Da contabilidade do mês de outubro do ano N, retiraram-se os seguintes elementos:

Produtos	Produção e Vendas		
	Quantidade Produzida	Quantidade Vendida	Preço de venda (pv)
Lombo	10.000 kg	7.500 kg	3,75 €
Costeletas	5.000 kg	5.000 kg	2,64 €
Febras	2.500 kg	2.000 kg	2,40 €
Rojões	2.500 kg	1.000 kg	1.32 €
Vísceras	1.000 kg	400 kg	1,00 €
Total	21.000 kg		

Custos de produção	Valor
Custos com a compra dos leitões	8.600 €
Departamento de Engorda	5.300 €
Departamento de Abate e Corte	5.600 €
Departamento de Limpeza	6.500 €
Total	26.000 €

Não se prevê a venda de quaisquer resíduos obtidos durante o mês de outubro.

Pedidos

1. Determine o total de custos conjuntos referentes a este período e a este processo produtivo.
2. Valorize o subproduto considerando o critério mais adequado, e determine o montante de custos conjuntos a distribuir pelos produtos principais.
3. Determine os custos industriais unitários dos produtos principais, utilizando o critério das quantidades produzidas.
4. Determine os custos industriais unitários dos produtos principais utilizando o critério do valor de venda da produção.

Resolução:

1. Os custos conjuntos correspondem à totalidade dos custos incorridos até ao ponto de separação dos produtos, o qual ocorre, neste caso, no final do departamento de Abate e Corte. Assim, neste caso, o ponto de separação coincide com o final do processo produtivo, pelo que os custos conjuntos coincidem com o total de custos de produção do processo produtivo, não existindo quaisquer custos após o ponto de separação, ou seja, custos específicos (industriais ou não industriais).

Quanto aos custos do Departamento de Limpeza, uma vez que eles se repartem pelos dois outros departamentos, os quais se incluem, ambos, na fase de produção conjunta, não é estritamente necessário proceder à sua repartição. No entanto esta repartição terá que ser efetuada se quisermos valorizar os produtos intermédios, ou seja, os animais à saída do Departamento de Engorda. Nesta resolução iremos proceder à repartição dos custos do Departamento, para podermos calcular os custos dos produtos intermédios, embora tal não seja estritamente necessário para responder à pergunta, uma vez que todos os animais que saem do Departamento de Engorda seguem de imediato para o Departamento de Abate e Corte. Assim, teríamos:

Custos dos produtos	Valor
Custos com a compra dos leitões	8.600 € (1)
Departamento de Engorda	5.300 € (2)
40% dos custos do Departamento de Limpeza	2.600 € (3) = 40%*6.500 €
Custos totais à saída do Departamento de Engorda	16.500 € (4) = (1)+(2)+(3)
Departamento de Abate e Corte	5.600 € (5)
40% dos custos do Departamento de Limpeza	3.900 € (6) = 40%*6.500 €
Total	26.000 € (7) = (4)+(5)+(6)

Custo total dos produtos intermédios = 16.500 €

Custo unitário dos produtos intermédios = 16.500 €/21.000 kg * (1+10%) ≈ 0,71 €/kg

Total de custos conjuntos = 26.000 €

2. Destes 26.000 €, temos agora que determinar o montante a atribuir ao subproduto Vísceras, sendo que o critério mais adequado será o critério do lucro nulo, uma vez que se trata de um subproduto que tem valor de venda, pelo que pode absorver uma parte dos custos do processo através do qual ele é obtido, até ao limite do seu valor de venda, de modo a respeitar a NCRF 18. Assim, iremos determinar o valor de venda do subproduto obtido neste período e atribui-lhe, como custo, um montante igual, uma vez que não tem custos específicos (CE):

Custos conjuntos a atribuir ao subproduto Vísceras = Valor de venda da Produção – CE
= Valor de venda da Produção
= Quantidade produzida * pv
= 1.000 kg * 1 €/kg
= 1.000 €

Sendo atribuídos 1.000 € de custos conjuntos ao subproduto, e faltando apenas valorizar os produtos principais, a estes últimos será atribuída a diferença entre os custos conjuntos totais e a parte já atribuída ao subproduto. Assim, temos:

Custos conjuntos a atribuir aos produtos principais (ccpp) = Custos conjuntos totais – custos conjuntos do subproduto
= 26.000 € – 1.000 €
= 25.000 €

3. Para determinar o custo de produção unitário de cada produto principal, teremos apenas que distribuir os custos conjuntos, uma vez que não existem custos específicos de produção. Para proceder a esta repartição iremos recorrer, tal como é pedido, ao critério das quantidades:

Produtos	Quantidade Produzida		Repartição dos custos conjuntos (3)= (2)*ccpp	Custos unitários (4)=(3)/(1)
	Kg (1)	% (2)		
Lombos	10.000 kg	50,00 %	12.500 €	1,25 €
Costeletas	5.000 kg	25,00 %	6.250 €	1,25 €
Febras	2.500 kg	12,50 %	3.125 €	1,25 €
Rojões	2.500 kg	12,50%	3.125 €	1,25 €
Total	20.000 kg	100,00 %	25.000 €	1,25 €

Utilizando o critério das quantidades chegamos a custos unitários de produção iguais para todos os produtos principais, valor que também poderia ser obtido dividindo os custos conjuntos a repartir por estes produtos (25.000 €) pelo total dos quilos obtidos destes produtos (20.000 kg), ou seja:

Custo de produção unitário dos produtos principais = 25.000 € / 20.000 kg = 1,25 €/kg

Como se pode constatar, o critério das quantidades origina custos unitários iguais para produtos que poderão ter valores de mercado significativamente diferentes, pelo que só deverá ser utilizado quando não existam diferenças relevantes entre os preços de venda dos vários produtos principais obtidos conjuntamente.

4. Iremos agora determinar o custo unitário dos produtos principais utilizando o critério do valor de venda da produção (neste caso, no ponto de separação, já que o produto, chegado a este ponto está pronto para ser vendido):

Produtos	Quantidade Produzida (1)	Preço de venda (2)	Valor Venda da Produção no PS		Repartição dos custos conjuntos (5)= (4)*ccpp	Custos unitários (6)=(5)/(1)
			Valor (3)=(1)*(2)	% (4)		
Lombos	10.000 kg	3,75 €/kg	37.500 €	62,50 %	15.625 €	1,5625 €
Costeletas	5.000 kg	2,64 €/kg	13.200 €	22,00 %	5.500 €	1,1000 €

Produtos	Quantidade Produzida (1)	Preço de venda (2)	Valor Venda da Produção no PS		Repartição dos custos conjuntos (5)= (4)*ccpp	Custos unitários (6)=(5)/(1)
			Valor (3)=(1)*(2)	% (4)		
Febras	2.500 kg	2,40 €/kg	6.000 €	10,00 %	2.500 €	1,0000 €
Rojões	2.500 kg	1,32 €/kg	3.300 €	5,50%	1.375 €	0,5500 €
Total	20.000 kg		60.000 €	100,00 %	25.000 €	1,25 €

Da utilização do critério do valor de venda da produção resulta que a repartição dos custos conjuntos tenha em conta, não só as quantidades produzidas de cada um, mas também o seu valor de venda relativo, pelo que, como se constata no quadro anterior, aos produtos principais vendidos a preços mais elevados é atribuído um custo de produção unitário também mais elevado, enquanto que aos produtos principais vendidos a preços mais baixos é atribuído um custo de produção unitário também mais baixo.

ER 4.6. Produção conjunta – subproduto com valor de venda e resíduo com custos de eliminação, critérios do valor de venda da produção no ponto de separação, do valor de venda da produção reportado ao ponto de separação e da margem bruta percentual constante

Relativamente à Sociedade de Floricultura do Centro, que se dedica à produção de Tulipas, obtiveram-se os seguintes elementos respeitantes ao ano N:

1. Fases do processo e gastos anuais:

Fases	**Gastos**
Fase 1 – Preparação de solos	8.000 €
Fase 2 – Plantação (inclui o custos das flores plantadas)	15.000 €
Fase 3 – Crescimento (inclui fertilização, irrigação e desbaste)	9.000 €
Fase 4 – Corte (e apanha das flores)	12.000 €
Fase 5 – Seleção (segundo critérios de qualidade das flores)	3.000 €
Fase 6 – Tratamento de Conservação	21.250 €
Fase 7 – Expedição para o cliente	7.550 €

2. Produção obtida e vendida:

- Tulipas de 1.ª Qualidade: 100.000 unidades produzidas e 70.000 unidades vendidas.
  Estas flores podem ser vendidas à saída de produção ou podem ser vendidas para exportação, envolvendo, neste caso, custos de Tratamento de Conservação de 0,12€ por unidade produzida, sendo o custo de expedição de 0,07€ por unidade.
- Tulipas de 2.ª Qualidade: 60.000 unidades produzidas e 50.000 unidades vendidas.
  Estas flores destinam-se a venda no mercado nacional e podem ser vendidas à saída da produção ou podem ser vendidas para pontos de venda específicos, envolvendo, neste caso, custos de Tratamento de Conservação de 0,07€ por unidade produzida, sendo o custo de expedição de 0,05€ por unidade.
- Tulipas de 3.ª Qualidade: 5.000 Kg produzidos e vendidos (cada flor tem um peso médio de 100 gr)
  Estas flores são vendidas a granel a fabricantes de aromas (utilizados na industria de perfumes). Não existem custos de expedição uma vez que o transporte é efetuado a cargo dos compradores. Existe um custo de 0,25€/Kg associados a um tratamento destinado a conservar o aroma das flores.
- Resíduos orgânicos (não reutilizáveis): 5.000 Kg
  Estes resíduos são imediatamente transportados para o Centro de Reciclagem mais próximo, implicando custos de 0,03€ por cada kg transportado.

3. Preços médios de venda unitários:

- Tulipas de 1.ª Qualidade: 0,7663 €/unid.
- Tulipas de 2.ª Qualidade: 0,2895€/ unid.
- Tulipas de 3.ª Qualidade (refugo): 0,50€/ Kg

Pedido:

1. Determine o total de Custos Conjuntos a atribuir aos produtos principais

Resolução:

Os custos conjuntos correspondem à totalidade dos custos incorridos até ao ponto de separação dos produtos, o qual ocorre, neste caso, no final da fase de Seleção.

Fases	Gastos
Fase 1 - Preparação de solos	8.000 €
Fase 2 - Plantação (inclui o custos das flores plantadas)	15.000 €
Fase 3 - Crescimento (inclui fertilização, irrigação e desbaste)	9.000 €
Fase 4 - Corte (e apanha das flores)	12.000 €
Fase 5 - Seleção (segundo critérios de qualidade das flores)	3.000 €
Total de custos conjuntos	47.000 €

Destes 47.000 €, temos agora que determinar o montante a atribuir ao subproduto Tulipas de 3.ª (que tem um valor de venda substancialmente reduzido, quando comparado com o valor de venda dos produtos principais). O critério mais adequado para valorizar este subproduto é o critério do lucro nulo, uma vez que se trata de um subproduto que tem valor de venda. Para determinar o montante de custos conjuntos a atribuir às tulipas de 3.ª teremos que apurar os respetivos custos específicos, de modo a que estes, somados com os custos conjuntos que lhe iremos atribuir, igualem o respetivo valor de venda. Assim:

Custos conjuntos a atribuir ao subproduto Tulipas de 3.ª = Valor de venda da Produção - Custos específicos

= Quantidade produzida * (pv - custos específicos unit.)

= 5.000 kg * (0,50 €/kg - 0,25 €/kg)

= 1.250 €

Neste caso, há ainda a considerar a existência de um resíduo obtido na fase de produção conjunta, o qual não tem qualquer valor de venda ou de utilização interna, pelo que não poderá absorver nenhuma parte dos custos conjuntos. Contudo este resíduo tem custos específicos, os quais, pela mesma razão, também não lhe podem ser atribuídos, pelo que terão que ser acrescidos aos custos a distribuir pelos produtos principais. Os custos de eliminação dos resíduos foram de:

Custos específicos do resíduo = Quantidade obtida * custo unitário de eliminação

= 5.000 kg * 0,03 €/kg

= 150 €

Sendo atribuídos 1.250 € de custos conjuntos ao subproduto e havendo a necessidade de acrescer os custos específicos do resíduo, o total dos custos conjuntos a atribuir aos produtos principais será:

Custos conjuntos a atribuir aos produtos principais (ccpp)	=	Custos conjuntos totais	-	Custos conjuntos do subproduto	+	Custos Específicos do resíduo
	=	47.000 €	-	1.250 €	+	150 €
	=	45.900 €				

2. Determine os custos industriais unitários dos produtos principais utilizando o critério do valor da venda da produção (VVP) no ponto de separação.

Resolução:

Produtos	Quantidade Produzida (1)	Preço de Venda (2)	VVP		Custos conjuntos (5)=(4)*45.900€	Custos Unitários (6)=(5)/(1)
			Valor (3)=(1)*(2)	% (4)		
Tulipa de 1ª	100.000 un.	0,7663 €	76.630 €	80	36.720 €	0,3672 €
Tulipa de 2ª	60.000 un.	0,2895 €	17.370 €	20	9.180 €	0,1530 €
Total			94.000 €	100%	45.900 €	-

3. Determine os custos industriais unitários dos produtos principais, adotando o método do valor de venda da produção reportado ao ponto de separação para distribuir os custos conjuntos pelos produtos principais.

   Como foi já referido, a distribuição dos custos conjuntos pelos produtos principais, utilizando o critério do valor de venda da produção reportado ao ponto de separação só deverá ser utilizado quando não se conheça o valor de venda dos coprodutos no ponto de separação.

   Assim, no exemplo em análise só faria sentido recorrer a este critério se, ao contrário do que se informa no enunciado, não existisse mercado para as tulipas de 1.ª e de 2.ª, tal como se encontram no final da fase de seleção.

   Apesar de este critério não ser o mais indicado para este caso concreto, passamos a demonstrar como se procederia à sua aplicação, caso o valor de mercado dos coprodutos no ponto de separação não fosse conhecido.

Resolução:

Produtos	Unidades produzi-das (1)	Preço de venda (2)	VVP (3)=(1)*(2)	Custos específicos		Valor de venda da produção reportado ao ponto de separação		Custos conjuntos (10)=(9)* 45.900€
				industriais (4)=(1)*(5)	não indust. (6)=(1)*(7)	Valor (8)=(3)-(4)-(6)	% (9)	
Tulipa de 1.ª	100.000	0,7663 €	76.630 €	12.000 €	7.000 €	57.630 €	85%	39.015 €
Tulipa de 2.ª	60.000	0,2895 €	17.370 €	4.200 €	3.000 €	10.170 €	15%	6.885 €
Total			94.000 €	16.200 €	10.000 €	67.800 €	100%	45.900 €
(5) Tratamento de Conservação: 0,12€/un. para as Tulipa de 1ª e 0,07€/un. para as Tulipa de 2.ª								
(7) Custos de expedição: 0,07€/un. para as Tulipa de 1ª e 0,05€/un. para as Tulipa de 2.ª								

Produtos	Custos conjuntos	Custos espec. indust.	Custos de produção totais	Unidades produzidas	Custos de Produção unitários
	(10)	(4)	(11)=(10)+(4)	(1)	(12)=(11)/(1)
Tulipa de 1ª	39.015 €	12.000 €	51.015 €	100.000	0,51015 €
Tulipa de 2ª	6.885 €	4.200 €	11.085 €	60.000	0,18475 €
Total	45.900 €	16.200 €	45.900 €		-

4. Determine os custos industriais unitários dos produtos principais utilizando o critério da margem bruta percentual constante.

Resolução:

Começamos por calcular a margem bruta percentual global:

Total do valor de venda da produção	94.000 €	(1)
Total dos custos conjuntos	45.900 €	(2)
Total dos custos específicos industriais	16.200 €	(3)
Margem bruta	31.900 €	(4) = (1)-(2)-(3)
Margem bruta (%)	≈ 33,94 %	(5) = (4)/(1)

Na repartição dos custos conjuntos, consideramos que todos os coprodutos devem apresentar uma margem bruta percentual igual à global, ou seja, 33,94%:

Produtos	Valor de Venda da Produção	Margem Bruta	Custos de produção totais	Custos específicos industriais	Custos conjuntos	Custos de produção unitários
	(1)	(2)=(1)*33,94%	(3)=(1)-(2)	(4)	(5)=(3)-(4)	(6)=(3)/Quantidade
Tulipa de 1.ª	76.630 €	26.005 €	50.625 €	12.000 €	38.625 €	0,5062 €
Tulipa de 2.ª	17.370 €	5.895 €	11.475 €	4.200 €	7.275 €	0,1913 €
Total	76.630 €	31.900 €	62.100 €	16.200 €	45.900 €	---

A utilização deste critério torna desnecessária a separação dos custos conjuntos, uma vez que o custo unitário a atribuir a cada um dos produtos principais pode ser obtido, dividindo os custos totais de produção (3) pelas quantidades produzidas.

4.5. Produção Defeituosa

No âmbito da atividade produtiva de uma empresa, qualquer que seja o seu regime de fabrico, nem sempre os produtos obtidos respeitam na integra as respetivas especificações técnicas ou os padrões de qualidade exigidos de forma a que satisfaçam as necessidades dos consumidores. A estas unidades de produção atribui-se a designação de produção defeituosa.

Atualmente e numa perspetiva de melhoria contínua e de redução de custos, as empresas investem cada vez mais na melhoria da qualidade e na redução da ocorrência de produção defeituosa.

No entanto, não obstante estes esforços, nem sempre a produção defeituosa é eliminada na sua totalidade, pelo que se torna necessário tratar contabilisticamente esta realidade, apurando e registando adequadamente os custos que dela podem resultar.

Tendo em conta o principio segundo o qual apenas devem ser considerados como custo de produção de um produto, os custos estritamente necessários para obter esse produto, deverá distinguir-se:

- Produção defeituosa normal, cujos custos, por decorrerem do decurso normal e esperado do processo produtivo, se devem considerar custos necessários para obter a produção boa, ou sem defeito; e
- Produção defeituosa anormal, cujos custos, por resultarem de circunstancias acidentais, não devem onerar os custos da produção sem defeito, devendo antes ser considerados como custos do período em que ocorre essa produção defeituosa anormal.

Uma vez que o tratamento contabilístico da produção defeituosa difere consoante esta seja normal ou anormal, cada entidade deverá estabelecer a percentagem de unidades com defeito que considera normal, face ao total da produção e tendo em conta as características do seu processo produtivo.

Acresce ainda que o tratamento contabilístico da produção defeituosa depende também da existência, ou não, de valor de mercado para a produção defeituosa. Efetivamente, se as unidades com defeito tiverem algum valor de mercado, elas poderão absorver, no todo ou em parte, os respetivos custos de produção, até ao limite desse valor de mercado, aplicando-se o critério do lucro nulo. Assim, podem ser identificados os seguintes casos:

- Produção defeituosa completamente inutilizável, logo sem valor, uma vez que o defeito impede o produto de satisfazer as necessidades que motivaram o seu fabrico, bem como qualquer outra necessidade;
- Produção defeituosa utilizável, logo com algum valor, uma vez que o defeito apenas limita a utilidade do produto para os consumidores habituais ou para utilizadores alternativos. Esta produção é também designada por refugo e poderá ser consumida internamente, em substituição de matérias-primas, materiais ou combustíveis, ou poderá ser vendida no estado em que se encontra (a um preço mais baixo que o preço da produção sem defeito).

A produção defeituosa poderá ainda ser reprocessada, de modo a eliminar o defeito e a ser vendida ao preço normal da produção sem defeito. O reprocessamento deverá ocorrer se os custos adicionais forem inferiores ao acréscimo de valor de venda. Uma vez que neste caso o defeito é eliminado, estas unidades não devem ser tratadas como produção defeituosa, mas sim como unidades sem defeito com custos adicionais associados ao reprocessamento.

Assim, em síntese e tendo em conta a classificação da produção defeituosa em normal/anormal e com/sem valor, podem ser identificadas cinco situações possíveis em termos de cálculo do custo unitário de produção e da valorização dos inventários (Quadro 4.3).

Quadro 4.3 – Produção defeituosa normal/anormal e com/sem valor

<table>
<tr><td colspan="2" rowspan="2"></td><td colspan="3">Produção defeituosa anormal</td></tr>
<tr><td>Nula
(Toda a produção defeituosa é normal)</td><td>Positiva
(Nem toda a produção defeituosa é normal)</td><td>Negativa
(A produção defeituosa efetiva é inferior ao normal)</td></tr>
<tr><td rowspan="2">Valor da produção defeituosa</td><td>Nulo</td><td>Caso 1</td><td>Caso 2</td><td rowspan="2">Caso 5</td></tr>
<tr><td>Não nulo</td><td>Caso 3</td><td>Caso 4</td></tr>
</table>

Caso 1: Toda a produção defeituosa é considerada normal e não possui valor (de venda ou de utilização interna)

Considere os seguintes dados:

Produção total	1.000 unidades
Taxa normal de defeito	5%
Produção defeituosa normal	5% * 1.000 unidades = 50 unidades
Produção defeituosa efetiva	50 unidades
Produção defeituosa anormal	0 unidades
Produção sem defeito esperada	(1 – 5%) * 1.000 unidades = 950 unidades
Custos de produção totais	9.500 €

Neste caso, uma vez que toda a produção defeituosa é considerada normal, os seus custos são considerados necessários para a obtenção das unidades sem defeito, pelo que se reparte a totalidade dos custos de produção pela quantidade normal de unidades sem defeito (produção sem defeito esperada), que, neste caso, coincide com a quantidade efetiva de produtos sem defeito, já que não se verificou a ocorrência de produção defeituosa inesperada (anormal), de onde resulta:

$$\text{Custo de produção unitário (cpu)} = \frac{\text{Custo de produção total}}{\text{Produção sem defeito esperada}} = \frac{9.500\ €}{950\ \text{un.}} = 10\ €/\text{un.}$$

Este custo unitário será agora utilizado para valorizar os inventários sem defeito. Quanto às unidades defeituosas, são excluídas do processo de repartição dos custos, pelo que não lhes é atribuído qualquer custo, uma vez que não tendo valor de mercado, não poderão absorver custos.

Assim:

Rúbricas	Quantidade	Valor dos inventários	
Produção sem defeito efetiva (neste caso, igual à esperada)	950 un.	950 un. * 10 €/un.	9.500 €
Produção defeituosa efetiva (neste caso, igual à esperada)	50 un.	50 un. * 0€	0€
Total	–	–	9.500 €

Caso 2: Existe produção defeituosa normal e anormal, ambas sem valor (de venda ou de utilização interna)

Considere os seguintes dados:

Produção total	1.000 unidades
Taxa normal de defeito	5%
Produção defeituosa normal	5% * 1.000 unidades = 50 unidades
Produção defeituosa efetiva	70 unidades
Produção defeituosa anormal	20 unidades
Produção sem defeito esperada	(1 – 5%) * 1.000 unidades = 950 unidades
Produção sem defeito efetiva	1.000 un. - 70 un.= 930 un.
Custos de produção totais	9.500 €

Neste caso, uma vez que nem toda a produção defeituosa é considerada normal, nem todos os seus custos são considerados necessários para a obtenção das unidades sem defeito, pelo que de deve distinguir os custos de produção necessários para produzir as unidades boas dos custos incorridos com a produção defeituosa acidental (não necessária ou anormal). Para tal dividem-se os custos de produção totais pela quantidade normal de unidades sem defeito (produção sem defeito esperada), que, neste caso, não coincide com a quantidade efetiva de produtos sem defeito, já que se verificou a ocorrência de produção defeituosa inesperada (anormal), de onde resulta, aplicando a expressão geral:

$$\text{Custo de produção unitário (cpu)} = \frac{\text{Custo de produção total}}{\text{Produção sem defeito esperada}} = \frac{9.500\ €}{950\ \text{un.}} = 10\ €/\text{un.}$$

Este custo unitário será agora utilizado para valorizar os inventários sem defeito entrados em armazém. O mesmo custo unitário será utilizado para calcular o custo respeitante às unidades de produção defeituosa anormal.

Às unidades defeituosas (normais e anormais) não será atribuído qualquer custo, uma vez que não tendo valor de mercado, não poderão absorver quaisquer custos. Assim, os 10€/un. respeitantes às unidades de produção defeituosa anormal, serão levados à Demonstração dos Resultados, como resultados acidentais.

Assim:

Rúbricas	Quantidade	Valor	
Produção sem defeito efetiva (valor para Balanço)	930 un.	930 un. * 10 €/un.	9.300 €
Resultados acidentais (valor para DR)	20 un.	20 un. * 10 €/un.	200 €
Produção defeituosa efetiva	70 un.	70 un. * 0€	0 €
Total	–	–	9.500 €

Caso 3: Toda a produção defeituosa é considerada normal e possui valor (de venda ou de utilização interna)

Considere os seguintes dados:

Produção total	1.000 unidades
Taxa normal de defeito	5%
Produção defeituosa normal (Pdn)	5% * 1.000 unidades = 50 unidades
Produção defeituosa efetiva	50 unidades
Produção defeituosa anormal	0 unidades
Produção sem defeito esperada	(1 – 5%) * 1.000 unidades = 950 unidades
Valor de venda da produção defeituosa	4,75 €/un.
Custos de produção totais	9.500 €

Neste caso, uma vez que toda a produção defeituosa é considerada normal, os seus custos são considerados necessários para a obtenção das unidades sem defeito, pelo que se repartem os custos de produção pela quantidade normal de unidades sem defeito (produção sem defeito esperada). Neste caso, uma vez que a produção defeituosa normal vai gerar um rendimento ou uma diminuição de gastos, estes produtos poderão absorver parte dos custos (até ao limite do seu valor realizável líquido), os quais serão assim deduzidos ao custo a atribuir às unidades sem defeito, ou seja:

$$cpu = \frac{\text{Custo de produção total - custos a atribuir à Pdn}}{\text{Produção sem defeito esperada}} = \frac{9.500\ € - 50\ \text{un.} * 4{,}75\ €}{950\ \text{un.}} = 9{,}75\ €/\text{un.}$$

Este custo unitário será agora utilizado para valorizar os inventários sem defeito. Quanto às unidades defeituosas, serão valorizadas ao seu valor de venda.

Assim:

Rúbricas	Quantidade	Valor dos inventários	
Produção sem defeito efetiva	950 un.	950 un. * 9,75 €/un.	9.262,50€
Produção defeituosa efetiva	50 un.	50 un. * 4,75 €/un.	237,50 €
Total	---	---	9.500 €

Caso 4: Existe produção defeituosa normal e anormal, ambas com valor (de venda ou de utilização interna)

Considere os seguintes dados:

Produção total	1.000 unidades
Taxa normal de defeito	5%
Produção defeituosa normal (Pdn)	5% * 1.000 unidades = 50 unidades
Produção defeituosa efetiva	70 unidades
Produção defeituosa anormal	20 unidades
Produção sem defeito esperada	(1 - 5%) * 1.000 unidades = 950 unidades
Produção sem defeito efetiva	1.000 un. - 70 un.= 930 un.
Valor de venda da produção defeituosa	4,75 €/un.
Custos de produção totais	9.500 €

Neste caso, uma vez que nem toda a produção defeituosa é considerada normal, nem todos os seus custos são considerados necessários para a obtenção das unidades sem defeito, pelo que é necessário distinguir os custos de produção necessários para produzir as unidades boas dos custos incorridos com a produção defeituosa acidental (não necessária). Para tal dividem-se os custos de produção totais, deduzidos do valor realizável líquido da produção defeituosa normal, pela quantidade normal de unidades sem defeito (produção sem defeito esperada), que, neste caso, não coincide com a quantidade efetiva de produtos sem defeito, já que se verificou a ocorrência de produção defeituosa inesperada (anormal), de onde resulta, aplicando a expressão geral:

$$cpu = \frac{\text{Custo de produção total - custos a atribuir à Pdn}}{\text{Produção sem defeito esperada}} = \frac{9.500\text{ €} - 50\text{ un.} * 4{,}75\text{ €}}{950\text{ un.}} = 9{,}75\text{ €/un.}$$

Este custo unitário será agora utilizado para valorizar os inventários sem defeito bem como as unidades de produção defeituosa anormal. Às unidades defeituosas (normais e anormais) será atribuído um valor igual ao seu preço de venda. As unidades de produção defeituosa anormal custaram 9,75€/un. mas só podem ser valorizadas por 4,75€/un, pelo que o excedente deve ser considerado como um resultado acidental.

Assim:

Rúbricas	Quantidade	Valor	
Produção sem defeito efetiva (Balanço)	930 un.	930 un. * 9,75 €/un.	9.067,50 €
Resultados acidentais (DR)	20 un.	20 un. * (9,75€ - 4,75€)	100 €
Produção defeituosa efetiva (Balanço)	70 un.	70 un. * 4,75€	332,50 €
Total	-	-	9.500 €

Caso 5: A produção defeituosa efetiva é inferior à produção defeituosa normal

Considere os seguintes dados:

Produção total	1.000 unidades
Taxa normal de defeito	5%
Produção defeituosa normal	5% * 1.000 unidades = 50 unidades
Produção defeituosa efetiva (Pde)	40 unidades
Produção defeituosa anormal	0 unidades

Produção sem defeito esperada	(1 – 5%) * 1.000 unidades = 950 unidades
Produção sem defeito efetiva	1.000 un. – 40 un.= 960 un.
Valor de venda da produção defeituosa	4,75 €/un.
Custos de produção totais	9.500 €

Nestes casos, uma vez que não se devem incluir, no custo de produção, gastos superiores aos efetivamente ocorridos, o custo unitário da produção sem defeito deverá ser calculado pelo quociente entre os custos totais e a produção sem defeito efetiva (superior à normal), pelo que este custo unitário será inferior ao que seria se considerássemos resultados acidentais positivos. Assim:

$$cpu = \frac{\text{Custo de produção total - custos a atribuir à Pde}}{\text{Produção sem defeito efetiva}} = \frac{9.500\ € - 40\ \text{un.} * 4{,}75\ €}{960\ \text{un.}} \approx 9{,}6979\ €$$

Este custo unitário será agora utilizado para valorizar os inventários sem defeito. Às unidades defeituosas efetivas será atribuído um custo igual ao seu valor realizável líquido.

Assim:

Rúbricas	Quantidade	Valor dos inventários	
Produção sem defeito efetiva	960 un.	960 un. * 9,6979 €/un.	9.310 €
Resultados acidentais	0 un.	0 €	0 €
Produção defeituosa efetiva	40 un.	40 un. * 4,75€	190 €
Total	–	–	9.500 €

ER 4.7. Produção defeituosa, com e sem valor de venda

No fabrico da ordem de produção n.º 115.ª, correspondente a 10.000 unidades do produto A, registaram-se custos de 80.000 € de matérias-primas consumidas e 86.600 € de custos de transformação e obtiveram-se 250 peças com defeito. Os serviços fabris tinham definido, como taxa normal de defeito, 2% da produção lançada em fabrico.

Pedidos

a) Calcule o custo unitário e o custo total da produção útil (boa), assim como o valor dos resultados acidentais, no pressuposto que a produção com defeito não é vendável.

b) Considerando que a produção defeituosa tem mercado e que o seu preço de venda é de 12,25€/peça, determine o valor dos resultados acidentais, o valor da produção útil (boa) e o valor total da produção entrada em armazém.

Resolução:

a)

$$\text{Custo de produção unitário (cpu)} = \frac{\text{Custo de produção total}}{\text{Produção sem defeito esperada}} = \frac{86.600\text{ €} + 80.000\text{ €}}{(10.000\text{ un.} - 2\%*10.000\text{ un.})}$$

$$\text{Cpu} = \frac{166.600\text{ €}}{9.800\text{ un}} = 17\text{ €/un.}$$

Rúbricas	Quantidade	Valor	
Produção sem defeito efetiva (Balanço)	9.750 un.	9.750 un. * 17 €/un.	165.750 €
Resultados acidentais (DR)	50 un.	50 un. * 17 €	850 €
Produção defeituosa efetiva	250 un.	250 un. * 0 €	0 €
Total	---	---	166.600 €

b)

$$\text{Custo de produção unitário (cpu)} = \frac{\text{Custo de produção total - valor Pdn}}{\text{Produção sem defeito esperada}} = \frac{(86.600\text{ €} + 80.000\text{ €}) - 200\text{ un.}*\ 12,25\text{ €}}{(10.000\text{ un.} - 2\%*10.000\text{ un.})}$$

$$\text{Cpu} = \frac{164.150\text{ €}}{9.800\text{ un}} = 16,75\text{ €/un.}$$

Rúbricas	Quantidade	Valor	
Produção sem defeito efetiva (Balanço)	9.750 un.	9.750 un. * 16,75 €/un.	163.312,50 €
Resultados acidentais (DR)	50 un.	50 un. * (16,75 € - 12,25 €)	225,00 €
Produção defeituosa efetiva (Balanço)	250 un.	250 un. * 12,25 €	3.062,50 €
Total	---	---	166.600,00 €

ER 4.8. Produção defeituosa utilizável internamente

Determinada empresa dispõe de uma fundição onde produz séries de peças destinadas a empresas de fabrico de automóveis, cujo custo de produção é apurado com recurso ao Custeio Baseado nas Atividades (método ABC). No mês de junho do ano N, os custos de produção atribuídos à Ordem de Produção B120, correspondente a 5.000 unidades da peça Modelo B, foram os seguintes:

- Custo das matérias-primas consumidas: 3.850 €
- Custos e indutores das atividades:

Atividades	Custos Mensais	Total de Indutores de Custo do Mês	Indutores de Custo da Ordem de Produção B120
Preparação das máquinas	50.000 €	5.000	50
Maquinação	90.000 €	6.000	40
Acabamento	120.000 €	3.000	60

A empresa considera uma taxa normal de defeitos de 3% sobre a produção lançada em produção, tendo, no referido mês de junho, obtido 210 peças defeituosas. As unidades defeituosas são utilizadas pela empresa, em substituição de uma das matérias primas consumidas no seu processo produtivo, sendo o preço de mercado desta matéria 5,00€ por Kg. Cada peça defeituosa pesa aproximadamente 100 gramas.

Pedidos

a) Calcule o custo da produção acabada sem defeito, apure o montante de custos de produção do período que deverão ser considerados resultados acidentais e valorize todos os inventários de produção entrados em armazém em junho/N.

Resolução:

i. Antes de proceder à repartição dos custos da ordem de produção pelas unidades com e sem defeito, é necessário obter o custo total desta ordem, que será a soma do custo das matérias consumidas com o custo das atividades, o qual se obtém multiplicando a quantidade de indutores consumidos pelos respetivos custos unitários:

Atividades	Custos Mensais	Total de Indutores de Custo do Mês	Custo unitário dos indutores	Ordem de Produção B120	
				Indutores de custo consumidos	Custo
Preparação das máquinas	50.000 €	5.000	10,00 €	50	500 €
Maquinação	90.000 €	6.000	15,00 €	40	600 €
Acabamento	120.000 €	3.000	40,00 €	60	2.400 €
Total	260.000 €	---	---	---	3.500 €

Assim, o custo total da ordem de produção é de: 3.850 € + 3.500 € = 7.350 €

ii. De seguida, é necessário calcular o valor a atribuir à produção defeituosa, tendo em conta que esta pode ser utilizada internamente, evitando assim a aquisição de uma das matérias primas cujo preço **é de 5**€/kg. Sabendo que cada peça pesa 100 gr, o valor a atribuir a cada uma é obtido da seguinte forma:

Valor de cada peça com defeito = 0,100 kg * 5 €/kg = 0,50 €/peça

iii. Dispondo agora do custo total da ordem de produção e do valor a atribuir a cada peça com defeito, calculamos o custo a atribuir a cada peça sem defeito esperada:

$$\text{Custo de produção unitário (cpu)} = \frac{\text{Custo de produção total} - \text{valor da produção defeituosa normal}}{\text{Produção sem defeito esperada}}$$

$$\text{Cpu} = \frac{7.350\ € - 3\% * 5.000\ \text{un} * 0{,}50€/\text{un.}}{5.000\ \text{un} * (100\% - 3\%)} = \frac{3.350\ € - 75\ €}{4.850\ \text{un.}} = 1{,}50\ €/\text{un.}$$

Rúbricas	Quantidade	Valor	
Produção sem defeito efetiva (Balanço)	4.790 un.	4.790 un. * 1,5 €/un.	7.185 €
Resultados acidentais (DR)	60 un.	60 un. * (1,5 € - 0,50 €)	60 €
Produção defeituosa efetiva (Balanço)	210 un.	210 un. * 0,50 €	105 €
Total	---	---	7.350 €

b) Calcule o custo da produção acabada sem defeito, apure o montante de custos de produção do período que deverão ser considerados resultados acidentais e valorize todos os inventários de produção entrados em armazém em junho/N, supondo agora que, para poderem ser utilizadas, as peças com defeito têm que sofrer um processamento, cujo custo se cifra em 67,90 € para a totalidade das peças com defeito.

Resolução:

Neste caso, o valor das unidades com defeito seria menor que no caso anterior, uma vez que lhe deve ser subtraído o respetivo custo do processamento adicional, sendo obtido da seguinte forma:

Valor de mercado da matéria-prima substituída – custos adicionais =
= 0,50 €/un. – (67,90 €/210 un.) =
= 0,17(6) €/un.

A resolução seria então a que se segue:

$$Cpu = \frac{7.350\text{ €} - 3\% * 5.000\text{ un} * 0{,}17(6)\text{ €/un.}}{5.000\text{ un} * (100\% - 3\%)} = \frac{3.350\text{ €} - 26{,}50\text{ €}}{4.850\text{ un.}} = 1{,}51\text{ €/un.}$$

Rúbricas	Quantidade	Valor	
Produção sem defeito efetiva (Balanço)	4.790 un.	4.790 un. * 1,51 €/un.	7.232,90 €
Resultados acidentais (DR)	60 un.	60 un. * (1,5 € – 0,17(6) €)	80,00 €
Produção defeituosa efetiva (Balanço)	210 un.	210 un. * 0,17(6) €	37,10 €
Total	---	---	7.350 €

ER 4.9. Produção defeituosa inferior ao normal, sem valor e com custos adicionais

A empresa Delta produz um único produto, sendo a sua produção sujeita a um rigoroso controlo de qualidade efetuado no final do processo produtivo. Durante todo o processo de fabrico não se verificam perdas ou aumentos de peso e a empresa considera como taxa normal de produtos defeituosos 5% dos materiais consumidos. Estes produtos defeituosos não são vendáveis nem utilizáveis internamente, tendo que ser transportados para um centro de reciclagem de resíduos, com um custo adicional de 1,25 por kg reciclado.

Relativamente a um dado período conhecem-se os seguintes elementos:

	Quantidade	Valor
Materiais consumidos no período	10.000 kg	30.000 €
Custos com MOD	2.000 Hh	9.300 €
GIP do período	4.000 Hm	36.761 €
Produção acabada total	10.000 kg	
Produção acabada "boa"	9.700 kg	?
Produção acabada com defeito	300 kg	

Nem no início nem no final deste período existiam produtos em curso.

Pedidos

Considerando que a produção defeituosa não tem mercado, determine o custo da produção "boa" acabada neste período.

Resolução:

Neste caso têm que ser considerados os seguintes fatores, quanto à produção defeituosa:

- Não tem valor pelo que não poderá absorver quaisquer custos, nem custos conjuntos nem os seus custos específicos, tendo estes últimos que ser acrescidos ao custo da produção sem defeito;
- A sua quantidade é inferior à esperada, pelo que o custo efetivo será repartido pela quantidade de produção sem defeito efetiva (e não pela produção sem defeito esperada).

Assim:

$$\text{Custo de produção unitário (cpu)} = \frac{\text{Custo de produção total}}{\text{Produção sem defeito efetiva}} = \frac{30.000\text{ €} + 9.300\text{ €} + 36.761\text{ €} + 300\text{ kg} * 1{,}25\text{ €/kg}}{9.700\text{ kg}}$$

$$\text{Cpu} = \frac{76.436\text{ €}}{9.700\text{ kg}} = 7{,}88\text{ €/kg}$$

Rúbricas	Quantidade	Valor	
Produção sem defeito efetiva (Balanço)	9.700 kg	9.700 kg * 7,88 €/kg	76.436 €
Resultados acidentais (DR)	–	–	0 €
Produção defeituosa efetiva (Balanço)	300 kg	0 €	0 €
Total	–	–	76.436 €

APÊNDICE 1

Variação da Produção em Inventário Permanente e Intermitente e a necessidade de um sistema de Contabilidade de Gestão

Tal como é descrito no capítulo I, a necessidade de equivalência entre gastos e rendimentos, na DRN, exige que se apure a variação nos inventários da produção, ocorrida entre o final e o início de um exercício económico. Esta variação é apurada na conta 73, tal como se descreve de seguida:

73 Variação da Produção	
Inventários Finais (–)	**Inventários Finais (+)**
Foram vendidos, mas os seus custos de produção não estão incluídos nos gastos do período Devem ser considerados como custo do período atual (diminuição de inventários)	Não foram vendidos, mas os seus custos de produção estão incluídos nos gastos do período Devem ser considerados como rendimento do período atual (acréscimo de inventários)

Esta conta deve ser subdividida em subcontas, atendendo às especificidades dos inventários de produção.

73	Variações nos inventários da produção
731	Produtos acabados e intermédios
732	Subprodutos, desperdícios, resíduos e refugos
733	Produtos e trabalhos em curso
734	Ativos biológicos

Na exposição que se segue acerca dos registos contabilísticos a efetuar na conta 73 referir-nos-emos apenas à conta principal (de primeiro grau), sendo que tal exposição é válida para qualquer das suas subcontas.

De seguida será explicado o processo de apuramento do saldo da conta 73 – Variações nos inventários da produção, quer em sistema de Inventário Permanente quer em sistema de inventário intermitente, processos estes que implicam a necessidade de um sistema de contabilidade de custos, de modo a apurar, respetivamente, o valor (custo) dos inventários finais de produtos ou o valor (custo) dos inventários entrados e saídos de armazém.

- **Variação da Produção em Inventário Permanente**

Durante um exercício contabilístico, uma empresa suportou gastos para produzir as unidades de produtos obtidas.

Vamos supor que os únicos gastos necessários para produzir esses produtos foram:

✓ Eletricidade = 1.000€, e
✓ Gastos com Pessoal = 5.000€

Vamos supor que a fatura de eletricidade foi paga a pronto, por cheque (ignorar IVA).

Na altura em que ocorreram estes gastos foram efetuados os seguintes registos contabilísticos na contabilidade financeira:

(1) Gastos com eletricidade, pagos a pronto;
(2) Gastos com pessoal.

6241 Eletricidade	
(1) 1.000	

12 Dep. Ordem	
	(1) 1.000

63 Gastos c/ Pess.	
(2) 5.000	

Out dev. e cred – pessoal	
	(2) 5.000

Em virtude da obtenção dos produtos, que vamos considerar que foram todos acabados, estes vão dar entrada no armazém de PA, pelo que teremos que debitar a respetiva conta de Inventários: 34 – Produtos Acabados e Intermédios.

Mas qual o valor deste registo? Segundo a NCRF 18, será pelo seu Custo de Produção (CPPA = Custo de Produção dos Produtos Acabados), valor que terá que ser apurado pela contabilidade de custos.

Vamos supor que, no nosso exemplo, o Custo de Produção dos Produtos Acabados seria 6.000€ (1.000€ de Eletricidade e 5.000€ de Gastos com Pessoal).

O registo na conta 34 – Produtos Acabados e Intermédios, seria assim o seguinte (3):

34 – Produtos Acabados e Intermédios

Débito	Crédito
6.000 (3)	

Mas tem que existir um registo, como contrapartida deste débito, ou seja, que conta iremos creditar?

A conta a creditar é precisamente a conta 73 – Variação da Produção.

73 – Variação da Produção

Débito	Crédito
	6.000 (3)

73 – Variação da Produção: Conta de Rendimentos

O aumento dos inventários é um rendimento para a empresa (assim como a eletricidade e os gastos c/ pessoal foram um gasto), pelo que se credita a conta 73

Posteriormente, alguns destes produtos serão vendidos, ainda nesse mesmo período. Vamos supor que 2/3 destes produtos foram vendidos pelo valor de 7.500€, sendo que a venda daria lugar aos seguintes registos, admitindo que as vendas foram a pronto:

12 Dep. Ordem

Débito	Crédito
(4) 7.500	

712 – Vendas de Produtos Acab. e Intermédios

Débito	Crédito
	(4) 7.500

Estes produtos vendidos saem do armazém de PA, pelo que, como estamos em SIP, teremos que creditar a respetiva conta de Inventários: 34 – Produtos Acabados e Intermédios

Este registo deve ser feito por que valor? Novamente, será pelo seu Custo de Produção (NCRF 18), ou seja, pelo Custo de Produção dos Produtos Vendidos (CPPV), também apurado pela Contabilidade de Gestão.

Uma vez que vendemos 2/3 da quantidade produzida, e assumindo que não existiam inventários iniciais de PA), teríamos:

CPPV = 2/3*6.000 = 4.000€

34 – Produtos Acabados e Intermédios

Débito	Crédito
	(5) 4.000

Mas tem que existir um registo, como contrapartida deste crédito, ou seja, que conta iremos debitar?

A conta a debitar é precisamente a conta 73 – Variação da Produção, tal como se indica, de seguida:

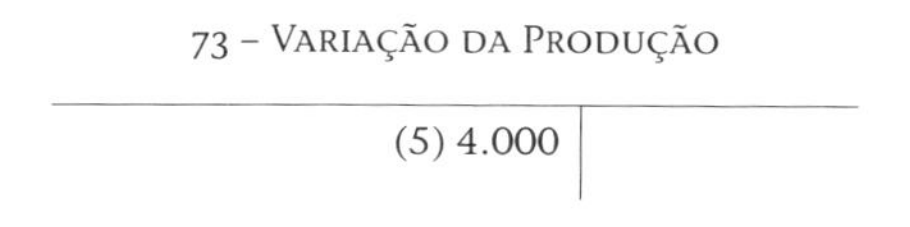

73 – Variação da Produção: Conta de Rendimentos

A diminuição dos Inventários é o oposto de um rendimento, pelo que se debita a 73

Esta conta 73, já tem a crédito 6.000 € (CPPA), pelo que fica com um saldo de 2.000€, que corresponde ao aumento dos Inventários (ou seja, variação da produção > 0, ou seja um contributo positivo para o resultado):

73 – Variação da Produção

Débito	Crédito
4.000	6.000

Resumo: em Sistema de Inventário Permanente

[1] Mensuração da produção realizada pela empresa (CPPA) [pela contabilidade de gestão] e registo imediato de entrada na conta 34 [débito] por contrapartida da conta 73.

[2] Mensuração do custo dos produtos vendidos após cada venda e registo imediato de saída da conta 34, por contrapartida da conta 73.

Chegados ao final do ano a conta 34, foi sendo permanentemente atualizada por todas as entradas e saídas.

Também a conta 73, apresenta, por comparação entre a produção [CIPA] e o custo das vendas [CIPV], a variação da produção no período.

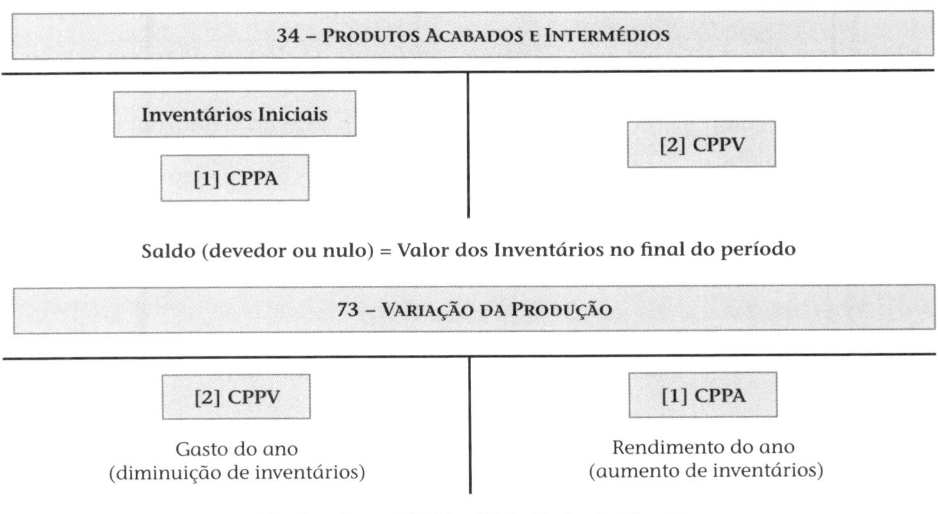

- **Variação de produção em Inventário Intermitente**

Os gastos incorridos ao longo do período em causa, bem como as Vendas desse período, são alvo de registo contabilístico idêntico ao utilizado em SIP, sendo que a diferença se verifica no que respeita às contas 34 – Produtos Acabados e Intermédios e 73 – Variação nos Inventários da Produção, nas quais, ao longo do período, não se fazem quaisquer registos, nem quando os produtos entram em armazém, nem quando saem de armazém. Assim, teremos apenas os seguintes registos:

1) Gastos incorridos
2) Vendas

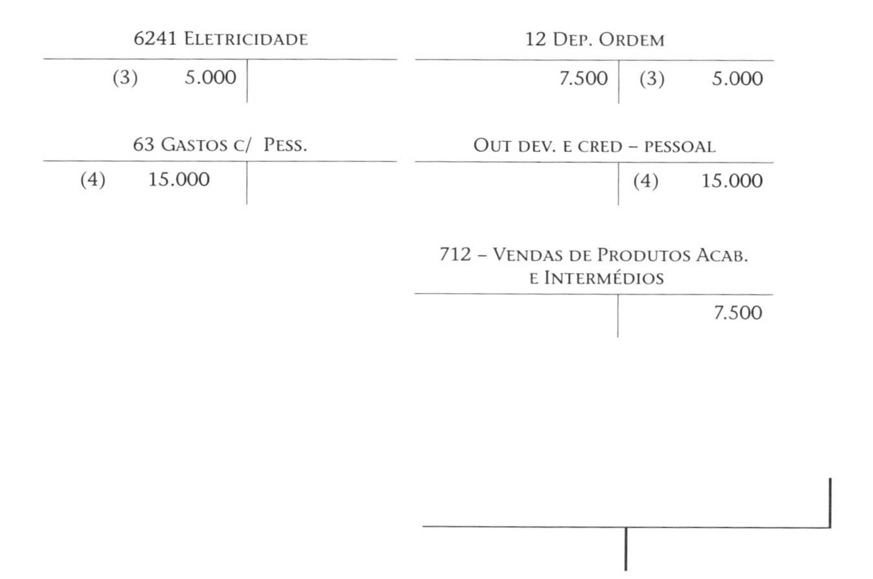

Neste caso, os registos na Conta 73 – Variações nos Inventários da Produção, são efetuados apenas no final do período.

Variação da Produção = Inventários Finais (1) – Inventários Iniciais (2) +/- Regularizações

Chegados ao final do ano a conta 34, não tendo sido movimentada pelas entradas e saídas, só apresenta o Inventário Inicial (2).

É necessário, nesse momento, realizar a mensuração do Inventário Final (1), pela contabilidade de gestão.

Os registos contabilísticos a fazer para apurar a variação nos inventários da produção e para regularizar a conta 34 são os seguintes:

[1] Movimentação do saldo inicial de PA da conta 34 para a conta 73.
[2] Movimentação do Inventário Final na conta 34 (a débito) por contrapartida da conta 73 (a crédito).

Destes registos resulta que o saldo da conta 73 passa então a apresentar o valor da variação nos inventários da produção, desse período, por comparação entre os inventários inicial e final dos produtos.

34 – Produtos Acabados e Intermédios	
SI: Inventários Iniciais	(2) Inventários Iniciais
(1) Inventários Finais (*)	

Saldo (devedor ou nulo)
Valor dos Inventários finais

73 – Variação da Produção	
(2) Inventários Iniciais	(1) Inventários Finais (*)

Saldo devedor se
Inventário Final < Inventário Inicial:
Variação Negativa

Saldo credor se
Inventário Final > Inventário Inicial:
Variação Positiva

(*) Apurado pela contabilidade de gestão

- **SIP/SII: Variação nos inventários de produção – Síntese**

Tanto em Inventário Permanente como em Inventário Intermitente, o saldo da conta 73 – Variação da Produção é igual, uma vez que da igualdade:

INVENTÁRIOS INICIAIS + CPPA = CPPV + INVENTÁRIOS FINAIS

Resulta:

INVENTÁRIOS FINAIS – INVENTÁRIOS INICIAIS = CPPA – CPPV Regularizações

Para elaborar a DRN é necessário obter o valor da Variação nos Inventários da Produção, o que por sua vez implica o conhecimento do valor contabilístico destes inventários, no final de cada período, sendo que só através de um sistema de contabilidade de gestão, ou contabilidade de custos, é possível determinar este valor.

Exercício Resolvido A1 – Variação nos inventários da produção (Sistema de Inventário Intermitente)

Dos registos contabilísticos da empresa CACIS, Lda., em 31 de dezembro de 20XX extraiu-se a seguinte informação:

Contas	Saldos (€)	
	Devedores	Credores
34 Produtos acabados e intermédios	2.000,00	
384 Reclassificação e regularização de Inventários – PAI	200,00	150,00

Nesta data, os inventários em armazém eram os seguintes:

- Produtos acabados e intermédios = 2.900€

Pretende-se:

a. Diga como foi calculado o valor dos inventários de produtos acabados e intermédios (2.900,00€)
b. O registo no Razão das operações relevantes para o apuramento da Variação nos Inventários da Produção.

Respostas:

a. O valor dos inventários de produtos acabados e intermédios (2.900,00€) foi calculado através das metodologias de cálculo dos custos de produção dos produtos, utilizadas na contabilidade de gestão.
b. Sabendo que:

   - O valor registado a débito na conta 34 – Produtos acabados e Intermédios corresponde ao valor dos inventários de produtos acabados e intermédios existentes no início do período contabilístico, uma vez que em Sistema de Inventário Intermitente, esta conta não é movimentada ao longo do exercício, mas apenas no final do exercício;
   - O valor dos inventários finais de produtos acabados e intermédios (2.900,00€), que foi calculado através das metodologias de cálculo dos custos de produção dos produtos, utilizadas na contabilidade de gestão;
   - A variação nos inventários da produção corresponde à diferença entre inventários finais e iniciais de produtos acabados e intermédios;
   - Estes valores (dos inventários finais e iniciais de produtos acabados e intermédios) devem ser registados na conta 73 – Variações nos inventários da produção, por contrapartida das contas 34 – Produtos acabados e intermédios e 384 Reclassificação e regularização de Inventários – PAI.

Assim, devemos efetuar os seguintes registos contabilísticos:

34 – Produtos Acabados e Intermédios (PAI)

Débito		Crédito	
SI:	2.000	[1]	2.000
[2]	2.900		

Saldo (devedor) = 2.900 €
Valor dos Inventários finais

384 – Regularização de Inventários – PAI

Débito		Crédito	
	200		150
[3]	150	[4]	200

Saldo nulo (no final do período)

73 – Variação da Produção

Débito		Crédito	
[1]	2.000	[2]	2.900
[4]	200	[3]	150
	2.200		3.050

Saldo credor = 850€
Variação Positiva

Exercício Resolvido A2 – Variação nos inventários da produção (Sistema de Inventário permanente)

Dos registos contabilísticos da empresa Cacis, Lda., em 31 de dezembro do ano N extraiu-se a seguinte informação:

	Débitos (€)	Créditos (€)	Saldo (€)
34 Produtos acabados e Intermédios	(SI) 2.000,00 (CPPA) 38.000,00 (Regulariz.) 200,00	(CPPV) 37.150,00 (Regulariz.) 150,00	2.900
384 Reclassif. e regularização de Inventários – PAI	350,00	350,00	0

Pretende-se:

a. O registo no Razão dos movimentos de Inventários de Produção e apuramento do valor da Variação no Inventários da Produção – PAI.

Sabendo que:

- O valor registado a débito na conta 34 – Produtos acabados e Intermédios corresponde ao valor dos inventários de produtos acabados e intermédios existentes no início do período contabilístico mais todas as entradas em armazém, sejam estas entradas correspondentes aos produtos que foram acabados no período (38.000€) ou a Regularizações resultantes, por exemplo, de produtos que tinham sido dados como quebras e que foram encontrados (200€) (uma vez que em Sistema de Inventário Permanente, esta conta é movimentada ao longo do exercício);

- O valor registado a crédito na conta 34 – Produtos acabados e Intermédios corresponde ao valor dos inventários de produtos acabados e intermédios que saíram de armazém, sejam estas saídas correspondentes aos produtos que foram vendidos no período (37150€) ou a Regularizações resultantes, por exemplo, de quebras (150€) (uma vez que em SIP, esta conta é movimentada ao longo do exercício);
- O saldo da conta 34 – Produtos acabados e Intermédios, no final do período, corresponde ao valor dos inventários finais de produtos acabados e intermédios (2900€), que foi calculado através das metodologias de cálculo dos custos de produção dos produtos, utilizadas na contabilidade de gestão;
- A conta 73 – Variações nos inventários da produção foi movimentada ao longo do ano, por contrapartida dos movimentos na 34 – Produtos acabados e Intermédios, acima referidos, pelo que o seu saldo é apurado diretamente, no final do exercício, para apuramento dos resultados. Este saldo corresponde à diferença entre "CPPA + Regularizações positivas" e "CPPV + Regularizações negativas";

Assim, ao longo do exercício, foram efetuados os seguintes registos contabilísticos:

34 – Produtos Acabados e Intermédios (PAI)

Débito	Crédito
SI: 2.000	[CPPV] 37.150
[CPPA] 38.000	[Reg. -] 150
[Reg. +] 200	

Saldo (devedor) = 2.900 €
Valor dos Inventários
a todo o momento

384 – Regularização de Inventários – PAI

Débito	Crédito
(*) 200	(**) 150
[Reg. -] 150	[Reg. +] 200

Saldo nulo
(no final do período)

73 – Variação da Produção

Débito	Crédito
[CPPV] 37.150	[CPPA] 38.000

Saldo credor = 850€
Variação Positiva

(*) Por contrapartida de Ganhos; (**) Por contrapartida de Perdas

APÊNDICE 2

Movimentação das principais contas da classe 9

91 CONTAS REFLETIDAS

As contas refletidas destinam-se a servir de contrapartida para os movimentos da Contabilidade de Gestão. São utilizadas no sistema Duplo Contabilístico para fazer a ligação com as contas da Contabilidade Financeira, uma vez que, neste sistema, não se podem movimentar contas da Contabilidade de Gestão por contrapartida de contas da Contabilidade Financeira. Assim, recorre-se a estas contas, que refletem os inventários iniciais, a regularização de inventários, as compras, os gastos e os rendimentos que foram previamente registados pela Contabilidade Financeira, nas contas homólogas.

913 Inventários iniciais refletidos

✓ Credita-se no início do exercício, pela abertura das contas, por débito da conta 95 – Armazéns/Inventários, pelo valor das mercadorias, matérias e produtos transitados do exercício anterior;

✓ Debita-se no fim do exercício, pelo encerramento das contas da Contabilidade de Gestão, pelo valor das mercadorias, matérias e produtos a transitar para o exercício seguinte.

914 Regularização de Inventários refletidos

✓ Credita-se por débito de 95 Armazéns/Inventários quando por exemplo há ofertas de terceiros ou devoluções de clientes que entram no armazém.

✓ Debita-se por crédito de 95 Armazéns/Inventários quando há ofertas de Inventários a terceiros, ou quando se verificam quebras, normais ou anormais, ou ocorrem sinistros nos Inventários.

✓ Credita-se/debita-se pelo encerramento das contas da Contabilidade de Gestão.

915 Compras refletidas

✓ Credita-se pelo montante das compras, por débito de 95 Armazéns/ Inventários, pelas entradas em armazém em inventário permanente, ou por débito de 941 Gastos de aquisição, quando se utiliza esta conta para apuramento dos Gastos totais de aquisição das mercadorias, matérias-primas ou Matérias subsidiárias e de consumo.

- ✓ Debita-se pelos descontos e abatimentos em compras por crédito de 95 Armazéns/Inventários ou 941 Gastos de Aquisição.
- ✓ Debita-se ainda pelo encerramento das contas da Contabilidade de Gestão.

916 Gastos refletidos

- ✓ Credita-se pelo montante dos Gastos (classe 6 da Contabilidade Financeira), por contrapartida de:
  92 Reclassificação de Gastos, pelo valor dos gastos reclassificados;
  93 Secções, pelos gastos a afetar/repartir às secções;
  94 Cálculo de Custos, pelos gastos a afetar/imputar a um produto/serviço;
  972 Diferenças de incorporação, pelos gastos da CF não incorporáveis na CG
- ✓ Debita-se pelo encerramento das contas da Contabilidade de Gestão.

917 Rendimentos refletidos

- ✓ Debita-se pelo montante dos rendimentos (classe 7 da Contabilidade financeira) por contrapartida de:
  92 Reclassificação de rendimentos, pelo valor dos rendimentos reclassificados;
  98 Resultados, creditando a subconta apropriada à natureza do rendimento;
  972 Diferenças de incorporação, pelos rendimentos da Contabilidade financeira total ou parcialmente não incorporáveis na Contabilidade de Gestão.
- ✓ Credita-se pelos descontos e abatimentos em vendas, por contrapartida de 98 Resultados.
- ✓ Credita-se ainda pelo encerramento das contas da Contabilidade de Gestão.

92 RECLASSIFICAÇÃO DE GASTOS E RENDIMENTOS

Esta conta deve desdobrar-se em subcontas para reclassificar Gastos e Rendimentos conforme as necessidades de informação. O montante dos Gastos/Rendimentos reclassificados é registado:

- ✓ a débito/crédito por contrapartida das contas de gastos/rendimentos refletidos
- ✓ a crédito/débito por contrapartida das contas referentes aos objetos de custos/resultados

93 SECÇÕES

- ✓ As várias subcontas debitam-se por contrapartida de 92 Reclassificação de Gastos ou de 916 Gastos refletidos (quando não se procede à reclassificação prévia de gastos).
- ✓ Debitam-se ainda por contrapartida de 93 Secções, caso existam transferências de gastos de outras secções, e por contrapartida de 95 Armazéns/ Inventários, quando se verifique a atribuição às secções de bens armazenados.
- ✓ As várias subcontas da 93 creditam-se por débito de 94 Cálculo de Gastos ou de 93 Secções, caso existam transferências de gastos para outras secções, ou de 975 Diferenças de Imputação, pelas diferenças nos gastos imputados.
- ✓ As subcontas 934 Secções de distribuição e 935 Secções de administrativo creditam-se por débito de 982 Resultados Operacionais e a subconta 936 Secções Financeiras credita-se por débito de 983 Resultados Correntes.

94 CÁLCULO DE GASTOS

941 Gastos de aquisição

Esta conta utiliza-se para agregar as várias componentes do custo de aquisição, em alternativa ao seu débito na conta 95 Armazéns/Inventários.

- ✓ Debita-se por contrapartida de 915 Compras refletidas pelo preço de fatura e gastos acessórios de compra.
- ✓ Se estes gastos acessórios não são levados às compras a conta 941 é debitada por contrapartida de 916 Gastos refletidos.
- ✓ A conta 941 é ainda debitada por contrapartida de 931 Secções de aprovisionamento pelos gastos desta secção a imputar ao custo de aquisição.
- ✓ Credita-se por débito de 95 Armazéns/ Inventários pela entrada em stock das mercadorias e matérias.

942 Gastos da produção em curso

Nesta conta é apurado o custo de produção por produto ou grupo de produtos, devendo o seu desdobramento em subcontas ser efetuado conforme as necessidades de informação.

- ✓ Debita-se por crédito de:

95 Armazéns/Inventários, pelo valor das matérias primas, subsidiárias e de consumo utilizadas na produção;
93 Secções, pela imputação dos Gastos de produção indiretos;
916 Gastos refletidos, pela afetação dos Gastos de produção diretos;
92 Reclassificação de Gastos, quando se procede à reclassificação prévia dos Gastos.

- ✓ Credita-se por débito de:
  95 Armazéns/Inventários, pelo custo de produção dos produtos entrados em armazém;
  981 Resultados brutos, quando os produtos não passam por armazém de produtos acabados, sendo entregues imediatamente ao cliente, situação que pode ocorrer num regime de fabrico por encomenda.

95 ARMAZÉNS/INVENTÁRIOS

- ✓ Debita-se por contrapartida de:
  913 Inventários iniciais refletidas, pelas Inventários iniciais;
  915 Compras refletidas e 916 Gastos refletidos, pelas compras e encargos acessórios em alternativa à conta 941 Gastos de aquisição, no que se refere a mercadorias, matérias primas, subsidiárias e de consumo;
  942 Gastos da produção em curso, pelo custo dos Produtos acabados e intermédios, subprodutos, resíduos e refugos resultantes da produção;
  93 Secções, pelos resíduos e refugos das secções de produção transferidos para armazém.
- ✓ Credita-se por contrapartida de:
  981 Resultados brutos, pela venda de Produtos acabados e intermédios, subprodutos, resíduos e refugos;
  93 Secções, pelo consumo de matérias primas, subsidiárias e de consumo e pela reutilização de resíduos e refugos pelas secções;
  942 Gastos da produção em curso, pelo consumo de matérias primas, subsidiárias e de consumo, resíduos e refugos afetados ao custo de produção.
- ✓ As contas 95 Armazéns/Inventários debitam-se/creditam-se ainda por contrapartida de 973 Diferenças de inventário, pelas diferenças entre o inventário permanente e o inventário físico, e por contrapartida de 914 regularização de Inventários refletidas.

- ✓ As contas 95 Armazéns/Inventários creditam-se também pelo encerramento de contas da Contabilidade de Gestão.

96 DESVIOS SOBRE GASTOS PRÉ-DETERMINADOS

Destina-se a registar os desvios entre os gastos pré-estabelecidos e os gastos reais, quando se utiliza um custeio básico.

97 DIFERENÇAS DE TRATAMENTO CONTABILÍSTICO

971 Gastos a repartir

- ✓ Debita-se pelos gastos efetivos, por crédito de 916 Gastos refletidos,
- ✓ Credita-se por débito de 92 Reclassificação de Gastos, 93 Secções ou 94 Cálculo de Gastos pelos gastos imputados por duodécimos.

972 Diferenças de incorporação

- ✓ Debita-se quando a Contabilidade de Gestão incorpora menos gastos ou mais rendimentos do que a Contabilidade Financeira e
- ✓ Credita-se quando a Contabilidade de Gestão incorpora mais gastos ou menos rendimentos que a Contabilidade Financeira. As contrapartidas são geralmente 93, 94 e 98.

974 Diferenças de nível de atividade

- ✓ Debita-se pelos gastos de subactividade e
- ✓ Credita-se por contrapartida de resultados.

98 RESULTADOS

Esta conta está desdobrada conforme rubricas da Demonstração dos Resultados por Funções e tem por objetivo apurar resultados analíticos e verificar a concordância com o resultado liquido apurado na Contabilidade Financeira.

99 LIGAÇÕES INTERNAS

Esta conta recolhe todas as transações internas entre divisões ou estabelecimentos da empresa que tenham Contabilidade de Gestão autónoma, facilitando os processos de descentralização contabilística.

APÊNDICE 3

Classificação dos custos quanto ao seu comportamento face a variações do nível de atividade

1. Custos fixos, custos variáveis e custos mistos

Para classificar os custos em fixos, variáveis ou mistos o critério de classificação é a variabilidade de acordo com o volume de operações ou de atividade. O volume é uma quantidade por período de tempo, podendo reportar-se ao número de unidades produzidas, ao número de unidades vendidas, ao número de horas de mão-de-obra direta ou de trabalho das máquinas (volume de atividade de uma secção fabril) (Pereira e Franco, 2001, 83). Esta classificação de custos é fundamental para a tomada de decisões e para análises de rendibilidade, sendo essencial para o planeamento e controlo. Por exemplo, a classificação dos gastos em relação à produção permite à gestão fixar padrões para avaliação da eficiência das operações correntes e para planeamento dos gastos dos futuros níveis de operações (Caiado, 2015, 83).

Custos Fixos são custos que não variam com o nível de atividade, dentro de certos limites, mantêm-se constantes independentemente de a capacidade instalada ser ou não utilizada (ver Figura 1). Estes custos também são designados custos de estrutura ou de capacidade, porque proporcionam a capacidade para produzir ou vender produtos, permitindo à empresa manter uma certa estrutura. Em geral são consequência de decisões de investimento. É necessário associar o valor dos custos fixos com o intervalo de relevância da atividade (Ferreira *et al.* 2014, 84), que normalmente se designa de volume relevante. Este é definido como o intervalo de atividade dentro do qual os custos fixos totais permanecem constantes para um determinado período de tempo. No curto prazo alguns custos são fixos, mas no longo prazo, com a variação da capacidade instalada, todos os custos são variáveis, pelo que a classificação de custos depende do período de tempo envolvido.

Considerando a capacidade de produção de uma empresa em determinado momento o custo fixo médio por unidade produzida (custo unitário) é decrescente (ver Figura 1).

São exemplos de custos fixos os custos das instalações e equipamentos (depreciações, rendas, seguros, impostos sobre imóveis, amortizações pelo método das quotas constantes, etc.), os custos com mão-de-obra relativa a pessoal do quadro e outro pessoal estável, e outros custos que não se alteram com a quantidade produzida.

Figura 1 - Custo Fixo Global (CF) e Custo Fixo Médio (Cf)

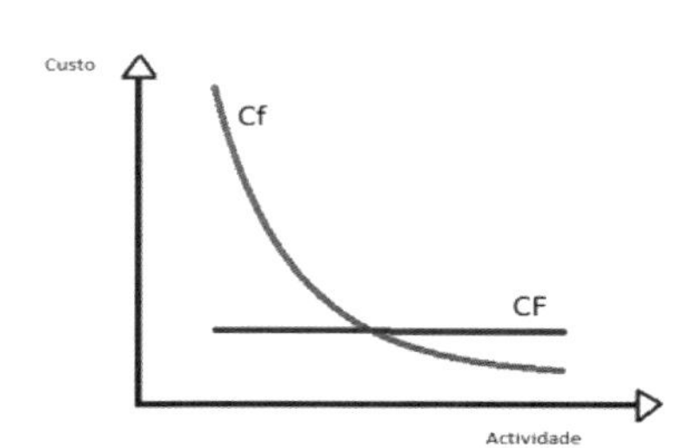

Custos variáveis ou de atividade ou custos operacionais são custos cujo valor global vai depender do nível de atividade, variam em função por exemplo das unidades produzidas, tratando-se de custos industriais, ou das quantidades vendidas tratando-se de custos não industriais (Franco *et al.*, 2005, 39). Custos variáveis são custos cujo valor depende do volume de produção que se prevê alcançar, resultam da utilização da capacidade existente para produzir ou vender produtos.

Os custos variáveis podem aumentar ou diminuir de maneira mais ou menos proporcional com o volume de produção alcançado, ou em função de outra unidade de atividade. Assim, este tipo de custos pode relacionar-se com o nível de *output* obtido no processo de produção, ou então em função de qualquer medida de atividade alternativa como: horas-homem, horas-máquina, número de encomendas ou ordens de fabrico, quantidade de matéria-prima consumida, quilómetros percorridos, número de consultas, número de alunos inscritos, etc. Pode citar-se como exemplos de custos de produção variáveis, os seguintes: consumo de matérias, consumo de energia elétrica, comissões a vendedores, etc.

Quando o custo variar proporcionalmente com o volume, tratar-se-á de um custo variável proporcional, quando a variação não é proporcional podem distinguir-se dois casos: custos variáveis progressivos ou degressivos (Pereira e Franco, 2001, 85).

Considerando o custo variável proporcional, o custo variável médio por unidade produzida (custo unitário) é constante (ver Figura 2). Assim, aos custos totais fixos correspondem custos médios decrescentes e aos custos totais variáveis proporcionais correspondem custos médios constantes.

Figura 2 – Custo Variável Global (CV) e Custo Variável Médio (cv)

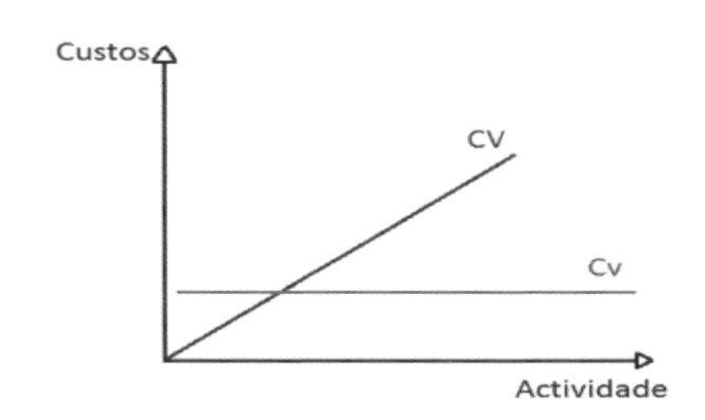

Custo misto é um custo com uma componente fixa e uma componente variável. Os custos mistos são geralmente designados por semivariáveis porque contêm uma parte fixa e uma parte variável. Também lhes pode ser atribuída a designação de semifixos, no caso de a componente fixa ser mais relevante. Os custos mistos apresentam sempre valores positivos, mesmo quando a atividade seja zero (Ferreira *et al.*, 2014, 86).

2. Métodos para separar os custos mistos nos componentes fixos e variáveis

O Custo total (CT) pode ser representado como uma equação que expressa a relação entre os elementos fixo (CF) e variável (CV) de um custo misto, sendo a parte variável igual ao produto da quantidade de atividade (Q) pelo custo variável unitário (cv):

$CT=CF+CV$
$CT=CF+Q*cv$

Existem várias técnicas para separar a parte fixa da parte variável dos custos mistos e que permitem também analisar e estimar custos. Os métodos são todos diferentes e apresentam estimativas também diferentes. Apresenta-se de seguida três destes métodos, o método dos pontos extremos ou método da diferença entre os níveis máximo e mínimo da atividade, o método do gráfico de dispersão e o método dos mínimos quadrados.

- **Método dos Pontos Extremos**

Utilizando os custos relativos aos níveis de atividade mais baixo e mais elevado pode estimar-se o comportamento de custos mistos para diferentes níveis de atividade. Sejam os seguintes dados relativos a um determinado tipo de custos de uma unidade industrial para seis meses de atividade:

Meses	Atividade	Custos Totais
Janeiro	3000	353
Fevereiro	5000	450
Março	4000	410
Abril	6000	490
Maio	5500	470
Junho	4500	380

Atividade Máxima: $CF + 6.000\ cv = 490$ €
Atividade Mínima: $\underline{CF + 3.000\ cv = 353}$ €
$0 + 3.000\ cv = 137$ €

$cv = 0{,}04567$ €
$CF = 490 - (6.000 \times 0{,}04567) = 216$
$CT = 216 + 0{,}04567Q$

A análise à equação de custos revela que, independentemente do nível de atividade, existe um custo fixo de 216 € e que por cada unidade de atividade o custo variável é de 0,04567 €. O método dos pontos extremos determina valores aproximados para a parte fixa e variável do custo, pois parte-se do princípio que a evolução dos custos é linear, o que não corresponde exatamente à realidade. Este método apresenta a vantagem da simplicidade de aplicação mas apresenta também limitações das quais se destacam:

- A decisão é tomada apenas com base nos dois níveis de atividade extrema, o que pode ser insuficiente;
- Os períodos com a atividade mais elevada e mais baixa podem não ser os períodos com o custo mais elevado e mais baixo;
- O método não inclui a inflação. Em períodos de inflação mais forte o impacto pode ser mais acentuado tornando as comparações sem significado. (Ferreira *et al.*, 2014, 91)

- **Método do gráfico de dispersão**

Com este método, também designado de método da estimativa com base na análise visual, a linha dos custos totais é estimada pelo desenho da linha que melhor se adapta aos vários pontos (linha de regressão) devendo o número de pontos acima e abaixo da linha ser aproximadamente o mesmo. O método apesar de apresentar duas vantagens, utiliza todos os dados e o analista pode excluir *outliers*, apresenta grandes insuficiências que se traduzem na aproximação grosseira aos valores das componentes do custo. (Ver gráfico da figura 3)

- **Método de regressão dos mínimos quadrados**

O método dos mínimos quadrados assenta no princípio de que a reta que melhor se ajusta aos dados conhecidos é aquela para a qual a soma dos quadrados dos desvios tem um valor mínimo. Este método, ao utilizar a regressão linear, apresenta como principais vantagens o facto de se basear em princípios matemáticos, utilizar todos os dados, e o cálculo através do *Excel* permitir a introdução de elevado volume de dados.

Considerando os dados acima apresentados, com este método a análise à equação de custos (ver figura 3) revela que existe um custo fixo de 209,5 € e que por cada unidade de atividade o custo variável é de 0,0463 €. O valor elevado do coeficiente de determinação (R^2=0,8735) significa que a variação dos custos totais é explicada pela variação no nível de atividade.

Figura 3 – Gráfico de dispersão e linha de regressão

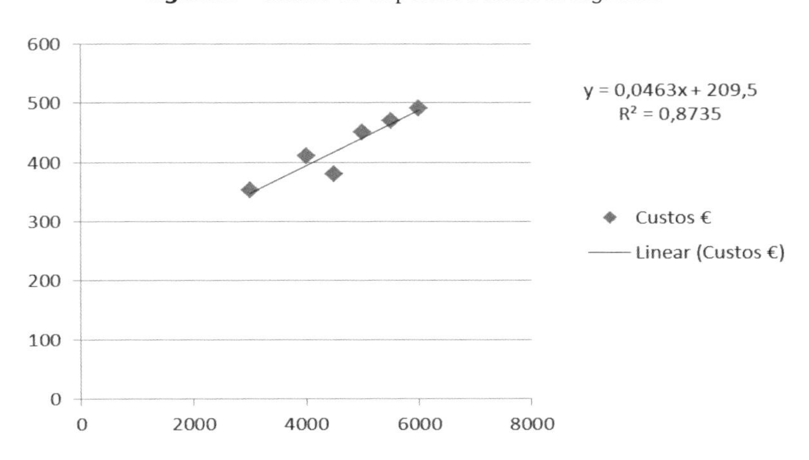

BIBLIOGRAFIA

BURNS, J., QUINN, M., WARREN, L. e OLIVEIRA, J. (2013); "Management Accounting", *UK: McGraw-Hill Education Editions*.

CAIADO, P. (2015); "Contabilidade Analítica e de Gestão", 8.ª Ed., Áreas Editora.

CAIADO, ANTÓNIO PIRES e CABRAL, JOAQUIM VIANA (2005); "Casos Práticos de Contabilidade Analítica", 2.ª edição, Áreas Editora, Lisboa.

COELHO, MARIA HÉLDER (2012); "Contabilidade Analítica e de Gestão", Edições Almedina, Coimbra.

COKINS, G.; JURAS, P.; DAVID, S.; BLOCHER, E. (2016); "Cost Management: A Strategic Emphasis", 7nd edition, McGrawHill.

DRURY, C. (2018); "Management and Cost Accounting", 10th Ed., Cengage Learning.

FERREIRA, DOMINGOS et al. (2014); "Contabilidade de Gestão – Estratégia de custos e dos resultados", 1.ª ed., Rei dos Livros.

FRANCO, VICTOR et al. (2015); "Temas de Contabilidade de Gestão – Os Custos, os Resultados e a Informação para a Gestão", 2.ª edição, Lisboa: Livros Horizonte.

FRANCO, VICTOR et al. (2005); "Contabilidade de Gestão – Volume I – O apuramento dos custos e a informação de apoio á decisão", 1.ª edição, Lisboa: Editora Publisher Team.

GARRISON, R., NOREEN, E. AND BREWER, P. (2014); "Managerial Accounting", 15th Edition, McGraw-Hill.

GARRISON, R., NOREEN, E. e BREWER, P. (2004); "Managerial Accounting: Concepts for Planning, Control, Decision Making". (11.ª Ed.). Illinois:

GARRISON, RAY e NOREEN, ERIC (2000); "Contabilidade Gerencial", 9.ª Edição, Rio de Janeiro: LTC Editora.

"Glosario Iberoamericano de Contabilidad de Gestión" (2000); edições AECA-AIC, Madrid, disponível em: http://www.observatorio-iberoamericano.org.

HANSEN & MOWEN (2005); "Management Accounting", 7th ed., South-Western College Publishing.

HORNGREN, C.T.; RAJAN, M; BHIMANI, A. e DATAR, S.M. (2015); "Management and Cost Accounting", 6th Edition.

HORNGREN, CHARLES et al. (2004); "Contabilidade de Custos", 11.ª Edição, Rio de Janeiro: LTC Editora.

IRWIN,BURR RIDGE. HORNGREN, C., FOSTER, G. e DATAR, S. (2000); "Cost Accounting: a Managerial Emphasis". (10.ª Ed.), New Jersey: Prentice Hall International, Inc.

KAPLAN, R.S.; S. MARK YOUNG, M.; MATSUMURA, E.M. e ATKINSON, A.A. (2015); "Contabilidade Gerencial, Informação Para Tomada de Decisão e Execução da Estratégia", 4.ª Edição, Editora Atlas.

KAPLAN, R. e ATKINSON, A. (1998); "Advanced Management Accounting", (3.ª Ed.), London: Prentice-Hall International Editions.

MAJOR, M. e VIEIRA, R. (Ed.) (2018); "Contabilidade e Controlo de Gestão: Teoria, Metodologia e Prática", Lisboa, Escolar Editora.

MARGERIN, J. e AUSSET, G. (1990); "Contabilidade Analítica, Utensílio de Gestão, Ajuda à Decisão", Ediprisma.

NABAIS, F. e NABAIS, C. (2016); "Prática de Contabilidade Analítica e de Gestão", 1.ª edição Editor: Lidel.

PEREIRA, CAIANO e FRANCO, VICTOR (2001); "Contabilidade Analítica", 6.ª edição, Lisboa: Editora Rei dos Livros.

SILVA, F. V. GONÇALVES (1979); "Contabilidade Industrial", 8.ª edição, Lisboa: Editora Livraria Sá da Costa.

Sistema de Normalização Contabilística (SNC) aprovado pelo Decreto-Lei n.º 158/2009, de 13 de Julho (republicado pelo Decreto-Lei n.º 98/015, de 2.6.2015) e legislação complementar.